新マーケティング情報論

大脇錠一・城田吉孝・河邊匡一郎・玉木徹志＊編

ナカニシヤ出版

はじめに

　今や情報化時代の象徴としてのインターネット利用者の急増には，目を見はるものがある。これにともない，企業のマーケティング環境は急速に変化している。この変化する環境にマーケティングがどう対応していくべきかを，理論的・実証的に考察したのが，本書『新・マーケティング情報論』である。

　近時，大学の学部名や学科名に"情報"を冠したネーミングが散見されるようになった。それにともない，『○○情報論』といった講座が多くの学部で開設されるようになった。それらの流れのなかで本書は，講座『マーケティング情報論』の参考書として役立つことを念頭において執筆した。

　編集方針としては「マーケティング活動は，細分化されたマーケティングの諸活動に関連する"情報"の収集と，それらを統合して導き出される意思決定である」との視点の基に全編を編集した。そのため，書名を「マーケティング論」ではなく，『新・マーケティング情報論』とし，その独自性と一貫性に留意して編集した。

　したがって本書が『マーケティング論』を受講している学生諸君や，企業の現場でマーケティング・企画・マーケティングリサーチ関連の業務に従事している実務家の方々に，"情報"をキーワードとした視座から企業のマーケティング活動を見直すための参考書としても役立つであろうことを期待している。

　第1部ではマーケティング情報論のフレームワークを示すために，第Ⅰ章で情報とはなにかをまず考察し，その情報をもとに意思決定するためのプロセスを示した。第Ⅱ章では情報はどのようにして入手し，それをいかに活用するかを，インターネット調査による方法も含めて記述されている。第2部ではインターネット時代におけるマーケティング戦略のあり方を個別に考察した。具体

的には，IT時代における製品開発のあり方（第Ⅲ章4節），電子商取引における価格政策（第Ⅳ章4節），流通分野における情報化の進展（第Ⅴ章5節），IMC計画の論点（第Ⅵ章3節），インターネット時代の消費者行動（第Ⅶ章），インターネット時代の法規制（第Ⅷ章）などで，それぞれくわしく記述されている。これらの考察を受けて第3部では，マーケティングにおけるニュートレンドとして，福祉マーケティング（第Ⅸ章）とまちづくりのマーケティング（第Ⅹ章）を取り上げた。最終章では最近のインターネット・マーケティング全般について記述されている。

　執筆者1人1人が，それぞれ担当したマーケティングの各分野について，「その活動を展開するためにはいかなる情報が必要か」「その情報をインターネット時代にどう収集するか」「それらをどう統合するか」そして「どう意思決定をし，それを実行していくか」を考察して記述するように努めた。

　各章の記述が，この視点で十分に考察された論述となっているかどうかは，読者のご判断を待たねばならないが，もし不十分な箇所があるとすれば，趣旨を徹底できなかった編者にその責はすべて帰すべきである。ご叱正をいただきたく願う。

　本書が出版できたのは，ナカニシヤ出版編集部の酒井敏行氏のご尽力に負うところがきわめて大きい。われわれ多くの執筆者の足並みが乱れがちなところを，的確に調整していただき，また煩わしい校正作業について丁寧なご指示をいただいた。ここに感謝の意を表したい。

平成15年3月1日

編者代表

大 脇 錠 一

目　次

はじめに　*i*

第1部　マーケティング情報論のフレームワーク

第Ⅰ章　情報と意思決定 ――――――――――――――――― 3
1　情報と意思決定　3
2　マーケティング情報システム　19

第Ⅱ章　マーケティングリサーチ ――――――――――――― 29
1　マーケティングリサーチの意義と役割　29
2　マーケティングリサーチの範囲　31
3　マーケティングリサーチの手順　34
4　マーケティングリサーチの方法　39
5　標本抽出法　46
6　データの分析と調査報告　47

第2部　インターネット時代のマーケティング戦略

第Ⅲ章　製品情報戦略 ―――――――――――――――――― 57
1　製品戦略の重要性と概念　57
2　製品ライフ・サイクル　62
3　製品戦略のアプローチ　64
4　IT時代における製品開発　68
5　製品ネットワーク戦略　72

第Ⅳ章　価格戦略 ―――――――――――――――――――― 78
1　価格の意味　78

2　価格設定の目標と価格設定法　80
　　3　価格管理　86
　　4　電子商取引における価格政策　87
　　5　価格リサーチ　92

第Ⅴ章　流通戦略――――――――――――――――――――98
　　1　流通活動の意義とその役割　98
　　2　マーケティング・チャネル政策　102
　　3　卸　売　業　110
　　4　小　売　業　112
　　5　流通分野における情報化の進展　116

第Ⅵ章　プロモーション戦略―――――――――――――――120
　　1　プロモーション概念とその認識変化　120
　　2　広告効果の枠組みの拡大　137
　　3　IMC計画の論点　143

第Ⅶ章　インターネット時代の消費者行動――――――――152
　　1　日本人の消費行動・過去〜現在　152
　　2　インターネットの利用実態　157
　　3　ネットショッピング　164
　　4　インターネットのライフスタイルへの影響　170

第Ⅷ章　インターネット時代と法規制―――――――――176
　　1　インターネット時代の消費者保護　176
　　2　インターネット取引と契約　180
　　3　インターネット取引と安全　189
　　4　電子商取引と消費者　193

第3部　マーケティングのニュートレンド事例

第Ⅸ章　福祉マーケティング―――――――――――――――199
　　1　はじめに　199
　　2　在宅介護とそのビジネスの発展　200

3　在宅介護サービス事業の特色　203
　　4　地域拠点戦略と顧客獲得　205
　　5　サービスの質の向上と顧客獲得　206
　　6　プロモーションと顧客獲得　208
　　7　介護報酬と価格戦略　210
　　8　多角化戦略　211
　　9　合併・提携戦略　212
　　10　人材確保戦略　213
　　11　結びに代えて──今後の展望──　214

第X章　まちづくりのマーケティング──────────218
　　1　まちの活性化とマーケティング　218
　　2　行政とマーケティングの活用　220
　　3　中心市街地の活性化とマーケティング　223
　　4　まちの再生についての考え方　228
　　5　インターネット時代のまちづくり　233

第XI章　インターネット・マーケティング──────────238
　　1　インターネットによるビジネスの開始　238
　　2　電子商取引の発展　240
　　3　インターネットショッピングにおける決済とセキュリティ　244
　　4　CRM（顧客関係性管理）の展開　245
　　5　ウェブ・マーケティング・マネージメントの発展　248
　　6　ウェブ・マーケティング・マネージメントの展開　252

あ と が き　259
人 名 索 引　261
事 項 索 引　262

第 1 部
マーケティング情報論のフレームワーク

第Ⅰ章
情報と意思決定

1 情報と意思決定

(1) 情報の意義

わが国で最初に英語の'information'を「情報」と訳したのは，森鷗外とされている。これが適訳であったかどうかは議論の分かれるところであるが，英語の語源からは「無形のものを有形にする」という意味が感じられる。そして，'formation'された形に対して，価値を認知し尊重するようになったのである。今日，'data'も「情報」という訳語を使用することがあるが，'data'は'information'の部分集合であると理解しておけばよい。たとえば，'data base marketing'といったときの'data'と，'marketing information system'(MIS)における'information'とを比較してみると部分集合であることがよくわかる。

すなわち，'data'(データ)は素材として収集され，それが分析されて，その結果が問題を解決するために利用され，意思決定に役立てるように体系化されたとき，それを'information'(情報)というのである。

情報について，西沢脩は鵜沢昌和教授の説を整理して，つぎのような分類をしている[1]。

①最広義の定義

物質・エネルギーの時間的・空間的・定性的・定量的パターンをいう（N.ウイーナーの定義）。

②広義の定義

　生物・無生物を含めた情報処理システム一般がもっている目的に対して，有意の知識ないし事実の総体を意味する。たとえば，われわれが，何らかの活動を行う場合に，前もって知る必要があるすべての知識は，この意味での情報である。

③狭義の定義

　有形・無形・理論・思想・その他いずれを問わず，ある特定の姿（パターン）をとって認識相手に認識されるもののうち，認識相手にある意味をもっているものが情報である。

　そして彼は「物質やエネルギーのパターンが最広義の情報であり，有意の知識や事実が広義の情報であり，認識相手に意味があるメッセージが狭義の情報である。…（中略）…このような狭義の情報はデータや知識とは異なる。特定の意味をもたない未加工のメッセージがデータ（data）であり，これを特定の意味あるものに改編したのが情報（information）である。しかし，情報にはデータが不可欠なので，データも含んで情報が理解されるのが普通である。情報は特定の人だけが専有していると知識（knowledge）であるが，この情報が多くの人達に知れ渡ると知識（intelligence＝筆者補足）となる」と述べている。

　1990年代に入って，情報の入手・発信の分野に大変革が起きた。いわゆるIT革命の進展である。このためマーケティング情報の収集においても，リアルタイムでしかも大量なデータを多角的・効率的に入手することが可能となった。いまやコンピュータなどのマシーンと人とをどのように組み込んだシステムを構築して，経営の意思決定に迅速に役立てるかが問われる時代となった。

　レイザー（Lazer, W.）は marketing data, marketing information, marketing intelligence といったときの，「データ」「インフォメーション」「インテリジェンス」を明確に区別している[2]。データはインフォメーションの基礎をつくり，最終的にインテリジェンスを形成すると説明しているが，これらのくわしい説明は第2節で述べる。

　また，知識と情報の関係について，野中郁次郎は小林薫の訳書[3]の巻頭で，「混同されることが多いが，"知識"と"情報"は異なる概念である。情報に深

い思索や体験を加えることによって自分の血肉となったもの，それが知識である。…（中略）…問題解決と意思決定（あるいは知識創造）の方法論が，人間から切り離されたとき，それは単なる情報処理の方法論へと逆戻りしてしまう。…（中略）…知的リーダーには，人間についての深い洞察と愛情がなくてはならない」と，記している。意思決定は人間が行うものである。人間は感情の動物であって，多くの弱点をもっており，勘違いすることもしばしばある。情報をもとにした意思決定を行うときには，野中が指摘するように「人間の弱さ」をつねに忘れてはならない。だから，すくなくとも情報システムの設計に当たっては，人間の弱点から起こる過ちをチェック・発見して自動的に修正できる回路が組み込まれなければならない。しかし，これにも限度があり万能ではないことをつねに意識しておく必要がある。

（2）意思決定のための情報の役割

　企業における「経営」とは，極言すれば「決定」である。経営者は日常的に長期・短期の計画に対して決定という行為を行っている。それが経営者の職務である。さて，決定とは「良い選択」である。多くの選択肢のなかから，どれが良い選択肢であるかを判断することである。判断をするためには判断基準がなければならない。このように考えてくると，経営をするには判断基準の設定作業を含めて，「良い判断」をするための有用な情報がその都度必要不可欠であることがわかる。したがって，企業経営には有用な情報の収集・分析が必須条件となる。

　情報操作のプロセスとして，松田武彦氏はつぎの12段階をあげている。
①走査（scanning）→②感知（sensing）→③収集（collection）→④伝達（communication）→⑤予備的処理（濾過［filtering］と圧縮［condensing］）→⑥構造化処理（structuring processing）→⑦流通（distribution）→⑧貯蔵（strage）→⑨検索（retrival）→⑩提示（disply）→⑪利用（usage）→⑫廃棄（disposal）

　この各段階ごとに検討を行うことは，マーケティングリサーチにおける重要な作業である。とかくこの作業が等閑にされがちであるが，組織としてこのプロセスをどう効率化していくべきかの検討は，つねに心がけておかなければな

らない。

　経営は静止的状態での選択行動ではなく，つねに変化している環境に対しての選択行動である。しかも長期計画ともなれば，将来の環境予測をした上での，選択行動となる。企業をとりまく環境の変化速度はますます速くなってきている。将来環境を予測した上での決定であっても，不測の事態がいつ発生するかもしれない。近時，「不確実性のマネジメント」の重要性が指摘されるのもこのためである。

　不測の事態が発生しても高いパフォーマンスを維持する組織について，ワイク（Weick, K. E.）とサトクリフ（Sutcliffe, K. M.）は著書[4]のなかで，つぎの5つの教訓をあげて，組織の構成員一人一人がつねにマインド[5]をもち続けることの重要性を指摘している。通常，不測の事態を予測することは不可能であるといわれているが，事故件数の少ない組織と多い組織とを比較すると，前者の方が明らかに不測の事態の認識能力に優れている，すなわち「集団としてのマインドの高さ」があることがわかってきた。そのようなすぐれた認識能力を身につけるには，つぎの①，②および③について強化することである，と著者は述べている。

①**失敗から学ぶ**

　組織が学習できるのは，試行錯誤や失敗のおかげである。過失の報告を奨励し，失敗を局所的なもの，特殊で独立した問題ととらえないで，システムのほかの部分に潜んでいるかもしれない欠陥のあらわれとみることが重要である。

②**単純化を許さない**

　失敗の原因究明もさることながら，単純化した解釈を複雑化することに注意を払わなければならない。状況の意味合いに注意を払うことで，世界観や考え方が多様化される。そして，多様化されることで起こり得る結果がさまざまな像として描かれ，予防措置や問題の発生を示すシグナルについても深くさまざまなものがみえてくるようになる。「多様性をマネジメントするには，多様性をもってこれを行うことが必要である」という点をチェックしてみるとわかる。多様で複雑な環境で働く人間は，環境の複雑さを感知できる多様で複雑なセンサーを必要とする。予想が単純化されていると感知も単純なものになり，ほとんどを見落とすことになる。単純なセンサーでは不測の事態の予兆を感知でき

ないばかりか，それに対処する多様な選択肢をみつけられない。
③オペレーションを重視する

好成績を維持している企業の意思決定者は，リアルタイムの情報に絶えず注意を払う。そのため彼らは頻繁にオペレーションに関するミーティングを行ったり，組織を挙げてオペレーション成果を測定したり，顔と顔を突き合わせたインタラクションを継続的に行っている。こうしたオペレーション重視の姿勢により，問題が早期に発見され，あまり深刻にならないうちに措置を講ずることが可能になる。

④復旧能力を高める

過失が避けられないものである以上，経営者は現在予防に向けているのと同程度の意識を事後処にも向けるべきである。復旧能力を高めるとは「起きてしまった」過失に心を向けるということであり，それが悪化し被害が深刻化する前に是正するということである。「不測の事態のマネジメント」とは，すでに発生してしまったことに対し，遅れを取り戻すことである。予測していなかったことが起きてしまったのであるから，それに対処するには，発生を予測する際とは違う考え方が必要になる。

⑤専門知識を尊重する

不慮の事故に直面してもマインドが維持されるように，専門知識を尊重する姿勢をベースにした弾力的な組織運営を確立しておくことが必要である。目の前の問題に対する解決策をもつ者がリーダーになるといった，弾力的な組織運営を確立する。つまり，地位より専門知識を重視するということであり，意思決定の権限は時と場合によって組織内の上下どちらにも移動する。

彼らの指摘したこの5つの教訓は，「組織としての情報のとり方」をよく示唆している。

(3) 組織としての情報

企業は組織から成り立っている。したがって，情報は社員1人1人の所有物としないで組織の共有物として蓄積・管理・活用されなければならない。そのためには情報システムの構築が図られる必要があるが，この点については後段で述べる。ここでは最初に企業コミュニケーションについて概説しておく（詳

細は拙著[6]を参照されたい）。communication という言葉は，先に述べたinformation や data という言葉と密接不可分な関係にある。communication theory を「情報」理論と訳して使用していることからもわかるとおり，情報といった場合には必ずコミュニケーションが表裏一体となって出現する。

　企業コミュニケーションとは「組織体としての企業の成員1人1人または成員の組織集団としての企業が，その企業のステークホルダーとのあいだで行うコミュニケーション活動」である。企業は外的・内的環境の変化に対して，そのときどきの条件に最適と考える行動をとることが，常に要請されている。また，企業はステークホルダーであるさまざまな個人や集団（それが組織化された集団であったり，非組織集団であったりするが）とのかかわりのなかで存在している。したがって，受け手としての彼らステークホルダーと，送り手としての企業とのあいだで，日常的にコミュニケーションが行われている。

　企業コミュニケーションは対人コミュニケーションと比較してみると大きな違いが2つある。1つはコミュニケーションチャネルとして第三者の介在が大きな部分を占めていることである。通常第三者とは，対人コミュニケーションにおいてはノイズと呼ばれているが，企業コミュニケーションでは受け手の市民は送り手である企業の情報をマスコミによって知ることが非常に多い。したがって，企業コミュニケーションにおいては第三者としてのマスコミの果たす役割はきわめて大きいといえる。もう1つは対人コミュニケーションにおいて送り手は通常一人であるが，企業コミュニケーションでは送り手が多数存在していることである。すなわち，企業の社員の数だけ送り手がいると認識すべきである。日常生活のなかで，一人の受け手が多数の送り手からさまざまな情報を入手して，それらの情報を統合した結果として，その受け手は「企業イメージ」を形成したり修正したりしていくのである。したがって，企業は多数の送り手（発信者）の発する情報を全社的立場で統轄管理することが非常に重要になってくる。これが組織としての情報システムの構築である。

　アメリカの大企業では，企業コミュニケーションの統轄責任者として Chief Information Officer（CIO）がほとんどの企業で任命されており，その企業のコミュニケーション活動全般をこの CIO が指揮し管理している。これと比較してわが国では，CIO が任命されている企業はまだ13.4％に過ぎないという

調査結果もある[7]。またこの調査から，社員が自社の企業コミュニケーション活動を5段階評価で「非常に良くやっている」あるいは「良くやっている」と評価した企業と，そうではないと答えた企業とを比較してみると，組織面で，企業コミュニケーションを統括する担当役員（CIO）がいる，企業広告担当の専門部署，PR担当の専門部署，危機管理担当の専門部署があることなどが大きな特徴として指摘できる。この調査結果からも，企業の情報統轄・管理がきわめて重要であることがわかる。

さて，ここで受け手であるステークホルダーの側に立って，彼らが入手する情報をみてみると，その大半の情報は企業側がコントロール不可能なものであることがわかる。問題は，このコントロール不可能な情報に起因する彼らの意識・行動が企業に重大な影響を及ぼすことがしばしば起こっているという点である。とすればステークホルダーが，企業からのCIOによる情報統轄・管理のもとで展開される「企業コミュニケーション」のほかに，日常的に入手しているこれらの企業として制御不可能な情報を，どのようにして企業は吸い上げていくかが問われることになる。

近時いわれているIMC (Integrated Marketing Communication) という概念がこれにある程度応えるだろう。ノースウエスタン大学のシュルツ (Schultz, D. E.) 教授によればIMCとは，「広告やセールス・プロモーション，PRなど種々のマーケティング手段を1つの複合体としてとらえ，消費者の視点からコミュニケーション全体を再構築する活動」のことである。そのため今日では，「IT（情報技術）がもたらしたインタラクティブでネットワーク化された市場では，あらゆるメディアやチャネルでブランドを統合すること（統合型ブランド・コミュニケーション：Integrated Brand Communication）が重要」となる。今日では消費者が情報選択の決定権をもち，さらに情報発信をする時代となったからには，企業はインサイド・アウトの発想ではなくアウトサイド・インの考え方で，消費者に軸足を置いてかれらの価値観・行動・欲求などを徹底的に追及することが必要になってきた。

IMCは縦割り組織や機能別組織の弊害を打破しなければ実行できない。そして，外部からの発想を積極的に取り入れ，入手した消費者情報は関係する各部門が共有できるような組織が必要である。これらのことをスムーズに実行し

ていくためには，前述した全社的な情報管理の最高責任者（すなわちCIO）が統轄・管理して，彼が十分な能力を発揮することが是非とも必要である。

（4）問題とは何か

何ごとによらず，情報をもとにして意思決定を行うことに関しての考察を始めるに際し，最初に「問題とは何か」という点について，明確にしておく必要がある。チャーチマン（Churchman, C. W.），アコフ（Ackoff, R. L.），アーノフ（Arnoff, E. L.）は著書『オペレーションズ・リサーチ入門』[8]のなかで，ORワーカーは依頼された問題の研究のため，その問題を定式化（formulation）するに際し，「問題」が「問題」であるための条件として，つぎの4つをクリアーすることから始めなければならない，と述べている。

①決定者は誰か（The Decision Maker）

この問題は誰か1人が決定するのかそれともグループで決定するのか，この問題の決定権をもっている責任者は誰か，この問題に対する拒否権をもっている者は誰か，この問題を実行に移した場合の評価責任者は誰か，などを明確に知ること。

②その決定者の目的は何か（The Decision Maker's Objectives）

決定者が今回，ORワーカーに問題解決策の研究を依託した「真の目的」は何か。ORワーカーに発注する真の目的が意図的に（機密保持のためなどの理由で）カモフラージュされている場合が往々にしてある。もしそのことに気づかずに，ORワーカーが研究を開始し，やがて解決策を報告したとしても，それで依託契約は果たしたことにはなるが，発注者である決定者のかかえる真の問題を解決したことにはならない。ORワーカーが「真の目的」を事前に知れば，答申する報告書にはまったく別の解決策が提示されたかもしれないのである。このための手法として，著者はつぎのように述べている。

「研究者は企画のすべての可能な結果の表を作ることを試みる。問題のこの段階では，この表は正確でなくてもよいし，完全でなくてもよいし，現実的でなくてもかまわない。依頼者に，もし研究がこの表に示された可能な結果のどれになったとしたらどうするかを聞くのである。多くの場合，彼は研究から得られた勧告に従って行動しようとは思わないということを示すだろう。これら

の勧告を受け入れるのを拒否する理由をよく調べると，新しい目的が明らかになる」。

また，ハモンド（Hammond, J.S.），キーニー（Keeney, R.L.），ライファ（Raiffa, H.）によれば[9]「目的は考え出された選択肢を評価するための基礎となるものであるから，たいへん重要である」という。

そして彼らは，目的の主な役割としてつぎの3つをあげている。
- 目的は，必要な情報を明らかにするのに役立つ
- 目的は，決定に至るまでの経緯を第三者に説明するのに役立つ
- 目的が決断の重要性を決定する

目的を見つけ出すことはそれほど容易なことではない。そのため，彼らは目的の体系化をするためのテクニックとして，つぎの5つのステップを紹介している。

- ステップ1：「願望・関心事リスト」を作成する
- ステップ2：願望・関心事を簡単な言葉で目的に置き換える
- ステップ3：目的の本質を明らかにするために中間目的と最終目的に分類する
- ステップ4：最終目的の具体的な意味を明らかにする
- ステップ5：最終目的の適合性を確認する

このようなステップを踏んで目的を確定するわけである。ここで注意すべき罠は，データ入手の可能性（あるいは入手の容易さ）によって目的を制限してはならないということである。

③この問題をとりまく環境（システム）はどうなっているか（The System）

経営者，人，機械，材料は組織によって1つのシステムとなる。「経営者」の命令によって，「人」が制御や運転を行い，「機械」が材料を製品やサービスに変えて，それが「消費者」に供給されるが，消費者の購買を「競争者」も求めている。そしてこれらの活動に対して，政府が各種の規制を行っている。また，一般大衆の動向も大きく影響してくる。したがって，これらもろもろの環境を総合的に検討し把握しておくことが必要である。

④問題の解決策は複数あるのか（Alternative Courses Action）

問題の解決策（可能な行動の仕方）がただ1つしかないときは，もはやその

問題は「問題」ではなくなる。そのときは，ただ1つのその解決策をどのようにして実行していくかの方策を探求する作業になる。この当然のことを，さも複数の解決策が存在すると早合点して，時間を浪費してはならない。新しい行動の仕方を研究する場合，開発的（developmental）な問題と評価的（evaluative）な問題の2つがあり，これはものさしの上では両極端な位置づけになるが，この両者についての検討が必要である。そして著者は，これらの研究はいずれも決定者の行動の仕方についての側面からであったが，もう一方の側から（決定者が決定された行動を実行に移した場合）の影響についての研究も大切であると指摘している。もう一方の側からの検討とは，他の決定者，消費者，競争者，一般公衆が，どのような反作用（counteraction）を示すかを，行動の仕方（案）の1つ1つに対して想定される彼らの反応（行動）を列挙し，その反応への対処策も同時に示さなければならないことを指摘している。

（5）情報システムと意思決定

ピーター F. ドラッカー（Drucker, P. F.）は論文[10]のなかで，意思決定はその決断自体が重要なのではなく，それを実行すること，そしてそれがもたらす成果が大切なのだということを述べている。まさに意思決定の本質を指摘しているといえよう。以下ではこのドラッカーの論文を紹介しながら，意思決定について考察していく。この論文は1967年に発表されたものであるが，今日でもその主張はまったく正しい。彼によれば，有能な経営者は「むやみに重大な意思決定を行うわけではない。何が重要な決定なのかについては，焦点を絞っている。そして，もっとも高度なレベルにおいてのみ，数少ない重要な決定を行おうと心がけている。彼らは全体の状況を見極め，単なる『問題解決』だけを考えるのではなく，何が戦略的で，何が一般的であるかを判断しようとする。そのため彼らは，意思決定のスピードだけを優先することはない。多くの不確定要素の変数操作に巧みな名人芸的能力を，むしろ危険な兆候と考える」のである。そして，「経営者は決定するプロセスでもっとも時間を浪費するステップは，意思決定ではなく，実行に移すことであることを知っている。決定が具体的に仕事へと結実しないかぎり，それは決定ではない」と，彼は明確に指摘したうえで，意思決定のプロセスをつぎの6段階に分けて論じている。

1）問題を分類する。
2）問題を見極める。
3）問題に対する答を特定する。
4）条件を満たすために，何が受け入れられるかではなく，何が「正しいか」を決める。
5）決定を実行に移すための具体策を決定に組み入れる。
6）実際の出来事に照らして，その決定の妥当性および有効性についてテストする。

では，ドラッカーのいう意思決定のための6つのステップそれぞれについて，考察してみよう。

①問題を分類する

ある事象を対象にして研究を始める場合，分類からスタートするのが一般的である。分類するためには尺度（物差し）が必要になる。そのためまず，いろいろな尺度を列挙してみることが大切なことである。そして，それらの尺度による分類をしてみる。尺度が異なれば，当然分類結果は異なってくる。どの尺度を選択するかの基準は，問題の分析目的によって決定しなければならない。「すべての科学は分類学である」といっても過言ではないくらい，分類は重要なことであることを指摘しておこう。

さて，ドラッカーは「問題」を分類するために，この問題が普遍的・一般的な出来事か，それとも突発的・特殊的な出来事かという尺度を用いて，つぎのような4つのタイプに分類した。

タイプ1：真に普遍的・一般的な出来事
タイプ2：個々の組織にとっては固有の出来事であっても，実際には一般的な問題
タイプ3：真に例外的な出来事
タイプ4：初めて顕在化した新種の問題

尺度を確定して，その尺度で実際に分類しようとなると，そう簡単ではないことがわかる。意思決定の第1ステップとしての分類作業は，たいへん重要なことである。タイプ1とタイプ2に属する出来事に対しては，ルールや方針あるいは原則が事前に設定してあれば，意思決定はそれに従えばよいから実務的

に処理できる。ここでたいへん大切になるのはタイプ3とタイプ4の場合である。

②定義づける

　科学は「定義」から始まる。定義が曖昧であっては，先へ進めない。ドラッカーは第1ステップによって，問題が一般的なものか特異なものかがわかれば，定義はそれほど困難なことではないといっている。しかし彼は「真に有能な意思決定者のみが，このステップ（定義づけのステップ＝筆者補足）に潜む危険性は定義づけを誤ることではない，ということを見抜いている。それはもっともらしく見えながら，不完全なものを指しているからである」と述べ，例として車の安全性についてつぎのように記している。

　　「……。これまで車は，正しく使われた場合には安全になるように設計されてきたが，今後は不適切な運転が行われた場合にも，安全性が保持されるように設計されねばならない」。

　この例から安全性についての定義として，正しく使われることを前提とした定義は容易にできるが——物理学における定義であればこれでよいかもしれないが——，不適切な運転の場合の安全性が除外されていては，意思決定の問題としては困るわけだ。物理学上で法則を発見するということは，その法則によって自然現象を例外なく説明できるということである。もし，例外現象が発生してその法則で説明できないようなことが起こった場合には，法則そのものを再検討しなければならない。意思決定の問題もこれと同じで，ドラッカーは「（定義からは）説明できないような現象を見つけた場合，あるいは，たとえ詳細なことであっても，一連の出来事が予想から外れている場合，何か異常に気がついたときはいつでも，振り出しに戻って，最初からじっくり問題を検討し直す（ことが必要である）」と，提言している。航空会社の安全性に対するマニュアルは厳格を極めているから，非常に参考になるだろう。それでも，ときどき「予期もしない原因」で航空機事故が起こっていることを他山の石とすべきだろう。

　ハモンド＝キーニー＝ライファーは意思決定の問題を定義あるいは再定義するための留意事項をつぎのように述べている[11]。

　　・何が考えるキッカケとなったのか自問する＝なぜ，そのことを考えてい

るのか。
- 定義に含まれる制約条件を見つけ出す。
    問題の定義には，通常，選択肢の範囲を狭める制約条件が含まれている。
- 問題を分割する。
    問題を分割することで，その意思決定が正しいゴールへ向かっているかどうかを確かめることができる。
- 他のどのような意思決定が，いまから行う意思決定に影響を及ぼすのか。あるいは，いまから行う意思決定が，他のどのような意思決定に影響を受けているのか考える。
- 安易に定義した問題よりも，包括的に定義した問題を重視する。
    狭く定義されすぎた問題に基づく理想的な意思決定は，より幅広く，かつ正しく定義された問題に従って実行されるつまらない意思決定と，内容的にはさほど変わらない。
- 第三者の新鮮な見方・考え方に学ぶ。

③目標の設定

「(その意思決定が) 到達しなければならない目標は何か，それが達成しなければならない最低限のゴールは何か，それが満足させなければならない条件は何か」(これらのことを「境界条件の設定」という) を明確にすることが必要であると，ドラッカーはいう。そして，つぎのように指摘している。やや長文であるが引用しよう。「境界条件を満たさない決断は，問題の本質を見誤るよりも悪い。正しい前提からスタートしたのに，結論が正しくなかったために中断した決定を救済することは，ほぼ不可能である。さらに，決定をいつ放棄しなければならないかを知るためには，境界条件に関する明快な分析が必要である。決定を誤る最も一般的な原因は，最初の決定が誤っていたからではなく，むしろ，目標，すなわち目標の設定の実質的な変更にあるのである。それは，最初は正しかった決定を突然，不適切なものにするからだ。そして意思決定者が，不要になった決定を，新しく適切なポリシーと即座に入れ替えられるようにするために，境界条件を明確にしつづけていないかぎり，意思決定は事態が変化していることにさえ気がつかないかもしれない」。

ここで，目標設定の事例として広告の効果の問題を示す（詳しくは第6章を参照）。広告の効果を測定してその結果を知ることは，企業の関係者にとっては垂涎の的である。どのような広告活動が媒体戦略や表現戦略別にどんな効果をもたらすかを，マーケティング戦略立案者としてはぜひ知りたいところである。ところが，広告の効果を測定することはかなり困難な作業である。売上高の増加額をもって広告の効果と定義することは必ずしも妥当ではない。広告は本質的には企業のコミュニケーションであるから，コミュニケーション成果（たとえば，知名率とか理解率あるいは購入意図率）をもって広告の効果と定義すべきだという主張もある。そこで，ラッセル H. コーリーは1961年に，広告の効果に関していわゆる「ダグマー理論」(Defining Advertising Gorls for Measured Advertising Results) と称せられる論文[6]を発表したことは，広告業界では有名である。彼は，広告計画を立案する際に，最初から広告効果を測定するための広告目標を定義しておこうというのである。そのためにはもちろん，広告効果とは何かを明確に定義する必要がある。

④**正しい決断**

　意思決定者は決断を実行に移すに際して，いくつかの妥協をしなければならない場合が多い。だからといって，意思決定者が最初から，さまざまな抵抗を受けないための妥協の方策を考えることは慎むべきだ。それよりも「何が適正に受け入れられるかではなく，何が"正しいか"の原則的立場から始めなければならない。なぜなら妥協は，最終的にはつねに必要になるからである。しかし，何が境界条件を真に満たすかがわかっていなければ，意思決定者は正しい妥協と，間違った妥協を見極めることはできない」と，ドラッカーは指摘している。

⑤**決定の実行**

　いよいよ決定を実行に移すには，かなりの時間と労力が必要になることを覚悟すべきだ。ドラッカーは実行に移す際して，明確にしておく必要がある事項として，つぎの5つをあげている。

　　1）誰と誰にこの決定を周知徹底せしめなければならないか。
　　2）それぞれがどんな行動を起こさなければならないか。
　　3）それぞれが実行を実現できるようにするための具体策はどんなもので

なければならないか。
　4）その具体策は，それを実行する者の能力に見合っているか。
　5）最後に，（それぞれの作業の）実行責任者は誰か。
　そして，意思決定者は決定を実行中つねに，実行責任者のインセンティブの変化の観察，達成基準とのチェック，測定などに気を遣わなければならないが，これらについてはつぎのフィードバックの項で述べる。

⑥フィードバック

　意思決定システムを設計する場合には，フィードバック回路を必ず組み込んでおくことが必要である。意思決定した問題を実行に移すために，それぞれの段階について実行責任者を決めてスタートしたならば，その成果を継続的にチェックする仕組み（システム）に則って，意思決定者は進行状況を見守る。そして改善が必要と判断したならば，できるだけスピーディーに目標の修正などの新しい意思決定をするべきである。

　先に広告効果に関する事例をあげたが，広告の正確な「全体的な効果」を測定することはかなり困難である。そのため，広告計画を企画立案する作業では，その前提条件として多くの不確定要素を仮定している。したがって，フィードバック回路として，「部分的広告効果」測定のシステムを各計画段階に組み込んでおくことが，通常行われている。

　広告計画が実行に移された場合に，広告の部分的効果の測定結果が意思決定者に逐一報告される。それをもとにしながら他の要素をも勘案して総合的見地から，意思決定者は広告活動の修正が必要と判断したら，直ちに変更を指示する。広告活動はこのように展開されているのである。すなわち，広告活動は絶え間ない修正計画の立案・決定・実行の円環活動である。

　このステップでドラッカーも指摘している大変重要なことは，意思決定者は計画進行中に逐一報告されるフィードバック情報のみをもって計画変更の判断をしてはならないということである。意思決定者は自らが現場に出向いて確かめることが絶対必要である。これをしなかったためにどれだけ多くの経営者が間違った意思決定をしたことだろう。最近のITの進歩によって，経営者の手元にはリアルタイムで多くのフィードバック情報が入手できるため，「現場の情報」を自ら把握する努力を怠りがちな意思決定者が多くなっている。心すべ

きである。

　次章のマーケティングリサーチでも述べられているが，質問紙調査法の企画段階でプリテストを実施する場合（プリテストはできるだけ行った方がよい），企画者自ら行うことが欠かせない。このプリテストをも面接調査員に依託して実施させ，その結果をもとにしての企画修正では，調査票の設計に見落としがあったり，標本抽出計画に欠陥があったり，調査結果の解釈に重大な思い違いがあったりといったことに，調査終了後に気づくことが多い。これでは後の祭りである。

　以上，ドラッカーのいう意思決定プロセスを参考にして考察してきたが，ここでハモンド＝キーニー＝ライファが示した，合理的な意思決定プロセスのための「6つの基準」を紹介しておく[13]。

　　1）何が重要なのかをフォーカスしていること。
　　2）論理的で首尾一貫していること。
　　3）主観的，客観的な要因を認識し，直感的な手法と分析的な手法の組み合わせになっていること。
　　4）特定の問題を解決するために十分な情報と分析が必要とされていること。
　　5）適切な情報や第三者の意見を聞くことを勧める者であること。
　　6）簡単で使いやすく，柔軟性があり，信頼性が高いこと。

　そして，かれらはこの6つの基準に従って，合理的な意思決定をつぎのプロセスで行うことを提案している[14]。

　　第1：正しい意思決定の問題と取り組む。
　　第2：本当の目的を明らかにする。
　　第3：広範囲で創造的な選択肢を作る。
　　第4：結果を正確に把握する。
　　第5：相容れない目的どうしの妥協点を見つけ出す。
　　第6：不確実性を適切に取り扱う。
　　第7：リスク許容度を考慮する。
　　第8：時間の経過のなかで関連し合う決定を前提に計画を立てる。

　最後にレオンシオーニ（Leoncioni, P.）のいう「意思決定5つの誘惑」も

紹介する[15]。これは本節の「(1)情報の意義」でも触れたが、要は人間が意思決定を行っているということからくる過ちを戒める言葉として受け取ってほしい。

1)「地位が一番大切だ」という誘惑。
2)「部下に嫌われたくない」という誘惑。
3)「判断ミスは許されない」という恐れ。
4)「対立は避けたい」という誘惑。
5)「弱みを見せてはいけない」という誘惑。

2　マーケティング情報システム

(1) マーケティング情報システム

わが国で MIS という略語を使用するとき，Management Information System（経営情報システム），Marketing Informatin System（マーケティング情報システム），Marketing Intelligence System（マーケティング・インテリジェンス・システム）の3つについて使用されている。もちろん，原語が異なるからその意味する内容は違う。以下でこの違いについて，レイザーの説を中心にして概説する。くわしくは彼の著書や根木佐一の著書[16]などを参照されたい。

経営情報システムとは，西沢脩によれば「経営管理者が経営管理機能に必要とされる情報を有効適切に提供するために客観的な情報を収集し加工し保管する人間と機械で構成する組織体である」と定義している[17]。この定義に従えば，システムはかなり広範な領域を含んでいることがわかる。

経営情報システムのサブシステムとして占部都美は[18]，財務情報システム，マーケティング情報システム，生産・在庫情報システム（現在の物流情報システムを含む＝筆者注），人事情報システムの4つをあげている。したがって，この占部説によれば，マーケティング情報システムは経営情報システムのサブシステムとして位置づけられる。根木佐一は前掲書のなかで，このマーケティング情報システムを，サポート・システムとオペレーティング・システムの2つのサブシステムに分けて考察している。彼は，マーケティング情報システム

は経営情報システムの一サブシステムではあるが，他のシステムにくらべて，一段と必要性を増してきていると述べ，"マーケティング意思決定の重要性"とサブシステムとしてのオペレーティング・システムとの関係を論じている。そして，ベレンソンの論文を検討して，この2つのサブシステムとマーケティング情報システムとの対応をつぎのようにアレンジしている。

オペレーティング・システム：
- プロダクト・ライフ・サイクルが短かくなってきたため，高度のマネージメントが必要となってきた。
- マーケティング機能が1人のマネージャーに統括されるようになったため，情報の一元化が必要となっている。
- 意思決定にスピードが要求される。

サポート・システム：
- 企業経営において，多くのデータが必要になっている。
- 企業の巨大化によって従来の情報収集方法が陳腐化した。
- 効果的な意思決定をするための情報提供技術は，マーケティング手法の進歩に合わなくなってきた。
- コンピュータが発達してきた。

この対応分析から彼は，サポート・システムの方はマーケティング情報システム固有の問題があるわけではなく他のどのシステムにも纏わることであるが，オペレーティング・システムはマーケティングの意思決定が企業の中枢的役割を果たしていることからきわめて重視されなければならないと（レイザーの主張を引用して）指摘している。レイザーはつぎように述べている。「マネジメントの観点からマーケティングを考えるとき，つぎの2点がクローズアップされる。第一にマーケティングは全企業行動におけるものの見方であり，焦点でありさらに目的である。第二にマーケティング部門の諸活動を管理するという立場で把握されなければならない」また「マーケティングは，企業の存続と成長のための主要な推進力と考えられ，計画的かつゴール志向的なマネジメント活動になってきている」。

このようにみてくると根木佐一のいうように，マネジメントとは，マーケティングが中枢的役割を果たしていることから，マーケティング意思決定そのも

2　マーケティング情報システム　21

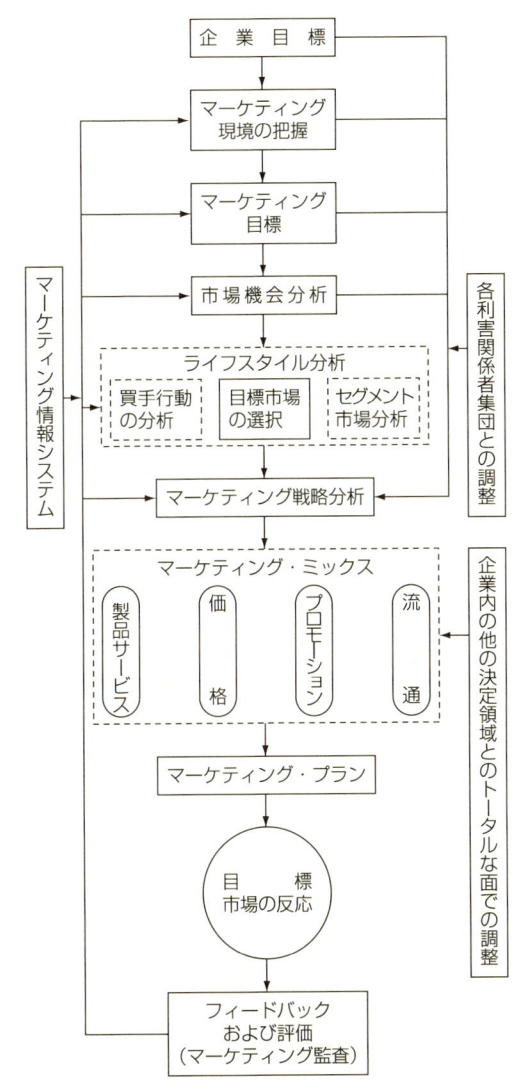

```
                    ┌─────────┐
                    │ 企業目標 │
                    └────┬────┘
                         ↓
              ┌──────────────────┐
              │ マーケティング    │
              │ 環境の把握        │
              └────┬─────────────┘
                   ↓
              ┌──────────┐
              │マーケティング│
              │ 目標      │
              └────┬─────┘
                   ↓
              ┌──────────┐
              │市場機会分析│
              └────┬─────┘
                   ↓
        ┌─ ライフスタイル分析 ──────┐
        │ ┌──────┐┌──────┐┌──────┐│
        │ │買手行動││目標市場││セグメント││
        │ │の分析  ││の選択  ││市場分析  ││
        │ └──────┘└──────┘└──────┘│
        └────────┬──────────────────┘
                 ↓
        ┌──────────────────┐
        │マーケティング戦略分析│
        └────────┬─────────┘
                 ↓
        ┌─ マーケティング・ミックス ──┐
        │ ┌──┐┌──┐┌────┐┌──┐     │
        │ │製品││価││プロ ││流│     │
        │ │サー││格││モー ││通│     │
        │ │ビス││  ││ション││  │     │
        │ └──┘└──┘└────┘└──┘     │
        └────────┬─────────────────┘
                 ↓
        ┌──────────────┐
        │マーケティング・プラン│
        └────────┬─────┘
                 ↓
            ╭─────────╮
            │  目　標  │
            │ 市場の反応│
            ╰────┬────╯
                 ↓
        ┌──────────────┐
        │フィードバック    │
        │および評価        │
        │(マーケティング監査)│
        └──────────────┘
```

（左側縦書き：マーケティング情報システム）
（右側縦書き：各利害関係者集団との調整）
（右側縦書き：企業内の他の決定領域とのトータルな面での調整）

図 I-1　マーケティング意思決定の枠組みとマーケティング情報システム
　　（出所）根木佐一『マーケティング情報システム研究』，お茶の水書房，1984 年，82 頁。

のであることがわかる。したがって、マーケティング情報システムは経営情報システムのなかで、とくに重視される、ということがわかる。ここでマーケティング意思決定の枠組みとマーケティング情報システムとの関係を図示しておく（図Ⅰ-1参照）。

　つぎに、マーケティング・データ・システム→マーケティング・インフォメーション・システム→マーケティング・インテリジェンス・システムへのプロセスについて考察する。レイザーによれば、マーケティング・インテリジェンス・システムは「賢明な意思決定と効果的なマネジメント活動のバックボーンである。それはデータ収集に始まり、分析と解釈が加えられ、実際に適用できる形につくられて完成する。それは内的外的の両要素に関するインフォメーションの融合を必要とする。マーケティング・インテリジェンス・システムはデータ、人、機械、技法、手順についての調整を含んでいる」のである。したがって、マーケティング・インテリジェンス・システムはマーケティング情報システムの非常に進んだ形態であると考えられる。レイザーはこれらのシステムの関係について、図Ⅰ-2を示した。

　根木は図Ⅰ-2についてつぎのように解説している[9]。「マーケティング・データ・システムからマーケティング・インフォメーション・システムに進む際の判断力は、データがインフォメーションとして有用性を持つか否かによって整序される。この段階では機械的な作業が大部分を占める。そして一応整序されたデータとしてのインフォメーションを各部門またはトータルな視点からの要請であるマーケティング意思決定として役立つか否かの判断を下すことによってインフォメーションはインテリジェンスになり得るのである」「図の『データ・ベースの整序』→『第一次分析』→『解釈』を通じてのインテリジェンス活動というのは、データからマーケティング・インテリジェンスに仕立て上げるまでに2回の篩いにかけられるということであり、そのような業務行動を"インテリジェンス活動"と呼んでいる」「『活用方法の一貫性』→『実行』という段階が"結果"と呼ばれているが、ここにおいてはインテリジェンス活動で作成されたマーケティング・インテリジェンスが実際的に活用される段階である。『操作的知識』においてどのような形で活用されるかが、そこに記されている戦略的、エリア的、戦術的という言葉に代表されている」。

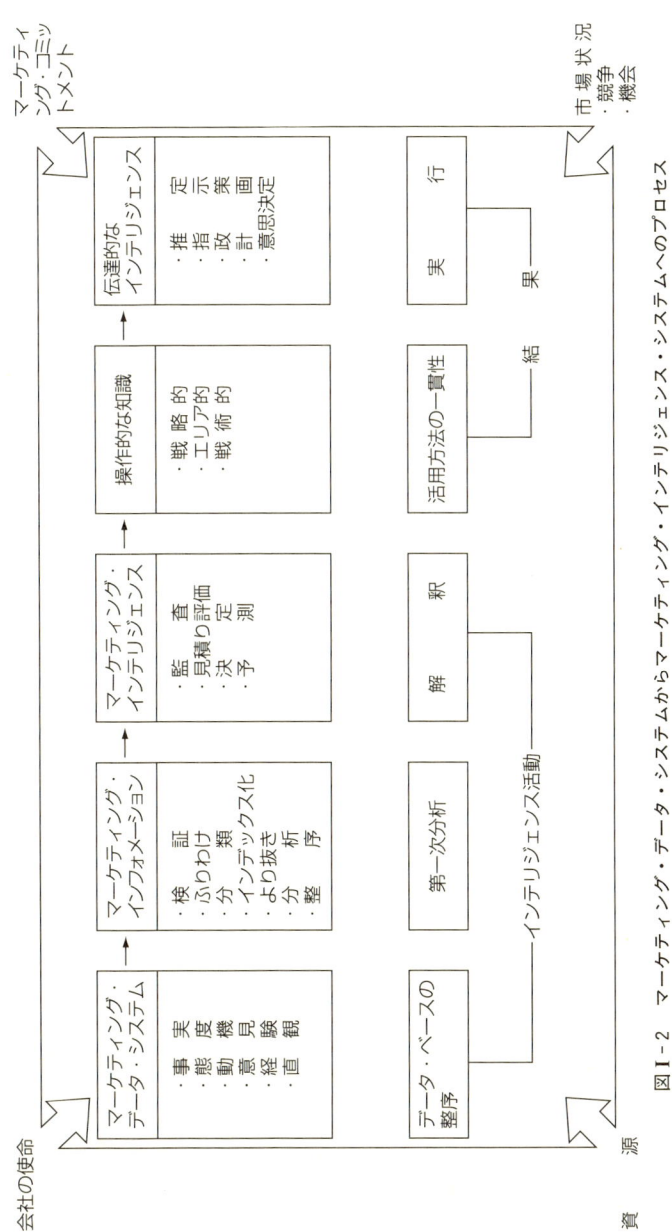

2 マーケティング情報システム   23

図 I-2 マーケティング・データ・システムからマーケティング・インテリジェンス・システムへのプロセス

(出所) 図 I-1 と同じ、32頁 (Willam Lazer, *Marketing Management: A Systems Perspection*, John Wiley and Sons, 1971, p. 161)。

そしてレイザーは，企業のインテリジェンスを，企業内，環境的，市場地位，計画立案，意思決定の5つに分類して考察している[20]。

①企業内インテリジェンス
　財務，人事，在庫，生産能力，会計のノウハウ，心理。
②環境的インテリジェンス
　競争，国際情勢，テクノロジー，政治，社会経済，法律。
③市場地位インテリジェンス
　マーケット・データ，産業データ，コスト・データ，利益，投資収益率，自社のポジショニング。
④計画立案インテリジェンス
　制約条件，変数，代替案，戦略，販売予測，趨勢。
⑤意思決定インテリジェンス
　計画，プログラム，組織，コントロール。
　実際の作業プロセスとしては，評価（①，②）→分析（③）→評価と計画（④）→マーケティング・コミットメント（⑤）となる。

（2）マーケティング情報論のフレームワーク
　「マーケティング情報論」とは，マーケティング活動を展開するに際し，
　・その活動の目標は何か
　・その活動を展開するために必要な情報は何か
　・その情報をどう収集するか
　・収集された情報をどう統合するか
　・統合情報をもとにどう意思決定するか
　・マーケティング活動の反応（成果）をどう把握するか
　・マーケティング活動の修正計画（フィードバックシステム）の確立
　・その他
についてのシステム（体系）を考察し，マーケティング目標を効率的に達成するための方法論を研究することである。ここでいう方法論の研究とは，マーケティング活動の諸側面それぞれに対して，情報収集・解析・活用・成果測定等を行い，それにもとづく意思決定のためのシステム設計をすることを意味する。

2 マーケティング情報システム　25

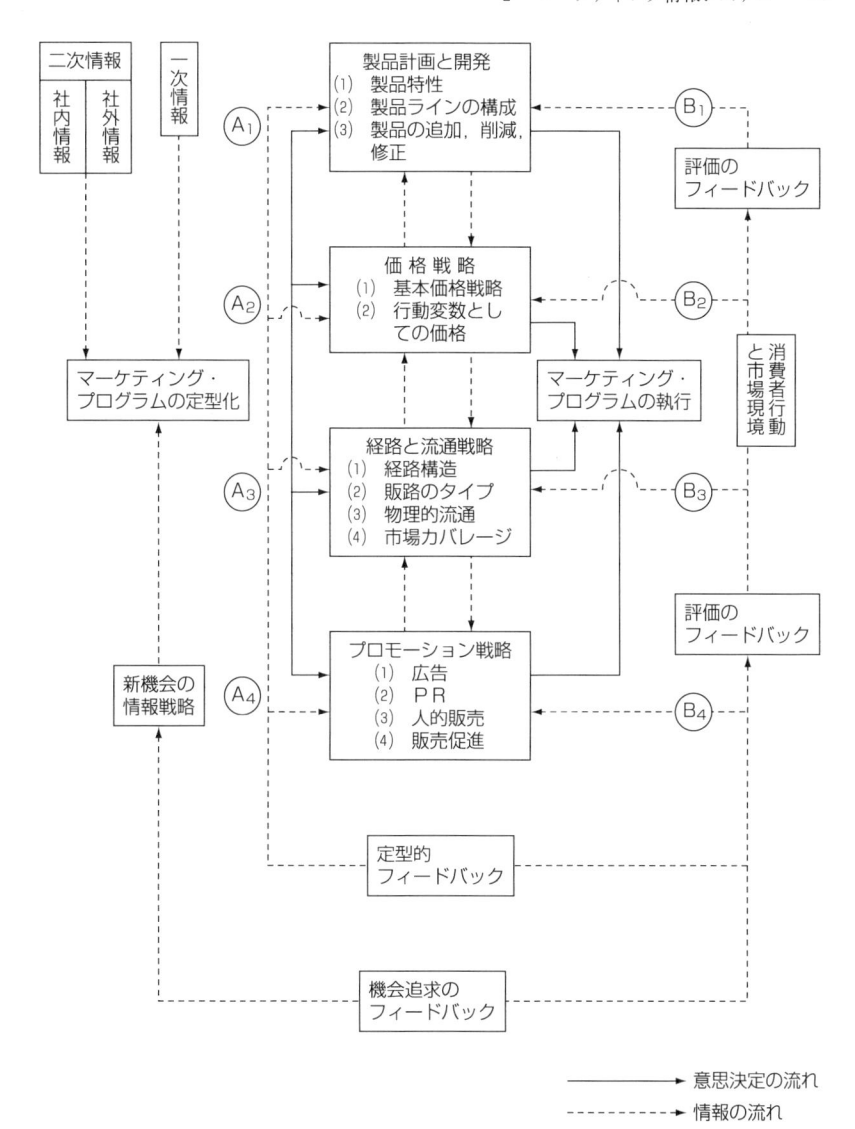

図 I-3　マーケティング管理のプロセスとマーケティング情報の流れ
(出所) 図 I-1 と同じ，131頁 (Richard H. Brien & James E. Stafford, "Marketing Information Systems", *Journal of Marketing*, July 1968. p. 20)。一部を筆者が加筆修正。

そのためには，今日のいわゆるデジタル技術をどう活用するかの研究が急務である。デジタル技術がわれわれのマーケティング活動にどう影響するかという受動的視点からのアプローチだけではなく，これからのマーケティング活動の展開にはどんなデジタル技術の開発が必要かという能動的な視点からの研究も，いまわれわれに求められている。フィリップ・コトラー（Kotler, P）は「今後10年間に，マーケティングのすべてがリエンジニアリングの対象となるだろう。21世紀の初めには，市場とマーケティングが現在とはまったく違う原則に沿って動くであろうことは，ほとんど疑う余地がない」と指摘している。そしてインターネットがマーケティング分野で利用される領域として，1）調査への利用，2）情報の提供，3）フォーラムの運営，4）トレーニングの提供，5）オンライン売買の実施（電子商取引），6）オークションや交換の場の提供，7）顧客へのデジタル・コンテンツの提供の7つをあげている[21]。これらの各領域に関する考察は，関連する章でそれぞれ触れられている。また，最近の動向についての総括的な考察は，第11章のインターネット・マーケティングでくわしく述べられている。

最後に，ブライン（Brien, R. H.）とスタッフォード（Stafford, J. E.）が図示したマーケティング管理プロセスにおける，意思決定の流れと情報の流れについての関係を表示しておく（図Ⅰ-3参照）。この図表から，「マーケティングプログラムの定型化」は，一次情報・二次情報および「マーケティングプログラム執行」に伴う反応情報がフィードバックされ，プログラムは常時刷新され続けることがわかる。

（大脇錠一）

注
1）西沢脩「インフォーメイション・プロセス」，鈴木英寿編『経営学講義』，青林書院新社，1973年，138-139頁。
2）根木佐一『マーケティング情報システム研究』，お茶の水書房，1984年，31頁（William Lazer, *Marketing Management: A Systems Perspective*, John Wiley and Sons., 1971.)。
3）野中郁次郎「日本語訳に寄せて」，クイン・スピッツ，ロン・エバンス著，小林薫訳，『問題解決と意思決定——ケプナー・トリゴーの思考技術——』，ダイヤモンド社，1998年，ⅰ-ⅳ頁（Quinn Spitzer & Ron Evans, *HEADS, YOU WIN!*,

Simon & Schuster., 1997)。

4) カール・E・ワイク，キャスリーン・M・サトクリフ著，西村行功訳『不確実性のマネジメント』，ダイヤモンド社，2002年，14-25頁（Karl E. Weick & Kathleen M. Sutcliffe, *Managing the Unexpected-Assuring High Performance in an Age of Complexity*, 2001.）．

5) 「マインド」とは，現状の予測に対する反復的チェック，最新の経験に基づく予想の絶え間ない精緻化と差異化，前例のない出来事を意味づけるような新たな予想を生み出す意志と能力，状況の示す意味合いとそれへの対処法に対する繊細な評価，洞察力や従来の機能の改善につながるような新たな意味合いの発見，といった要素が組み合わさったものといえる。（同上書，58頁）

6) 大脇錠一「企業コミュニケーション」，松江宏編著『現代マーケティング論』，創成社，2001年，64-84頁。

7) 同上書，79頁。

8) C. West Churchman, Russell L. Ackoff & E. Leonard Arnoff, *Introduction to Operations Research* (second printing), John Wiley & Sons., 1957, pp. 107-112. (森口繁一監訳『オペレーションズ・リサーチ入門（上・下）』，紀伊國屋書店，1961年，上巻129-141頁。)

9) ジョン・S・ハモンド，ラルフ・L・キーニー，ハワード・ライファ著，小林龍司訳『意思決定とアプローチ――分析と決断――』，ダイヤモンド社，1999年，36-50頁（John S. Hammond, Ralph L. Keeney & Howard Raiffa, *Smart Choices: A Practical Guide Marketing to Better Decisions,* Harvard Business School, Press, 1998.）。

10) ピーター・F．ドラッカー「効果的な意思決定」，ハーバート・ビジネス・レビュー編，DIAMOND ハーバート・ビジネス・レビュー編集部訳『意思決定の思考技術』，ダイヤモンド社，2001年，15-39頁。

11) ジョン・S・ハモンド，ラルフ・L・キーニー，ハワード・ライファ，前掲書，24-34頁。

12) Russel H. Colley, *Defining Advertising Goals for Measured Advertising results*, Association of National Advertisers, 1961. (八巻俊雄訳『目標による広告管理』，ダイヤモンド社，1966年。)

13) ジョン・S・ハモンド，ラルフ・L・キーニー，ハワード・ライファ，前掲書，5頁。

14) ジョン・S・ハモンド，ラルフ・L・キーニー，ハワード・ライファ，前掲書，226頁。

15) パトリック・レオンシオーニ著，山村宜子訳『意思決定5つの誘惑――経営者はこうして失敗する――』，ダイヤモンド社，1999年（Patrick Leoncioni, *The Temptations of a CEO*, Jossey-Bass, 1998.）。

16) 根木佐一，前掲書。

17) 西沢脩，前掲書，140頁。

18) 根木佐一，前掲書，22頁。

19) 根木佐一，前掲書，33頁。
20) 根木佐一，前掲書，35頁。
21) フィリップ・コトラー著，木村達也訳『コトラーの戦略的マーケティング』，ダイヤモンド社，2000年，320-341頁 (Philip. Kotler, *Kotler on Marketing*, Free Press, 1999.)。

【参考文献】

村田昭治『マーケティング・システム論』，有斐閣，1970年。

V. メイロス，D. M. ワーナ著，根木佐一訳『マーケティング情報システム――マーケッターのためのデザインと適用――』，お茶の水書房，1987年 (Van Mayros & D. Michael Werner, *Marketing Information Systems*, Chilton Book Campany, 1982.)。

陸正『マーケティング情報システム――その戦略的視点と未来の構図――』，誠文堂新光社，1988年。

篭屋邦夫『意思決定の理論と技法――未来の可能性を最大化する――』，ダイヤモンド社，1997年。

印南一路『すぐれた意思決定――判断と選択の心理学――』，中央公論社，1997年。

齋藤嘉則『問題発見プロフェッショナル――構想力と分析力――』，ダイヤモンド社，2001年。

第Ⅱ章
マーケティングリサーチ

1　マーケティングリサーチの意義と役割

（1）マーケティングリサーチの意義

　マーケティングリサーチとはマーケティング戦略を策定する場合に企業の経営リスクを回避するため，科学的な方法によって情報を収集し分析する活動である。まず主な研究者のマーケティングリサーチの定義をレビューすることによってマーケティングリサーチの意義を検討する。

1) 桐田尚作はブラウン（Brown, L. O.）やフェルプス（Phelps, D. M.），アメリカ・マーケティング協会，ラックとウェルズ（Luck, D. J. & Wales, H. G.）などの定義を考察した後，「市場調査は，市場流通に関する問題を解決するのに役立てるために，科学的方法によって情報を把握することである[1]」と定義している。

2) P. コトラーと G. アームストロング（Kotler, P. & Armstrong, G.）は，「組織が直面している特別なマーケティング状況に関係する組織的なデザイン，収集，分析とデータと発見の報告である[2]」と定義している。

3) J. R. エバンス & B. バーマン（Evans, J. R. & Berman, B.）はマーケティングリサーチを次のように定義し，その必要性を述べている[3]。
　　「マーケティングリサーチとは商品，サービス，組織，人々，流通チャネルとアイデアのマーケティングに関係した特別の問題についての情報を組織的に収集し，記録しそして分析することである」。

このマーケティングリサーチは外部の企業に委託される場合もあるが自社の市場調査部門でなされる場合もある。マーケティングリサーチは次のような点で重要である。

　第1に、効果的な成果をあげるためにマーケティングリサーチは組織的であらねばならない。第2に、マーケティングリサーチは一連のステップあるいはプロセスを必要とする。マーケティングリサーチはデータの収集、記録そして分析である。第3に、データは異なる情報源から利用される。すなわち企業自身、代理店、企業で働く調査のスペシャリストである。第4に、マーケティングリサーチは意思決定を援助するのに情報を必要とするいかなる局面にも適用される。第5に、調査結果と調査に関係することは企業の意思決定者に伝えなければならない。これは、マーケティングリサーチを利用する企業の意思決定者はそれがテストマーケティングや全国的な消費者調査のような費用のかかる事業企画にかかわらねばならないという意味ではない。それは社内の販売データの分析もしくは顧客サービスのスタッフとの非公式な会合から十分な情報が得られる。マーケティングリサーチは秩序的アプローチと科学的方法の固執を必要とする。

　調査される各マーケティング問題にとって、調査の総数とコストは情報に通じた意思決定をするのに必要なデータの種類、それらの意思決定に含まれるリスク、意思決定の潜在的重要性、企業への問題の重要性、既存のデータの妥当性、問題のデータの収集過程の複雑さなどの要素に依存する。

　桐田尚作、P. コトラーや J. R. エバンスらのマーケティングリサーチの定義から、ここではマーケティングリサーチをとりあえず次のように定義しておく。マーケティングリサーチとは企業や組織が直面する商品やサービス、プライシングプロモーション、チャネルについて消費者や市場に対するマーケティング活動に必要な問題の発見と情報を明らかにする。それは科学的なデータ収集計画・実行・検討を行い、その分析結果を企業経営の意思決定者の判断資料として企業経営の安全と危険を回避するための情報である。

（2）マーケティングリサーチの役割

　経営者はマーケティング活動を展開するにあたって、自分の過去の経験や直

感によるのでなく科学的に情報を収集し分析する。マーケターにとっては，1）競争の厳しさに勝つこと，2）業績を測定すること，3）金融とイメージのリスクを減らすこと，4）広告の確実性を改善すること，5）消費者態度を決定すること，6）意思決定の支援をすること，7）環境を監視すること，8）直感を確認すること，9）効果を改善すること，10）戦略を調整することなどの理由がある[4]。

　企業が直面しているマーケティング状況に必要な情報を明確にし，情報を収集し，分析することがマーケティングリサーチである。マーケティングリサーチの研究は1910年スタンレー・ラートショウ（Latshaw, S.）によって始められ，パーリン（Pariln）の農機具産業の調査が最初のマーケティングリサーチの研究とされている[5]。

　わが国におけるマーケティングリサーチの役割を歴史的に整理した朝野熙彦はマーケティングリサーチの発展を3期に分けている。すなわち，第1期の1950年代においては，マーケットは今どうなっているのかという実態把握であり，調査の役割は統計をとるための調査である。第2期は1960～70年代と区分して，マーケティングリサーチのニーズはなぜそうなったのか消費者行動の原因を説明するWhyであり，原因解説である。調査の役割は問題の解説である。そして第3期は1980年代以降であり，リサーチのニーズはこれから何をすればよいのか，Howとして対応策の発見であり，調査の役割は問題解決である。朝野は，こうしたマーケティングリサーチの変遷を「調査の3段階進化論」と論じている。さらに岡英樹は2000年代は「あるべき姿・フィロソフィの時代」として「企業はこれからどうあるべきか」の概念を追加している[6]。こうした発展から調査をマーケティングに役立たせる法則として，朝野は，1）調査の役割は発見と創造にあり，2）意思決定の早い段階で調査をする。そして，3）ダイレクトリサーチを心がけることをあげている[7]。

2　マーケティングリサーチの範囲

　マーケティングリサーチの範囲について，メロット（Mellott, D. W.）は，1）市場に関する調査，2）製品に関する調査，3）プライシングとプロモー

ション政策に関する調査をあげている[8]。

（1）市場に関する調査
①消費者行動分析
　人口動態と購買情報を収集することによって，リサーチャーは消費者購買行動のいろいろな局面を研究することができる。競合他社の製品と同じように自社の製品に対する態度はインタビューやアンケート調査によって決定される。ブランドロイヤルティの強さの変化はブランド意識調査によって発見される。
②競争状況の分析
　市場における競合他社の製品，そしてブランドの数やタイプが明確にされるのに利用される。競合製品の特性（サイズ，形態，業績，価格など）についてマーケティング意思決定の参考になる。競争状況の変化を予測する知識の参考にもなる。
③販売分析
　販売地域の割り当てや会社の販売員，卸売業者，小売業者の業績に対する測定の基準を開発する。この分析の傾向はマーケティング意思決定の広い範囲の基準となる。
④流通チャネル分析
　調査は新製品と既存製品の両方に用いられる。企業は必要とされる小売店や卸売業者の形態と数を決めねばならない。製品の取り扱いに特別な中間業者が必要かどうかを決めねばならない。

（2）製品に関する調査
①製品計画
　市場調査者は，企業が現在の市場にいかに浸透し競争できるかを決定する。また，どんな新製品が将来の市場に受け入れられるかを決める。マーケティングと市場開発の共通領域には限度がある。マーケティングリサーチと市場・開発に関係する人々は，彼等の活動を協力し調整しなければならない。一般的に，マーケターには既存製品の改良と新製品の応用をみつける責任がある。調査と開発の人々は技術の進歩に責任がある。

②製品開発

　マーケット調査は，製品開発に利用できる時間の長さと要求される製品調査のタイプと費用に関する情報をつくることに用いられる。

③パッケジング

　マーケット調査は販売の成果を推測される包装デザインの種類を決めるのに利用される。テストは提案されたデザインに対して消費者と中間業者の反応を得るためになされる。

（3）プライシングとプロモーションに関する調査

①プライシング

　マーケティングリサーチは，競合製品の価格や自社製品のマーケティングコストについて示すことができる。この調査は価格政策に役立つ。

②プロモーション

　プロモーション戦略の計画を立てる企業は，メディアの受け手（読者，視聴者）の特性と特別なメディアの影響についての情報のためのマーケット調査を実施する。

　この他，1）市場に関する調査，2）コントロール可能な要因に関する調査，3）競争に関する調査，4）コントロール不可能な要因に関する調査に分けることもできる[9]。

　現在，アメリカでの調査活動を示したのが表Ⅱ-1である[10]。主な調査項目をみると，広告調査では広告効果調査，産業経済・企業調査では産業動向調査と短期予測，企業責任に関する調査では広告・プロモーションに関する法規制調査，製品調査では競合製品調査，販売および市場調査では市場潜在性の測定，市場シェア分析，市場特性分析となっている。

　アメリカではマーケティングリサーチよって収集されたデータに，年間約80億ドル費やしている。現代のマーケティングリサーチの傾向は，1）顧客満足調査の実施，2）病院の患者によるコンピュータ利用による科学技術の適用，3）POSシステムなどによるデータ収集によって消費者の購買行動や習慣などの分析，4）多くの反応者と潜在反応者は調査のイメージが乏しい，などである。調査の不満足には，1）インタビューされる時の迷惑，2）販売策

表Ⅱ-1 599社の調査活動（調査のタイプと行っている会社の比率）
(TABLE4-1)

＜広告調査＞		＜企業責任に関する調査＞	
A．モチベーション調査	47％	A．消費者の「知る権利」に関する調査	18％
B．コピー調査	61％	B．環境影響度調査	23％
C．メディア調査	68％	C．広告・プロモーションに関する法規制調査	46％
D．広告効果調査	76％		
E．競争広告調査	67％	D．社会価値・政策に関する調査	39％
＜製品調査＞			
A．新製品受容と潜在性	76％	＜販売・市場調査＞	
B．競合製品調査	87％	A．市場潜在性の測定	97％
C．既存製品調査	80％	B．市場シェア分析	97％
D．パッケージ調査：デザイン・物的特性	65％	C．市場特性分析	97％
		D．販売分析	92％
＜産業経済・企業調査＞		E．販売割当，テリトリーの確定	78％
A．短期予測（1年以内）	89％	F．流通チャネル調査	71％
B．長期予測（1年以上）	87％	G．テストマーケット，ストア監査	59％
C．産業動向調査	91％		
D．価格調査	83％	H．消費者パネルオペレーション	63％
E．工場・倉庫立地調査	68％		
F．買収調査	73％	I．販売報酬調査	60％
G．輸出・国際調査	49％	J．プレミアム，クーポン，サンプリング等の販売促進調査	58％
H．経営情報システム	80％		
I．オペレーション調査	65％		
J．社内従業員調査	76％		

(出所) Dik Warren Twedt, ed., *Survey of Marketing Research*, Chicago : Amerrican Marketing Association, 1983, p41.
Philip Kotler & Gary Armstrong, *Marketing : An Introduction*, 2nd ed., Prentice-Hall, 1990, p. 87.

略のような調査の利用，3）貧弱なインタビュー技術，4）調査企画とその長さ，5）調査会社による同じ人との過度の接触，6）プライバシーの侵害，7）テレマーケティングの煩わしさなどの特徴がある[11]。

3 マーケティングリサーチの手順

　マーケティングリサーチを実施する手順について，エバンス＆バーマンは問題の明確化→第2次データの検討→第1次データの作成→データ分析→勧告→

調査結果の実行プロセスをあげている[12]。ブラウンは，1）状況分析，2）略式調査，3）公式調査計画，4）資料の収集，5）整表と分析，6）解釈，7）結論の提出，8）点検の8段階を示している[13]。これを，1）予備調査の段階，2）正式調査の段階，3）結果処理の段階に区分して説明する[14]。

（1）予備調査の段階
①状況分析
　企業経営における特定の問題を解決するためには，何を調査すべきかを決定するために，市場環境，自社企業ならびに同業他社の商品，価格，販売方法，プロモーション戦略などマーケティング諸活動に関するあらゆる既存のデータを収集し分析することによって，問題点の所在を明らかにしなければならない。
②略式調査
　状況分析の結果によって明らかになった問題点についての情報を得るために，取引業者，専門家などと面談することにより，本調査の調査方式，内容，質問項目などについての手がかりを得るための予備的な調査である。調査の方法・調査票の設計などの参考資料を得るために行う。調査の方法については次節で述べる。

（2）正式調査の段階
　予備調査の次のステップは正式調査の計画と実施である。調査の計画は，1）調査の目的と範囲の決定，2）データの種類と収集方法，3）サンプルの計画，4）スタッフ，5）試験調査の実施，6）運営計画，時間計画，費用などを検討することである。
　1）調査目的は調査によって何を明らかにしたいのか，調査結果をどのように活用するのか明確にする。基礎的な統計資料を得る調査，問題発見のための調査，問題の原因や構造を解明する調査，問題の解決策を得るための調査，問題の解決策を選択するための調査，問題の解決策の実行可能性を探る調査，予測のための調査などがある[15]。調査目的が定まれば調査の範囲も決定される。
　2）調査目的が決まれば，データの種類と収集方法について検討する。データは第1次資料と第2次資料に分類される。第1次データは，特定の問題解決

のために新たに収集される資料であり、第2次データは他の目的のために作成された内部資料、または第三者が事前に作成収集している資料である。

第1次データ収集には質問法、パネル法、動機調査法、観察法、マーケティング実験などがある。これらの方法については第4節で述べる。

第2次データとしてよく活用される主な政府刊行物には次のようなものがある。

内閣府関係：国民生活白書、家計消費の動向、経済要覧、国民生活選好度調査世論調査年鑑、

総務省関係：情報通信白書、国勢調査報告、工業統計、全国消費実態調査、家計調査年報マーケティング基礎データ年鑑、小売物価統計調査年報、サービス業基本調査報告、事業所・企業統計調査報告、社会生活統計指標、住民基本台帳人口要覧消費者物価指数年報、地域情報化施策の概要、統計でみる日本、日本統計年鑑

公正取引委員会：公正取引委員会年次報告

財務省関係：財政統計

文部科学省関係：教育白書、科学技術白書

文化庁関係：メセナ白書

厚生労働省関係：厚生労働白書、国民生活基礎調査、人口動態統計、賃金センサス、廃棄物年鑑労働統計年報、

農林水産省関係：農業白書、食品産業動向調査報告、水産物流通統計年鑑、青果物卸売市場調査報告、世界農林業センサス、地域社会と流通システム

経済産業省：通商白書、レジャー白書、企業活動基本調査報告書、工業統計表、商業統計表商業販売統計年報、商工業実態基本調査報告書、特定サービス産業実態調査報告書、

中小企業庁関係：中小企業白書、中小企業の経営指標、

国土交通省関係：運輸白書、観光白書、日本物流年鑑

環境省関係：環境白書，環境基本計画
日本銀行関係：主要経済・金融データ

(出所) 政府刊行物等総合目録2001年より作成

　3）サンプル（標本）の計画を行う。調査対象となる人，企業あるいは店舗などを母集団という。この母集団全部を調査するのが全数調査（悉皆調査）である。調査対象の母集団から標本としてその一部を選び出し，この標本を対象に調査を行うのを標本調査という。

　標本調査にあたっては，標本設計の一部としてサンプリングが行わなければならない。サンプリングには，①無作為抽出法，②有意抽出法がある。無作為抽出は母集団を代表している。有意抽出法は標本が母集団を代表するものでなかったり，信頼度を統計的に確認しえなかったりする。この標本の抽出につては第5節で解説する。

　4）実施の決定，集計方法，調査票等の印刷，調査員の手配，依頼状の発送，調査員への教示，調査票の検票，追加調査，データ入力集計表の作成，統計分析，報告書作成までのスケジュールの検討と調査にかかわる会議費，交通費などの費用の見積を算出する。

　ここで消費者調査の設計を例示すれば次のように形式になる。

調査設計

1．**調査目的**：○○町の中小商業の活性化を目指す中小商業活性化基本構
　　　　　　　想の策定の基礎資料
2．**調査企画**
　（1）調査対象
　　　　○○町内に住む20歳以上の町民
　（2）調査地域
　　　　○○町内全域

(3) 標本抽出
　　　住民基本台帳より無作為抽出
(4) サンプル数
　　　1,000名
(5) 調査方法
　　　郵送配布郵送回収法
(6) 調査実施期間
　　　平成○年1月5日～1月27日
(7) 調査実施機関
　　　町中小小売商業活性化基本構想策定委員会
　　　町役場　企画振興課
(8) 主な調査項目
　　　買物場所・買物頻度　　　買物地域への要望
　　　買物交通手段　　　　　　大型店舗の利用理由
　　　商品購入利用地域　　　　中小小売業店舗のサービス
　　　商品購入理由　　　　　　今後の購買行動について

(3) 結果処理の段階
①集計と分析[6]

　収集されたデータはすぐにはデータ解析できない。データを解析する準備として，調査票の回答内容をチェックし，自由回答法の質問に対する回答のコーディングやデータの入力を行う。データの解析では，1）質問項目別に調査対象の特徴を把握するために，単純集計を行い度数分布表やヒストグラフを作成する。その際には実数でなくパーセントで示す，パーセントを決めるときに基数を決めておく，無回答の扱い，回答選択肢の統合を考えておく，順位回答形式の質問は順位ごとに集計する。2）ヒストグラフをみて異常値はないか。3）グループ分けできないか。4）データの中心的傾向を把握する。5）データの散らばりを把握する。6）比較によりデータを読み取る統計的仮説検定が用いられる。7）クロス集計を行い横計，縦計，総計をチェックする。8）質

問項目間の関係の有無を検定するには χ^2 検定が便利である。さらに質問項目の間の関係を分析するには，9）多次元的にデータ解析を試みる。

②報告書

分析の結果を報告書にまとめる。報告書は企業の意思決定の判断資料となるその内容は要約および結論である。これは報告書の最初にもってくる。ついで，調査計画，結果の解説である。これは報告書の主体となるもので，データの増減傾向の説明・その増減理由・その理由からしかるべき提案をする内容にする。そして統計表，調査票などの付属資料を付ける[17]。

4　マーケティングリサーチの方法

データの収集方法は目的，テーマ，日程，予算，費用などを考慮して決定する。調査手法は，1）定量調査，2）定性調査に分けることができる。1）定量調査とは質問の回答肢を数値によって示す。なお，数値には定性的数値（名義尺度・順序尺度）と定量的数値（間隔尺度・比例尺度）がある。これは認知率やシェアなどの数値が知りたいときに適している。訪問面接調査，留置調査，ホームユーステスト，CLT（central location test），郵送調査，電話調査，インターネット調査などがあげられる。2）定性調査とは質問の集計結果を数値では表現できない（あるいはしにくい）調査をいう。消費者の生の声を知りたいときに適している。キーマンインタビュー，パーソナル（デプス）インタビュー，ペアインタビュー，グループインタビュー，観察調査などがあげられる[18]。

鹿児嶋英治はネットリサーチを除いて，1）定量調査に訪問面接，留置，郵送留置，街頭，郵送，電話，FAX，2）定性調査にデプスインタビュー，グループインタビュー，会場テストに分けている[19]。辻新六，有馬昌宏は調査の実施方法として，配票調査法，配布郵送法，郵送調査法，郵送回収法，託送調査法，集合調査法，宿題調査法，面接調査法，電話調査法をあげている[20]。

朝野煕彦は「マーケティング・リサーチでは，既存のデータを集めて資料分析するだけでは不十分で，新規にデータを収集しなければならない場合が少なくない。(中略) マーケティング・リサーチのデータ収集方法は，社会調査と異なり，「人間を相手にしたインタービュー」だけで事足りるものでない。マ

ーケティングはインタビューでは答えの出せないリサーチ課題や研究対象が存在する。したがって，調査票を用いた面接調査だけが唯一正しい調査法であるという硬直的な概念は適用しない」とマーケティングリサーチに対する見解を示し，訪問面接調査，留置き調査，電話調査，メールサーベイ，FAX 調査，インターネット・サーベイ，観察調査，ギャング・サーベイ，CLT，HUT (home use test)，フォーカス・グループのデータ収集法をあげている[21]。

大脇錠一は質問紙の形式や質問紙使用の有無を基準に，1）質問紙調査法，2）質的調査法，3）実験法に分けている[22]。

阿部周造はマーケティングリサーチにおけるデータ収集方法を2次データと1次データに分けている。2次データは既存のデータである。1次データはマーケティング実査とマーケティング実験に区分され，さらにマーケティング実査を，1）質問法，2）パネル法，3）動機調査法，4）観察法に分類している[23]。ここでは阿部周造のマーケティングリサーチにおけるデータ収集方法の分類を中心にその特徴について論述する[24]。

（1）質問法(questionnaire method)

回答者に調査項目を質問するかたちでデータを得る方法である。質問の内容としては，①事実質問，②解釈質問，③意見質問に分けられる[25]。

①事実質問法

回答者が過去ないし過去から現在に行った客観的事実を聞くような調査。例えば，「お宅にビデオがありますか」に対して，ビデオがある，ない，という事実について回答を求めるものである。

②意見質問法

回答者の個人的意見，評価，判断を述べてもらう方法である。「どのデザインが最も美しいと思いますか」という質問に，個人的意見・判断を求める。

③解釈質問法

「なぜ，このパソコンを使用してますか」のように，感情，使用動機，心理的誘因を評価したうえで回答が要求される。購買動機などは動機調査が望ましい。質問法（questionnaire method）は測定法（survey method）とも呼ばれている。

阿部周造は質問法に，面接法，郵送法，電話法，留置法をあげている。このほかFAX法，託送調査法，集合調査法，宿題調査法を追加しておく。またインターネット調査も考えられる。インターネット調査については後述する。

1）**面接法**　調査員による質問内容が可能であるから，掘り下げた質問を行うのに適している。実施に時間とコストがかかる。回答者の反応についてのバイアスの危険も高い。個人の深層心理まで及ぶパーソナルインタビューや街頭面接，訪問面接などがある[26]。

2）**郵送法**　調査対象者に質問票を郵送し，質問票に回答を記入して返送してもらう方法。この方法は地理的範囲を対象とした調査に適しているので，地域的広がりがある。比較的時間が少なくてすむ。多人数のサンプルに適している。代理回答が起き得る，相対的に費用が安くつくが回収率が低い，調査期間が半月以上かかるなどの難点がある。回収率は約20％程度と低い。調査票の配布と回収のいずれかを郵送する郵送留置もこの方法にいれる事ができる[27]。

3）**電話法**　対象者に電話で質問を行い，電話によって回答を求める方法。回答が迅速で費用も少なく，回収率も高い。しかし，調査対象者が電話所有者に限定される。掘り下げた質問ができない。回答者が在宅・在室率の高い人に偏る。

4）**FAX法**　調査のスピードが早く，調査費用も安い。しかし調査項目が多い場合には適さない[28]。

5）**留置法**　調査票を郵送もしくは調査員によってよってあらかじめ配布しておき，後日打ち合わた日時に調査員が回収に行ったり，返送してもらう方法。対象者をあまり拘束しない。調査に時間とコストがかかる。代理回答があり得る。留置調査法（送付・返送とも面接），留置面接調査法（送付は郵送），留置郵送法（返送は郵送）がこれに該当する[29]。

このほか，質問法として次のような方法もある。

6）**託送調査法：送付・返送とも委託**　自治会などに調査への協力支援を必要とする。調査対象者から電話などで問い合わせがあったときのみ説明可能が可能である。複雑な質問は難しい。回収時に回収用封筒を利用すればプライバシーにかかわる質問も，ある程度は可能である。回収率は高い。調査費用は小さい。調査地域は狭い（多段抽出法で対応[30]）。

7）**集合調査法**　調査対象者に1ヵ所に集まってもらい質問紙を配布。会社や学校などの集団を対象にして行う場合には有効な方法。回答者に対する説明が可能である回答のための時間は短い。多量の質問も可能である。調査地域は狭い（集落抽出法で対応）。調査費用は小さい。調査に要する時間は短い[31]。

8）**宿題調査法**　学校や会社で実施する場合には調査の協力要請は必要である。回答者への疑問に対する説明は可能である。多量の質問も可能。回収率は学校，企業は高いがそれ以外は低い。調査費用は学校・会社は小さい，それ以外は大きい。調査地域は狭い（集落抽出法で対応）。調査に要する時間は短い[32]。

（2）パネル法

　同一の調査対象者に対してある一定期間にわたって，一定間隔をおいて反復して調査することである。この調査では一定期間にわたる市場の動き，消費者の変化を時系列で把握できる。その反面，調査期間が6ヵ月から数年間にわたるので，対象者の選定が難しく，対象者が脱落することも多い。また，調査費用も高くなる。パネルからの報告は，面接か，電話，購買日記があり，購買した銘柄，買物場所などを日記帳に記入することを求められる[33]。

（3）動機調査法[34]

　消費者の購買動機を内面的な感情，意思などの心理作用との関係を心理的な技法を用いて消費者の購買動機を調査・分析するものである。動機調査の主なものは，1）広告コピーのテストとそのアイディアの獲得，2）販売員の接客態度の究明，3）ブランド選好についての研究，4）製品や包装紙などのデザインの研究などがある。

①深層面接法

　面接者が被調査者とくつろいだ雰囲気で面接しながら，深層にある無意識の世界を探求する方法である。

②集団面接法

　面接者（心理専門家）のもとに被調査者を一定の日時に1ヵ所に集めて自由に討議させ，動機を明らかにする。討議はテープレコーダに収録され分析され

る。

③投影技法

調査対象者に無関係な刺激物を与え，外部に映った投影像から回答者の動機を読みとる方法である。

1) 語句連想法　最も単純に刺激語を提示して，反応語を書かせるので，定量的処理はしにくいが，特定ブランド，商標その他が変なイメージをもたせる恐れがあるか否かを吟味するときに用いられる[35]。

2) 文章完成法　未完成の文章の空欄に自由に補足させて，完成に導きそれによって，購買動機や商品・企業イメージを連想させる。

3) 絵画法　タット法（T. A. T）と呼ばれる。絵画によって生じる空想から性格，感情，思想を読みとることを目的とする。

4) 略画法（picture fuustration：PF 法）　各略画に2人の人物が描かれ一方には会話の内容が示されていて，他方の人物に対しては空白の「吹き出し」になっている。回答者はこの空白の部分に言葉を記入する。

5) ロールシャッハ・インクブロット法　インクブロットでできた絵がなにを伝えるかがたずねられる。

6) セマンティック・ディファレンシャル法（SD 法）　ある概念に対する評価の程度を測定することを目的とする。

この SD 法は，広義に解釈すれば，動機調査法に位置づけられる。マーケティングリサーチにおいては，企業イメージ，ブランドイメージの測定手法としてしばしば用いられる。

(4) 観察法[36]

調査の対象となるものを観察することによって，データを記録・収集する方法である。調査対象とする集団・組織・地域社会に入り込み，人々と活動や生活をともにしながら，主として質的データの原料を収集する。これを参与的観察法という。これに対して非参与的観察法とは，観察者（調査者）が，局外者や第三者として（非参与），調査対象者をありのままに（非統制）観察する方法もある[37]。例えば小売店において，どんな時間に，どんな職業の人々がどのくらい来店するか，購入するかを店の入口の隅，あるいは，隠しカメラ，ビデ

オカメラで観察したり，店先の人の流れ，交通量を測定する。商店街での人々の動き，自動車の交通量測定に用いられる。この方法は調査の対象を客観的に把握できるが，事実の背後にある動機などは把握できない。

（5）その他の質的データ素材の収集方法[38]
①聞き取り調査
　調査者と調査対象者との間で，質問と回答という相互行為を行いながら，質的データの原料を収集する。
②ドキュメント分析法
　個人的記録や公的記録という質的データから収集する。

（6）マーケティング実験法
　実査のようにあるがままの市場環境をとらえるのではなく，調査側が能動的に特定のマーケティング活動に処理を加え，その効果を調べようとする方法である。例えば，中味がまったく同質の洗顔クリームをA，B異種の容器によって，同地域，同期間，同価格で販売し，消費者の選好状況を実験によって知ろうとする。マーケティング実験は実験室における実験と市場実験に分けることができる。実験室における実験は，実験室という人工的な環境のなかで厳しい条件のもとで行われ，市場実験は調査対象者の行動が自然な状況でみられるフィールド環境で実施される[39]。

（7）インターネット調査
　ここではインターネット調査の意味，特徴，種類について概要をのべる。
①インターネット調査の意味と特徴
　インターネット調査とは，1）電子メール調査やウェブページ調査など従来の標本調査と同様な手続きで行う定量調査と，2）通常のグループインタビューに代表される，あるテーマにもとづいて特定の少人数で議論を行う定性調査に大別できる。インターネット調査の用語として，'Internet Research''Internet Survey''Marketing Research on the Internet''Web-based Research''Onli-ne Research'が用いられているのが現状である[40]。またイ

ンターネット調査には次のような特徴がある[41]。

長所として，1）質問票の印刷・リクルーティング・データインプットが不要なのでコストも安く，速くできる，2）日本だけでなく海外居住者にもできるので大規模な回収数も可能であり，地域性の広がりがある，また希少な対象者スクリーニングが可能となる，3）双方向性のためネットグループインタービュー，ネットデプスも可能である，4）ウエブ上であれば動画，静止画，音声の活用ができる，などがある。短所としては，1）統計学的にみたサンプルの抽出，標本と母集団の問題やなりすまし回答の問題があること，2）プライバシーの問題，機密性の問題，肖像権・著作権に問題があることなどである。

②インターネット調査の分類

インターネットの調査の分類には調査対象の獲得方法からみた分類として，1）クローズ型，2）セミクローズ型，3）オープン型に分けることができる[42]。石井栄造はインターネット調査を，1）アクティブ調査，2）パッシブ調査，3）インナー調査の3分類に分けている。以下にその要旨を述べる[43]。

1）**アクティブ調査** 調査主体（調査実施者）がアクティブに対象者を指定して調査に協力してもらうタイプ。この調査では調査者側が対象者を指定するので，回収率の予測が立てられる。対象者データベースが整備されれば，母集団名簿として利用できる。少人数に向いているＥメール，ネット上でのグループインタビューといえる電子会議室，メーリングリストがある。

2）**パッシブ調査** 調査主体が陰に隠れて，対象者の方からアクセスしてくる調査のタイプ。具体的にはホームページ，メールマガジン，バナー広告がある。対象者を不特定多数の中から募り，一定人数が回収できたら終了する。統計的なサンプリングに問題があるが，プロモーション戦略と共同できる。

3）**インナー調査** あるサイトへのアクセス履歴をデータとするもので，インターネット版の視聴率調査のようなタイプである。トラフィックをカウントする。各サイトへのアクセス数をカウントする。セキュリティやプライバシーの問題がある。

5 標本抽出法

　調査には全数調査（悉皆調査）と標本調査がある。全数調査は調査の対象すべてについて，そのデータを調べるものである。これは費用や時間がかかる。（例えば，国勢調査，毎回5年ごとに実施）これに対して標本調査は調査対象としたい社会や集団の構成員の中からの一部を標本として選びだし，この標本を対象として調べ調査対象全体のことを知るものである（例えば，世論調査）。標本調査はそれについての何らかの情報を引き出したいという調査の対象となる集団を母集団といい，母集団から選び出された対象者を標本（サンプル）という。標本を選び出すことを標本抽出（サンプリング）という。母集団の標本との関係は，母集団→抽出→標本（サンプル）→分析→結果→母集団を推測する，という関係となる[44]。標本抽出には，1）有意抽出法，2）無作為抽出法がある。

　1）有意抽出法は調査者が今までの自分の経験・知識にもとづいて，母集団から抽出する。機縁法，偶然的機会を利用する方法，応募法，アンケート法，典型法，割当法がある[45]。

　2）無作為抽出法（ランダムサンプリング）は調査対象者の中から誰でもが標本として事前に付与された確率に従って抽出されるように工夫された方法である。つぎのような方法がある[46]。

①単純無作為抽出法
　標本抽出台帳から，乱数を用いて，必要な数の標本を抽出する。

②系統抽出法
　第1番目の標本のみを乱数によって決定し，第2番目以降の標本は，一定の間隔ごとに選んでいく。

③集落多段抽出法
　この方法は，母集団の地域が広いときに用いられる。例えば，いくつかの区支郡を無作為に抽出し，その中からエリア（小地区）を無作為抽出，さらにそこから世帯や個人，店などを無作為抽出する。抽出の段数に応じて，2段抽出，3段抽出と呼ぶ[47]。

a）副次抽出法　第1次抽出単位は等確率で抽出し，抽出された第1次抽出単位の大きさに比例した数の第2次抽出単位をランダムに抽出していく。

b）確率比例抽出法　その大きさに比例した確率で第1次抽出単位を抽出し，抽出された第1次抽出単位からは同数の第2次抽出単位をランダムに抽出していく

④層化抽出法

a）層別抽出法　母集団を予備知識（性別，職業別など）にもとづいていくつかの均質なグループ（層）に分け，各層からランダムに標本を抽出する。

・比例割当：各層から，層の大きさに比例した数の標本をランダムに抽出する。

・同数割当：各層から，層の大きさには関係なく，同数の標本をランダムに抽出する。

・ネイマン割当：標本数が一定のとき，精度が最もよくなるように各層の標本数を決める。

・デミング割当：与えられた費用のもとで精度が最もよくなるように各層の標本数を決める。

b）層別多段抽出法　母集団をいくつかの等質な層に分けておき，各層で多段抽出法を適用して標本を抽出していく。

⑤二相抽出法

最初に多数の標本をランダムに抽出してマスターサンプルを作成する。つぎに，このマスターサンプルを層化し，層別抽出法で標本を抽出する。

6　データの分析と調査報告

（1）データの分析

調査が終わりデータが集まったら，まず単純集計を行い，つぎに度数分布表の作成をして，クロス集計から多くの情報を得る。

分析方針にそって仮説の検証を行う。仮説の検証には「統計的検定」が用いられる。統計的検定とは標本において「差があるか」「関連性」があるかを判

表Ⅱ-2　購入意図と広告接触

	広告をみた	広告をみない	計
購入したい	63.3（95）	35.7（75）	47.2（170）
購入したくない	36.7（55）	64.3（135）	52.8（190）
計	100（150）	100（219）	100（360）

表Ⅱ-3　購入意図と企業イメージ

	その企業が好き	その企業が嫌い	計
購入したい	83.1（133）	18.5（37）	47.2（170）
購入したくない	16.9（27）	81.5（163）	52.8（190）
計	100（160）	100（200）	100（360）

定するものである。クロス表で取り上げられた2つの質問項目の間に，関連があるか客観的な基準をあたえてくれるのがカイ二乗検定である[48]。

　分析にあたり，クロス集計してその結果を読み取るのであるが，データを読み取る場合に，陥りやすい事例を大脇錠一の例を参考に検討しよう[49]。

　陥りやすい事例として表Ⅱ-2は「購入意図と広告接触」，表Ⅱ-3は「購入意図と企業イメージ」，表Ⅱ-4は「購入意図・企業イメージ・広告接触」を示したものである。

　表Ⅱ-2から商品を購入したいのは，広告をみた人の場合の方が多いといえるから「広告効果」が読み取れる。

　表Ⅱ-3は，商品を購入したいのは，その企業が好きだから購入したのである。すなわち，「企業への好意度が高い人ほど購入してくれる」と読み取れる。しかし，表Ⅱ-4のように三重のクロス集計をしてみると，「購入意図」は「広告接触」と関連性があるのではなく，「企業イメージ」と関連性があることがわかる。これは第3の変数（「企業イメージ」変数）を挿入することによって起こった。したがって，このような第3の変数をどのようにして発見するかがクロス集計のポイントとなり分析する際に注意しなけらばならない。

表II-4　購入意図・企業イメージ・広告接触

	その企業が好き		その企業が嫌い		計
	広告をみた	広告をみない	広告をみた	広告をみない	
購入したい	85.0 (85)	80.0 (48)	20.0 (10)	18.0 (27)	47.2 (170)
購入したくない	15.0 (15)	20.0 (12)	80.0 (40)	82.0 (123)	52.8 (190)
	100 (100)	100 (60)	100 (50)	100 (150)	100 (360)

（2）調査報告について

調査報告書には，次のことを述べる[50]。

①調査の目的

何のための調査か，調査で明らかにしたいことを述べる。

②調査概要

調査の名称，調査主体名，母集団ないし対象集団，サンプリングの方法，調査票の配布回収方法，調査時期，回収率，無効票の内訳などを記載する。

③調査結果

仮説の検証を行う。

調査結果の説明については，次のことに留意する。

1) データの指し示す事実を記述する。
   - 思考の材料は当該データに限定される。
   - 論述にあたってはポイントを整理して述べる。
   - データがどんな事実を示しているかを押さえる。
2) データの指し示す事実を説明・解説する。
   - データの示す事実を述べ，「なぜそうなっているか」も説明しなければならない。
   - 説明はデータをみただけではわからないことがある。他の知識や想像力が必要になる。
   - 説明の仕方は1つとは限らない。
   - どの説明が正しいかは，別のデータを集めてみないとわからない。

3) 記述と説明を混同してはならない。
　　・記述とは国語辞典（角川書店版）によると書きしるすことであり，説明はある事がらの内容・理由・意義などをよくわかるように述べることであると解説されている。
4) 知見と今後の課題：知見の部分で仮説検証をも含めてこの調査で明らかにできたことを論じる。また，この調査では明らかにできなかったこと，分析の結果新たに提示された仮説などを今後の課題として指摘しておく。また，仮説が検証されなかった場合にはその理由を検討して論じておく。
5) 資料・付録：調査票，単純集計結果，エディティング・ガイド，コーディング，調査依頼状なども記載しておく。

　最後に，大脇錠一教授から，調査は万能ではなく，統計的調査は集団としての現象を把握するために行うものであって，特定の個人や組織の行動を予測したり説明するものでない，また「問題意識なくして，市場調査なし」と常々言われている言葉を心に刻むものである。
　　　　　　　　　　　　　　　　　　　　　　　　　　　　　（城田吉孝）

注
1) 桐田尚作『市場調査』，同文舘，1972年，8頁。
2) Philip Kotler & Gary Armstrong, *Marketing An Introduction*, 1997, p. 109。
3) Joel R. Evans & Barry Berman, *Principles of Marketing*, 1995, p. 109。
4) Ibid., ebnda, p. 84。
5) Robert Bartels, *The Development of Marketing Thought*, 1962, p. 108。
6) 朝野熙彦「マーケティングリサーチの方法論」朝野熙彦，上田隆穂『マーケティング＆リサーチ通論』，講談社，2000年，97-102頁。
7) 同上論文，106頁。
8) D.W. Mellott, *Marketing : Principles & Practices*, 1978, pp. 98-99。
9) 恩蔵直人「マーケティング・リサーチ」，『新・マーケティング総論』，創成社，1995年，87-88頁。
10) Philip Kotler & Gary Armstrong, *Marketing : An Introduction*, 1990, p. 87。
11) Joel R. Evans & Barry Berman, op. cit., a. a. o. pp. 92-93。
12) Joel R. Evans & Barry Berman, *Principles of Marketing*, 1988, p. 50。
13) 田中由多加『マーケティング総論』，同文舘，1971年，112頁。
14) 同上書，112-113頁。
　　桐田尚作，前掲書，72-76頁。
　　出牛正芳『市場調査の実務要領』，同文舘，1970年，17-34頁。
15) 辻新六・有馬昌宏『アンケート調査の方法―実践ノウハウとパソコン支援―』，朝

倉書店，1999 年，6-8 頁．
16) 辻新六・有馬昌宏，前掲書，144-183 頁に依拠している．
17) 後藤秀夫『市場調査ケーススタディ』，みき書房，1999 年，252 頁．
18) 石井栄造『図解でわかるマーケティングリサーチ』，日本能率協会マネジメントセンター，2001 年，42-43 頁．
　　岩淵千明「データとデータ処理」，『あなたもできるデータの処理と解析』，福村出版，2000 年，15 頁．
　　辻新六・有馬昌宏，前掲書，24-25 頁．
　　名義尺度：数としてではなく単なるレッテルや記号としてたまたま数字を用いている．質問の回答を分類する．例：商品の品番．
　　順序尺度：各対象に割り当てられた数値が測定値間の大小関係のみを表す場合．質問の回答内容に順序関係があるとき，この順序関係を示す．例：成績表
　　間隔尺度：大小関係が表現できるだけでなくその差や和にも意味がある．質問に対して数値で量的に回答することが可能である．例：温度，標準得点．
　　比率尺度：質問に対して数値で量的に回答することが可能である．原点 0（ゼロ）が一義的に決まっている．例：長さ（身長）．
　　（岩淵千明編，前掲書，27 頁．辻・有馬，前掲書，24 頁）
19) 鹿児嶋栄治「ネットリサーチ活用の実践（1）」，『企業診断』2002 年 3 月，107 頁．
20) 辻新六・有馬昌宏，前掲書，55-57 頁．
21) 朝野熙彦「データ収集法」，前掲書，131-135 頁．
22) 大脇錠一「市場調査」―実施上の留意点―，2002 年 3 月 26 日，愛知県商業教育研究会講演資料，2 頁．
23) 阿部周造「マーケティング情報システム」，田内幸一・村田昭治編『現代マーケティングの基礎理論』，同文舘，1986 年，122 頁．
24) 次の文献に依拠している．
　　阿部周造，前掲論文，122-125 頁．
　　武井寿「市場調査の基礎理論」，柏木重秋編『市場調査の理論と実践』，白桃書房，1987 年，16-21 頁．
　　松木繁義「マーケティング・リサーチ」，中村孝之・小堀雅浩・田口冬樹・松木繁義・石居正雄・城田吉孝・長谷川博・三浦康彦・有馬賢治・浅野清彦・加藤勇夫・寳多國弘『マーケティング論』，商学研究社，1994 年，73-74 頁．
　　井上崇通「マーケティング調査と需要予測」，浜田芳樹編『マーケティング論』，建帛社，1987 年，82-84 頁．
　　出牛正芳，前掲書，64-99 頁．
　　城田吉孝「マーケティング・リサーチ」，加藤勇夫・城田吉孝・石居正雄・上田喜博，大浜慶和・岡本純『現代マーケティング戦略論』，中部日本教育文化会，1996 年，43-49 頁．
　　朝野熙彦，前掲論文，133-135 頁．
25) 田中由多加，前掲書，115 頁．
　　西村林「市場調査」，西村林・三浦収編『現代マーケティング入門』，1980 年，92

頁。
26) 鹿児嶋栄治「ネットリサーチの特徴と活用分析」,『企業診断』, 2002 年 2 月, 107 頁。
    石井栄造, 前掲書, 43 頁。
27) 石井栄造, 前掲書, 43 頁。
    朝野熙彦, 前掲論文, 134 頁。
28) 朝野熙彦, 前掲論文, 134 頁。
29) 朝野熙彦, 前掲論文, 134 頁。
    大脇錠一, 前掲資料, 2 頁。
30) 辻新六・有馬昌宏, 前掲書, 56-57 頁。
31) 辻新六・有馬昌宏, 前掲書, 56-57 頁。
    浦光博「データを集める」, 岩淵千明編『あなたもできるデータ処理と解析』, 福村出版, 2000 年, 79 頁。
32) 辻新六・有馬昌宏, 前掲書, 56-57 頁。
33) 出牛正芳, 前掲書, 74-82 頁。
    武井寿, 前掲論文, 17 頁。
34) 西村林, 前掲論文, 95-96 頁。
    阿部周造, 前掲論文, 124-125 頁。
    田中由多加, 前掲書, 120-122 頁。
35) 久保村隆祐・田中幸一・村田昭治編『マーケティングの基礎知識（1）』, 有斐閣, 1976 年, 108 頁。
36) 出牛正芳, 前掲書, 54-56 頁。
    松木繁義, 前掲論文, 73-74 頁。
    井上崇通, 前掲論文, 82-83 頁。
37) 大谷信介・木下栄二・後藤範章・小松洋・永野武編『社会調査へのアプローチ』, ミネルヴァ書房, 2001 年, 194-195 頁, 277-281 頁。
38) 同上書, 194-195 頁。
39) 阿部周造, 前掲論文, 125 頁。
    田中由多加, 前掲書, 119 頁。
    武井寿, 前掲論文, 20 頁。
40) (社) 日本マーケティング協会監修『インターネット・マーケティング・ベーシックス』, 日経 BP 出版センター, 2000 年, 93 頁。
41) (株) 博報堂インタラクティブカンパニー『図解でわかるインターネットマーケティング』, 日本能率協会マネジメントセンター, 2000 年, 150 頁, 169 頁。
42) 同上書, 148-149 頁。
43) 石井栄造, 前掲書, 202-203 頁。
    鹿児嶋栄治「ネットリサーチの現状とその特徴」企業診断, 2002 年 1 月, 103-105 頁で, Eメールサーベイ, Web サーベイ, 電子会議室, トラフィック調査に分けている。
44) 辻新六・有馬昌宏, 前掲書, 94 頁。

浦光博, 前掲論文, 56-58 頁。
朝野熙彦, 前掲論文, 125-127 頁。
稲垣宣生・山根芳和・吉田光雄『統計学入門』, 裳草堂, 1994 年, 80 頁。
45) 辻新六・有馬昌宏, 前掲書, 116 頁。
46) 辻新六・有馬昌宏, 前掲書, 117 頁。
大谷信介・木下栄二・後藤範幸・小松洋・永野武編『社会調査へのアプローチ―論理と方法―』, ミネルヴァ書房, 2001 年, 107-109 頁。
サンプリングの重要性について 2 つのアメリカでの選挙予測について（1）ギャラップ社の勝利（1936 年大統領選挙）：標本の大きさでなく偏り（bias）のない標本抽出の大切, （2）ギャラップ社の失敗（1948 年大統領選挙）：割当法の限界の事例からランダム-サンプリングの重要性を明確にした事件であった（170-180 頁）。
47) 後藤秀夫, 前掲書, 60 頁。
48) 大谷・木下・後藤・小松・永野編, 前掲書, 178-182 頁に詳しく論述されている。ここでは一部を引用した。
49) 大脇錠一, 前掲資料, 5-6 頁。
50) 大谷・木下・後藤・小松・永野編, 前掲書, 186-187 頁。
大脇錠一, 前掲資料, 6-7 頁。

【参考文献】

愛知学院大学商学部《応用商学グループ》『応用商学・資料集』1998 年版。
岩淵千明編『あなたもできるデータの処理と解析』, 福村出版, 2000 年。
辻新六・有馬昌宏『アンケート調査の方法―実践ノウハウとパソコン支援―』, 朝倉書店, 1999 年。
桐田尚作『市場調査』, 同文舘, 1972 年。
田中由多加『マーケティング総論』, 同文舘, 1971 年。
出牛正芳『市場調査の実務要論』, 同文舘, 1970 年。
中村孝之・小堀正治・田口冬樹・松木繁義・石井正雄・城田吉孝・長谷川博・三浦康彦・有馬賢治・浅野靖彦・加藤勇夫・寶多國弘『マーケティング論』, 商学研究社, 1994 年。
後藤秀夫『市場調査ケーススタディ』, みき書房, 1999 年。
大谷信介・木下栄二・後藤範章・小松洋・永野武編『社会調査へのアプローチ―論理と方法―』, ミネルヴァ書房, 2001 年。
朝野熙彦・上田隆穂『マーケティング&リサーチ通論』, 講談社, 2000 年。
加藤勇夫・城田吉孝・石居正雄・上田喜博・大浜慶和・岡本純『現代マーケティング戦略論』, 中部日本教育文化会, 1996 年。
野口智雄・塩田静雄『マーケティング調査の基礎と応用』, 中央経済社, 1994 年。

第2部
インターネット時代のマーケティング戦略

第Ⅲ章

製品情報戦略

　製品戦略は，マーケティング・ミックス行動において中心的課題である。伝統的なマーケティング論における製品戦略論をベースに，インターネットを活用したIT時代における製品開発を中心にマーケティング活動はどのように変化するかを考察する。

1　製品戦略の重要性と概念

（1）インターネット時代における製品戦略の重要性

　企業における製品戦略の重要性は，企業の将来を展望すればするほど種々さまざまな問題が提起される。例えば企業の財務的目標や販売高成長は企業の内部環境の問題として発生するであろうし，他方，競争，製品ライフ・サイクル，テクノロジー，発明，政府規制，材料費の上昇などは，企業の外部環境から出現するであろう。とくに生活の向上，生活価値観やライフ・スタイルの変化が企業にとって市場開発の機会を提供することにつながる場合もあるであろう[1]。

　製品は企業経営の立場からすれば，それは企業の存続・発展の基礎であり，すべての経営活動の中心である。マーケティング戦略は，企業をとりまく環境条件の変化に常に対処していかなければならないが，製品戦略はマーケティング・ミックスの中で最も中心的な課題であり，インターネット時代においては価格戦略・チャネル戦略・プロモーション戦略というマーケティング・ミックスの構成要素との関係はより重要となっている。

（2）マーケティング志向の製品概念

　製品は，経済学的観点からすれば企業が市場に提供する財（サービス）であり，購買者（顧客）はこれと交換に対価を支払う。しかし，マーケティング論の立場からは製品を物理的性質や客観的属性の視点からではなく，顧客の視点から定義すべきである。すなわち物理的，客観的属性は顧客に中核的満足を提供するが，心理的，主観的属性もまた顧客に満足や便益（ベネフィット）を提供する。

　図Ⅲ-1のように製品は，第1に中核的便益満足を中心とした「中核的製品」レベル，第2に製品の特徴・品質・スタイル・ブランドなど物理的属性を形成する製品そのものである「実際的製品」レベル，そして，アフター・サービスや保証などを付加させた「拡張的製品」レベルを含めてトータルに階層的にと

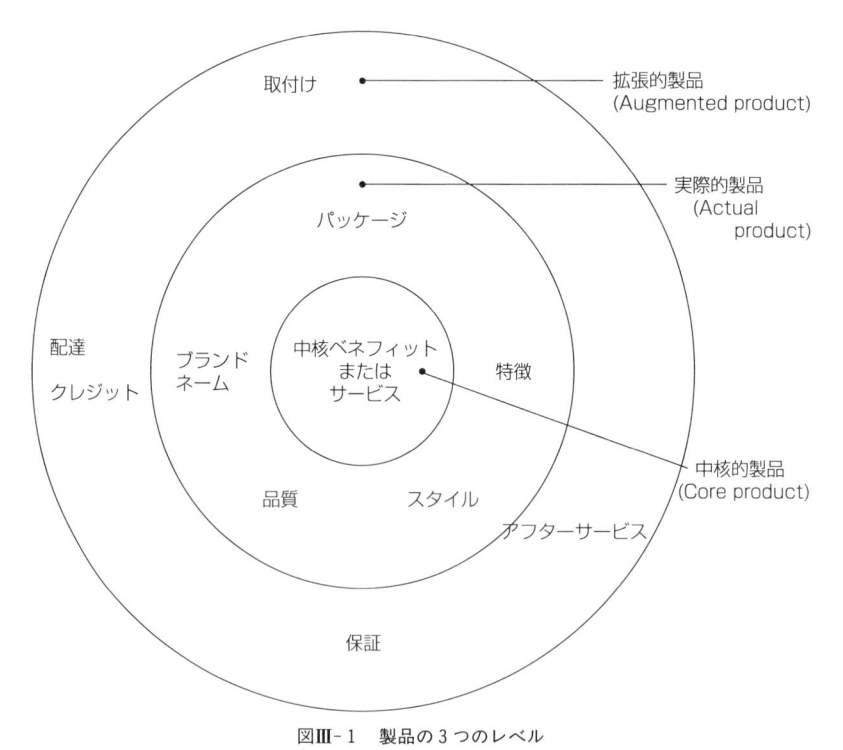

図Ⅲ-1　製品の3つのレベル
（出所）Philip Kotler & Gary Armstrong, *Marketing: An introduction*, 1987, p.235.

らえることができる。

コトラー（Kotler, P.）は，製品（products）とはニーズとウォンツを満足させるため，注目，取得，消費を目的として市場に提供される「もの」であるとし，自動車や書籍のような有形財（physical goods），理美容やコンサートなどの「サービス」，「人」，「場所」，「組織」，「アイデア」も含めている。そして，ホテル（サービス）業を例に製品の5つの次元を説明している[2]。

その最も基本的な次元は，中核（コア）ベネフィットであり，ホテルは客に「休息と眠り」を提供する。次の次元は一般（generic）製品であり，ホテルはフロントと客室からなる建物をもつということである。第3の次元は買い手が購入するとき期待する属性と条件の組み合わせである期待された（expected）製品であり，ホテルの客は，清潔なベッド，石鹸とタオル，電話，浴室とトイレ，そしてある程度の静けさを期待している。第4の次元は，競争企業と差別化できるような付加的なサービスとベネフィットを含む拡大された（augmented）製品であり，ホテルの場合，テレビ，きれいな花，チェック・インとチェック・アウトの早さ，美味しい食事，ルーム・サービスなどである。そして，第5の次元は，その製品の将来のあり方を示す潜在的製品（potential）である。

一般に，製品といった場合，メーカーによって製造された有形財をイメージするが，マーケティング論においては「サービス」なども商品として広義に製品概念に含めて考えなければならない。企業としては製品を実際的製品としてとらえやすいが，顧客は物理的属性よりも中核的便益を求め，さらにその便益を高める心理的無形的な便益を重視し，これらのニーズを満足（消費・使用・所有）するためにトータル製品を購買する。これに対しマーケティング・コンセプト（志向）の視角からは，第1に顧客のニーズ・問題をマーケティング・リサーチによってできるだけ正確に把握し，それに適合・解決（ソリューション）する製品を研究，開発し，それを市場に提供するという顧客志向の新製品開発が要求される。

IT時代においては従来のベネフィットに加え，インターネット利用上の新たなベネフィットが発生し，求められてきている。それは例えば，効果的なウェブ・ナビゲーション，短期間高速のダウンロード，整然としたサイト画面，

魅力的で利用価値の高いサイト・デザイン，ネット取引の安全性の確保，ユーザーのプライバシーの保護，無料の情報提供やサービス，使いやすいウェブサイトの閲覧，電子メールの読みやすさなどである[3]。

(3) ソシオ・エコロジカル製品

製品はさらに，資源問題，地球環境問題などに関連して，資源節約型製品や無公害型製品開発などソーシャル，エコロジカルマーケティングの視角から，企業，購買者以外のいわば第三者への効用を配慮したソシオ・エコロジカル・プロダクト（社会的製品）のコンセプトをもたなければならない。

例えば自動車の排気ガスや騒音，リサイクルに至るまで製品が市場に導入された後の社会に及ぼすエコロジカルな側面，またとくにインターネットの匿名性からあるいはグローバル性から法外製品はもちろん，モラルの点からも社会的責任を明確にした社会的製品でなければならない。

(4) 製品分類と性格

従来の企業マーケティングは，製品についてのマーケティング・マネジメントであったといっても過言ではないであろう[4]。それだけに製品の性格について吟味し，それぞれの性格に応じたインターネットを活用したマーケティング戦略を講じなければならない。

すでに述べたように製品は，大別して有形財とサービス財に分類され，それはさらに使用目的により産業財製品と消費者製品に分類される。ここでは伝統的な AMA（American Marketing Association）の定義により消費者製品の性格を消費者購買行動との関係から検討する。

1) 最寄品（convenience goods）とは，顧客が頻繁に，即座に，そして最小の努力をもって購買する。2) 買回品（shopping goods）とは，顧客が選択と購買の過程において，ふさわしさ，品質，価格，およびスタイルのような基礎に関して比較することを特色とする。3) 専門品（specialty goods）とは，購買者の相当のグループが習慣的に特別の購買努力をなすことをいとわない。

これらの消費者製品の消費者購買行動と主要マーケティング活動などをまと

表Ⅲ-1 消費者製品の性格と主要マーケティング活動

性　格	便宜品	買回品	専門品
製品選択肢の知覚とそれの購買事前の特性	高い	低い	高い
商品獲得に費消する努力	最低	中間	必要なかぎり
消費者の代替品受入れ意志	高い	中間	否
購買頻度	高い	中間が低い	多様
情報探索	低い	高い	多様
主要マーケティング活動	集中的流通（入手可能性），便利な立地，適当な開店時間，マスプロモーションと店頭展示，能率的ストア・レイアウト，セルフ・サービス	商品取り揃え，商品知識のある販売員，差別的有利性を強調，集中的情報的説得的広告は少ない，ブランド化，流通経路のサポート，保証，フォローアップ・サービス	差別的有利性の維持，想起広告，適切な流通，ブランド拡張，製品改良，購買客との接触，マーケティング・ミックスのコントロール
消費者の主要な欲求	努力なしの入手可能性	ベストな選択決定のため買物比較	価格や入手可能性よりもブランド忠実度

(注)　三浦一『現代マーケティング論』，中央経済社，1987年，121頁参照
(出所) J. R. Evans & B. Berman, *Marketing*, Macmillan, 1982, p.217.

めたものが表Ⅲ-1である[5]。

(5) Eコマースにおける「商品」

「2001年度 EC サイト事業者のビジネス・モデル調査」（電子商取引推進協議会）によれば，わが国における対消費者（B to C）ビジネルモデルの構成比は「商品・サービス販売」が63％，「予約型仲介サービス」・「仲介型（有料・無料）サービス」・「情報提供（有料・無料）」はそれぞれ5％から2％，「複数モデル」は18％である[6]。また，『平成12年版通信白書』（郵政省）によれば，インターネット利用経験の多い順にあげれば「食料品」，「ホテルの予約」，「本・雑誌」，「PCハードウエア」，「PCソフトウエア」，「乗車券」，「衣料品」，「CD」，「イベント・チケット」，「旅行」などである。ただし，市場規模でいえば1回の取引額が大きい「自動車」，「不動産」，「パソコン」が3大カテゴリー

となっている。
　インターネットを利用する商品の特徴としてつぎの 7 つがあるとされる[7]。
　　1）「利便性（convenience）」：チケット予約，書籍のように商品がはっきりしていて購入の手間が省ける。
　　2）「検索機能（search & buy）」：CD，コンピュータソフトなどどこで販売されているのかよくかわからないような商品で，ネット検索として探すマニアックなものである。
　　3）「ネット価格（reasonable price）」：バーチャルディーラーで自動車を買うように，高額で商品内容がよくわかっているような商品で，普通の販売店では買えないような割安感のある商品である。
　　4）「入手困難（hard to find）」：輸入品など国内で販売されていないような，また通常（ネット以外）では入手が難しい商品である。
　　5）「商品説明が必要（need to explain）」：商品のくわしい使い方，商品の素材，作り方，歴史など商品についての詳細な情報が必要な商品は，問い合わせなどに電子メールなどのマルチメディアを使える。
　　6）「個人的（personalize）」：個人の注文に応じて生産されるカスタマイズ商品。
　　7）「面倒（agent）」：日常必要なもので購入するのが面倒な商品である。
　また，利用度はまだ低いが，インターネット時代の新しい商品概念として「PC ソフト」，「音楽」，「電子出版物」，「E ラーニング」，「金融取引」など，商品がデジタル形式になっており，「情報そのもの」が商品としてネット上で配信・決済が完結する「デジタル・コンテンツ」がある。

2　製品ライフ・サイクル

　製品ライフ・サイクル（Product Life Cycle＝PLC）の概念は，もともと生物学から借用されたものであり，ある製品の寿命は有機体の寿命，すなわち誕生，成長，成熟，衰退，死の段階を経て進展する寿命と類似しているとみなしている。換言すれば，製品が市場に導入され最後には市場から姿を消すまでの過程であり，製品の市場寿命のことである。

2 製品ライフ・サイクル

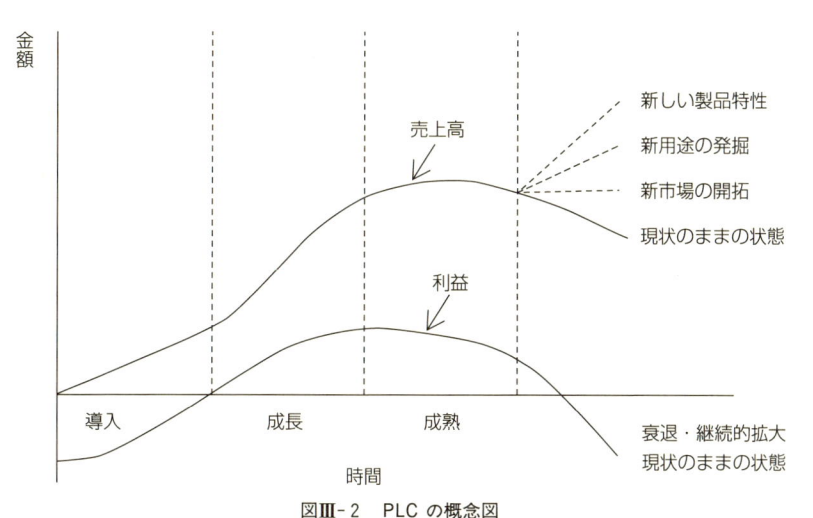

図Ⅲ-2 PLCの概念図
(出所) 徳永豊編著,『例解マーケティングの管理と診断』,同友館,1989年,157頁。

　マーケティング意思決定者は,マーケティング計画ないし戦略をこうしたPLCと密接に関連づけてとらえることにより,各段階の性格を検討し基本的製品計画,すなわち新製品開発,製品改良,新用途発見,製品廃棄などの活動を最適ミックスとして展開することが必要である。

　PLCの段階については論者によって,また,製品の種類によっても相違がみられるが,一般的には導入,成長(競争),成熟(飽和),衰退の4つの期間を理論的仮説として考え,売上高,利益,時間との関係は典型的には図Ⅲ-2のようになる。実際には必ずしもこのような明確なカーブを描くとは限らず,成熟化社会においてはモノとしての製品需要は飽和状態であり,今日のように技術革新の激しい分野や流行性の高い製品などは新製品開発のスピード化による短命化の傾向にある[8]。

　PLCの4段階における特徴とそれに対応する企業目標をまとめると表Ⅲ-2のようになるが,PLCはマーケティング・ミックスにおける戦略との関係においても非常に重要な概念である。

表Ⅲ-2　PLCを中心とした総合マーケティング戦略

	導入期	成長期	成熟期	衰退期
基本性格				
販売高	低いが，徐々に増加	早急な増加後になって徐々	安定（最高での販売高）	低下（恒久的に減少）
生産費	高い	低い（生産増加）	安定	増加
利益	低いか損失	最大の利益	低下し始める	低下
外生変数				
消費者	革新者	初期採用者	初期多数者 後期多数者	遅滞者
標的市場	高所得者	中間所得者	大衆市場	低所得者
競争	非常に少ない	最も多い	安定	少数（少数専業者）
内生変数				
全社的戦略	市場確立	市場浸透	ブランド・ポジションの防衛	製品削除の準備
製品修正	しばしば	多い	毎年スタイルの変更	少ないか，ない
ブランド・ロイヤルティ	ない	開拓開始	強い	衰退
下取り	ない	少ない	多い	少ないか，ない
必要なパーツやサービス	パーツは少ないが，サービスは，しばしば	在庫は多い	複雑 コスト高	少ない
小売価格	高い	高い	価格戦争は避ける	低い
流通戦略	選別・限定的	集中的ほとんど全標的市場	集中的 全標的市場	低い 選別的整理
広告戦略	初期購入者のニーズに狙い	大衆市場にブランドのベネフィットを認識させる	製品やブランドの差別化の強調	消費者に製品想起広告

（出所）三浦一『マーケティング進化論』中央経済社，1992年，130頁。

3　製品戦略のアプローチ[9]

（1）市場細分化戦略（market segmentation）

　市場全体を一定の基準によって，いくつかの部分市場に細分化し，細分化さ

れた特定部分市場を標的市場(ターゲット)として設定し、その特定部分市場の特性に最も適するよう、製品戦略を中心に、価格戦略、プロモーション戦略、チャネル戦略をきめ細かく企画・実践していくことである。細分化の基準としては、1)地理的条件(地域別、都市別等)、2)人口統計学的基準(性別、年齢別、所得や教育水準別、職業別等)、3)社会心理学的基準(社会階層別、生活様式別等)、4)行動科学的基準(購入機会や購入動機別、追求利点別等)などである。

(2) 製品差別化戦略

同業他社の製品よりも、自社の製品を選り好むよう、顧客を誘導するために、製品戦略を中心に、プロモーション、チャネルという価格戦略以外の各局面において同業他社に差をつける方策である。

製品差別化は、製品概念の項で述べた3つの属性(図III-1)、すなわち中核的製品、実際的製品、拡張的製品のすべてにおいて可能であるが、ITの進展する成熟化市場においては中核的製品部分での差別化は難しく、実際的、拡張的属性部分での差別化が重要である。

(3) 製品ミックス[10]

製品ミックスには、「幅(width)」、「長さ(length)」、「深さ(depth)」、そして「一貫性(consistency)」がある。「幅」とは製品ライン(系列)の数であり、「長さ」は、全アイテム(品目)数である。また「深さ」は各製品ごとの種類であり、「一貫性」はそれぞれのラインが、最終使用、生産用件、流通経路、その他でどのように関連づけられているかを示す。

例えば、新しい製品ラインを追加し、「幅」を拡大する、既存製品の製品ラインを長くする、各製品の種類を増やし深くする、単一市場での位置を強めるため「一貫性」を高める、あるいは多数の市場に参入するため「一貫性」を低めるなどの製品戦略が構築される。

(4) ブランド・パッケージング

ブランド、パッケージングは、実際的製品の部分において製品に付加価値を

もたらす重要な商品政策の1つである。ブランド設定（ネーミング）の利点としてつぎのようなことがあげられる[11]。1）注文の処理を容易にし、受注ミスや製品の損傷などの追跡を可能にする。2）トレードマークや特許を得ることで、製品の模倣を防ぐ。3）消費者のロイヤルティを築く。4）企業イメージを高める、などである。流通業者にとっては、取り扱いを容易にし、製品の品質水準を維持し、消費者の選好を高める。また、消費者にとっても製品の品質差異をみわけやすくなり、買い物を効率的に行うことができる。

ウェブサイトのネーミングは、コンテンツの内容を象徴したものであれば検索を容易にし、アクセス数を増大させる要因にもなる。例えば、「たのみこむ」(http://www.tanomi.com/) は、(株)エンジンの運営による商品のリクエスト、限定受注生産販売サイトである。

（5）新製品開発計画モデル

新製品とは、これまで社会に存在しなかったまったく新規のコア・ベネフィットを有する製品はもとより、実態属性や拡大属性の分野で、既存製品よりも顧客満足の局面で競争優位性が高い製品を含む[12]。表III-3は、新しさの程度によって新製品開発を3つのタイプに分類している。

（6）製品開発プロセス[13]

①アイデアの収集

情報源としてつぎの6つの手段が考えられるが、インターネットを活用することによりその情報はネットワークにより共有化される。

1）社内　a.顧客と直接接触する販売・営業担当者（生産財製造業の中堅・中小企業にこのケースが極めて多い）、b.トップやマーケティング担当者、c.研究開発部や技術部、d.一般従業員による提案、e.流通業者による顧客の苦情や要望、f.ブレーン・ストーミング法

2）販売チャネル　取引のある卸売業者や小売業者からの顧客情報。

3）競合企業や関連企業の商品　a.競争商品や代替商品の特性やそれらに対する客層からの発想、b.各種の展示会や博覧会における展示商品からの発想、c.国内外のカタログ販売の掲載商品や外国商品からの発想

表Ⅲ-3　新製品開発計画モデル

	既存製品を若干改良した新製品	既存製品を大幅に改良した新製品	完全なブレイクスルーであるまったく新しいタイプの製品
	←　　　　　　　　　新しさの程度　　　　　　　　　→		
戦略の焦点	既存製品	既存の製品カテゴリーにおける新製品	新製品　新しい製品カテゴリー
目　的	ブランド忠誠の維持，構築	既存製品カテゴリー内における市場シェアの増大	新市場　新カテゴリーを支配
戦　略	形態，パフォーマンス，パッケージ，価格に対する価値，流通の変更	新たな参入，既存の問題の新しい解決策の創出，新たな問題の新しい解決策の創出，新たなニーズの創出，ラインの拡張	まったく新しいマーケティング・ミックス
収益の潜在性	売上レベルの維持，増大	売上レベルの大幅増	企業の利益の新たな源泉
コスト	既存製品の収益をもとに資金供給	短期的な追加投資	莫大，新たな資金源を要する
開発期間	短期	中間あるいは短期	長期
リスク	小さい	小さいか，もしくは両者の中間	大きい

（注）W. Keegan, S. Moriary & T. Duncan, *Marketing,* Prentice Hall, 1992, p. 416. 伊藤友章氏により加筆，修正。

（出所）新茂則・日野隆生・西脇隆二・伊藤友章『マーケティング・リテラシー』，税務経理協会，2000年，54頁。

4）専門誌や業界紙誌

5）政府出版物

6）その他　　大学やシンクタンクなどの研究機関，市場調査機関，同業者組合，異業種交流など。

②スクリーニング（アイデアの審査）

アイデアを製品開発に結びつけるには，1）効用性（ベネフィット），2）市場性（需要），3）採算性（コストと利益），4）特許・実用新案権などの可能性，5）競合関係，6）設備投資の必要性，7）新規チャネルの必要性などが検討される。しかし，これらの判断基準となる情報は入手可能性，信頼性が

乏しく，むしろ以降の製品コンセプト（ベネフィット）によって徐々に確定してくるものである。

③製品コンセプト開発とポジショニング

　製品コンセプトとは，5W1H　すなわち，Who：ターゲット顧客に，What：ベネフィットを，When：いつ，Where：どこで，Why：どのような理由で，How：どのように使用・消費されるかを明確にすることである。そして，競合する可能性のある製品とのポジショニングを明確にしておかなければならない[14]。

④製品化（試作品の作成）

⑤テスト・マーケティング

　特定の標本市場において実際に販売し，顧客や流通業者などの反応をみるが，ここにおいてもインターネットの活用により情報管理は容易に迅速化する。

⑥市場導入

⑦顧客反応チェック

　実際にその商品を消費・使用している顧客の生の声を，直接あるいは末端チャネルを通じて積極的に収集・分析し，ターゲット顧客層の特性によりよくマッチするよう，絶えず調整することである。この作業を怠ると競争参入を招きやすくなる。

4　IT 時代における製品開発

（1）カスタマー・コンピタンスによる製品開発

　コンピタンス（competence）とは企業独自の技術や能力といった競争力のことであり，カスタマー・コンピタンスとは，顧客（customer）を企業の新たなコンピタンスの源泉にしていこうという考え方である[15]。このカスタマー・コンピタンス・マーケティングと呼ぶべき代表的なものとして，製品開発過程への顧客や消費者の取り込みがある[16]。すなわち，顧客のニーズやアイデアを企業のなかに取り込んで，それらによって企業自身の競争優位を構築していこうとするものである。

　その方法として，新製品開発のプロセスにおいて第1に製品テストをユーザ

一の手に委ねることである。例えばマイクロソフトの「Windows 2000 β 版（試験版）」は，市場導入以前にユーザーの知識や経験を製品開発に取り込み，多くのユーザーの満足が得られるような製品を完成させた。

第2に，製品アイデアの企業ホーム・ページ上での募集企画である。この例として，東洋水産が2000年3月に発売したカップ麺「インドメン」は，三井物産の食品本部が1996年に開設した「食の情報サイト Food's Foo」上でカップ麺のアイデアを一般公募し，「第1回日本一のカップ麺コンテスト」でグランプリを得たものを商品化した[17]。

第3に企業主導ではなく，消費者が主導して，自分たちの欲しい商品企画を提示していくかたちがある。コンピュータ・グラフィックス社のエレファントデザインが運営するサイト「空想生活」(http://www.cuusoo.com/) は，デザイナーや消費者が応募した家電や日曜雑貨のアイデアに対し，ネット上で人気投票を受け，勝ち残ればユーザーから購入の仮予約をとり，購入希望者が一定数に達した時点でメーカーに発注される。

第4は，企業と消費者のコラボレーションによるネット上での商品企画である。例えば，伊勢丹のホーム・ページ上でのエプロンの商品開発（プライベート・ブランド）がある[18]。

従来の製品開発では，最初の企画段階では，店頭での顧客情報を集約し，また消費者調査を行うなどして消費者ニーズを取り込むことはできたが，デザインやサンプル制作に取りかかる段階になると，もはや消費者の声のフィードバックはなくバイヤーのセンスだけが頼りであった。それがインターネットの掲示板などによって，企画段階から最終製品ができあがるまで，常に消費者との間でフィードバックができるようになったのである[19]。

（2）パーソナライズド・マーケティングによる製品開発

IT 革新，インターネットの普及などによって，顧客ニーズが短期間で変化かつ多様化・細分化する現代においては，製品ライフ・サイクルの短期化に迅速に適応していかなければならないが，この課題に対して2つのアプローチがある[20]。

その1つは，顧客ニーズへの対応を迅速に行う方法で，例えば生産における

JIT (Just In Time＝必要な部品を必要な量だけ必要な時に調達するトヨタ生産方式) や小売における POS (Point Of Sale＝販売時点において商品の単品管理システムによって効率的なマーチャンダイジングを行う) などがある。

もう1つは，「個客」ニーズへの対応であり，生産においては FMS (Flexible Manufacturing System), CAD (Computer Aided Design), CAM (Computer Aided Manufacturing) など多様化するニーズに対応するためにコンピュータを活用した設計，生産システムであり，また販売面ではコンサルティング・セールス (個々の顧客のニーズを探りながら商品を提案する) などがある。これはマーケットを一定の条件によって細分化し，ターゲット (顧客ニーズのグルーピング) を想定した上でマーケティング活動を行うためのマーケット・セグメンテーションとは異なり，「個客適応 (パーソナライズド) マーケティングは，製品またはサービスの対象とするセグメントを個人レベルまで細分化してとらえるマーケティング戦略」である。

従来の製品戦略の第1段階として，マーケター主導のマーケット・セグメンテーション戦略によるプロダクト・アウト (大量生産・大量販売) から，顧客対応多品種大量販売 (マス・カスタマイゼーション) によるプロダクト・インへとパラダイムが変革されることになる。ジェームズとジョセフはマス・カスタマイゼーションの4つのアプローチを具体的に提示している[21]。

①**共創型 (collaborative) カスタマイゼーション**

顧客1人1人とのインタラクションを通して顧客ニーズや嗜好を明らかにし，これに合致するオプションを見定め，カスタマイズ商品の提供を行うことである。この方法は顧客がたくさんのオプションの中から本当に欲しいモノを選ばなければならないとき，それを具体的に表現できず，フラストレーションがたまってしまう場合に効果を発揮する。

例えば，メガネ販売の「パリミキ」ではデジタル化されたメガネの表現 (デジタル画像で取り込んだモニター上の自分の顔に合ったサイズのメガネのデザインや位置，特定のレンズに関する情報，メガネ全体のイメージなど) の一部を変えることにより，漠然とした顧客ニーズを顧客とのコラボレーションによって具体的に製品化することが可能とした[22]。

共創型カスタマイゼーションは，製品のデザイン (設計) プロセスだけでは

ない。例えば配送サービスの場合，顧客から提示された配送時間，配送先，配送方法に従って，業務プロセスの流れはカスタマイズされており，これも共創型カスタマイゼーションの1つである。このようにしてマーケター（メーカー・商品提供者）は顧客が欲するときにしか製造せず，そのため在庫をもたず，また届けて欲しい場所・時間にしか配送しないことでコストの削減を図ることができる。

共創型カスタマイゼーションはBTO（Build To Order＝受注生産方式）によって経営効率の向上だけでなく，マス・カスタマイゼーションによる One to One マーケティングを可能にし，顧客との双方向のコミュニケーションによる「顧客主導型製品開発」あるいは「顧客参加型製品開発」というIT進展時代の新たな製品開発戦略ということができる。

②適応型（adaptive）カスタマイゼーション

顧客が標準仕様品に自分自身でカスタマイズできるように設計されていて，顧客自身が手を加えていくアプローチである。この方法では，商品やサービスの提供者が商品や商品の表現を変えることはできないが，顧客が自分のニーズに応じて商品と商品の表現を変えることができる。顧客とのリレーションシップは提供者である企業との間ではなく，商品やサービスとの間に形成される。

例えばベッドのマットレス，自動車のシート，オーディオなどを製造する企業などは，顧客の顕在的ニーズのみならず潜在的ニーズにも対応しなければならない。顧客は自分の思い通りに製品が機能するように，あらゆる機能を試して望み通りの設定を探し出そうとするが，適応型カスタマイゼーションはその労を軽くしてくれる。

また，スーパーマーケットで買い物をする場合，あらかじめ登録された買い物リストから必要なものを選び出し，商品情報データ・ファイルから価格，ブランド，栄養素などの項目に従って最適な商品を決めるシステムなど，いくつかのオプションが商品に内蔵されている場合は適応型カスタマイゼーションのほうがより効果的である。

③表層型（cosmetic）カスタマイゼーション

標準仕様品にちょっとした加工を施して，個々の顧客に提供するアプローチである。この方法は，複数の顧客が同じ商品を使用しているが，商品の提供方

法をカスタマイズする場合に適している。例えば顧客の名前やイニシャルを商品に入れるモノグラミング・サービスがある。

④深層型（transparent）カスタマイゼーション

顧客1人1人のニーズを汲み取って，カスタマイズした商品やサービスをカスタマイズしたことがわからないように提供するアプローチである。この方法は，特定の顧客ニーズが予測できる場合，または顧客ニーズを容易にたぐり寄せることが可能な場合に適している。

例えば，ホテル宿泊客1人1人の要求したサービスや嗜好，行動パターンを観察し，その情報を顧客データベースに入力していくことでカスタマイズされたサービスが提供できるようになる。

5　製品ネットワーク戦略

製造を，ものを経済的満足感に代えるプロセスとして定義すれば，当然，生産は製品が工場から離れたときに終わるものではないということが明らかになる。物的流通や製品サービスもやはり生産プロセスの一部であり，そこに統合され，調整を行い，プロセスと一緒に管理すべきものなのである[23]。インターネット社会においてマーケティング行動としての製品戦略がどのように変革するかを考えてみたい。

（1）オンライン製品戦略[24]

オンラインによる製品戦略の方法としてはつぎのようなことがあげられる。

①オンライン・カタログ

企業のホーム・ページで自社の商品を説明するものである。有効な商品は購入金額がある程度高く，購入までの検討期間が長い商品であり，例えばパソコンとその周辺機器，自動車，不動産，旅行商品などである。

②オンライン・シミュレーション

銀行，保険，証券会社などのローンや掛け金はユーザーの諸条件をホーム・ページ上で入力し，その場でシミュレーションできる。

③オンライン予約

インターネット利用により最も普及した商品の1つで，航空券，列車，ホテル，コンサートなどの予約である。

④オンライン販売

商品を探し出す手間を省く書籍やCDなど，また相手先に配送されるギフト商品などである。

⑤オンライン顧客サービス

会員カードを発行したり，アフター・サービスの必要な商品はユーザーのほうからアクセスし，情報提供サービスを受けることができる。

⑥オンライン調査

ホーム・ページ上にユーザーからのクレームや新製品の評価アンケートなどを調査し，製品改良や新製品開発のための情報として活用する。

(2) インターネットによるマーケティング

①メーカーのインターネット活用によるメリット[25]

第1に垂直的（B to C）の視点でメーカーの顧客への対応（取引）時間が短縮できる。BTO方式によりカスタマイズ製品を生産し，直販し，顧客の満足感を高めることができる。また，企業連携・同盟によるコストダウンをはかることができる。すなわち，コストとスピードのトレード・オンである。

第2に，生産性の向上をはかることができる。例えば，市場変動への迅速な対応，製品企画・設計や原材料・部品調達の受発注の効率化，製品開発やソフト・システム開発の効率化や期間の短縮，不要在庫の削減，高度な品質管理，物流チャネルの合理化や新しい販売チャネルの構築などのいわゆるサプライ・チェーン・マネジメント（SCM）の実行，情報の共有による小売企業との連携で可能になる販促計画や需要予測，需要創造型イノベーションの実現，廃棄物の回収・再利用の効率化などである。それと同時に，製造・流通・販売・リサイクルにかかわるコストを大幅に削減し，経営の全体的な高コスト体質や経営スタイルを改善することができる。

第3は，水平的（B to B）の視点である。競争関係にある自動車メーカーのインターネットによる共同企画・デザイン・開発，とくに環境技術開発，原材

料・部品の共同調達，部品の共有化，販売ネットワークの共同化，つまり従来の系列，物流・販売チャネルの再編成である。

第4は，モノづくりのグローバル・ネットワーク化である。メーカーは他のB to B市場と結合し，市場間取引（M to M）を展開し，グローバルに拡大できるばかりでなく，立地適地を国内だけでなく海外に向けることができる。

②小売企業のインターネット活用による対応[26]

バーチャル・ショッピング・モールは，当初は取扱商品を限定するであろう。それは，1）少量生産から希少価値のある商品，あるいは逆にグローバルな商品，2）生活者や消費者があえて見たり触れたりする必要のないスペックが明瞭な日常的・習慣的標準商品，なかでもとくに低価格商品，3）高度な専門的商品知識や技術および質の高いサービスとくにアフター・サービスを必要としない商品，4）全般に，配送コストの占める割合が小さく，返品の少ない商品，などである。

これに対して，従来のリアル小売企業は，店舗を商品ディスプレー型から情報プロバイダー型へと移行させようとする。バーチャル・モールなどからの情報密度が高ければ高いほど顧客は，リアル店舗でそれを確かめてからか，直接店舗におもむき，見て，触れて，試し，納得してから購買行動を起こし，満足を得るような体験をしたいと望むであろう。リアル店舗の商品情報は，ネット上のバーチャル・モールなどに比べて数倍の商品情報を提供するだけでなく，個性的な店舗，質が高く付加価値のある接客サービスや対話，ホスピタリティ・マインド，エンタテインメントやアメニティなど情報空間を提供する店舗となる。

リアル店舗においては，取扱商品をネット商品とリアル商品とに適時分別し，バーチャル・モールで取り扱う商品も自らのバーチャル・モールを開設し，店頭のリアル商品と融合させる，いわゆるクリック＆モルタル経営を展開することになろう。

(3) コラボレーション・サプライチェーン・マネジメント

インターネットの普及は，メーカー主導の見込み生産（在庫販売）方式からパーソナライズド・ウエブの活用により，顧客主導のカスタマイゼーション＝

コラボレーション（個客参加）による製品開発を可能とした。また，流通業者のPOSシステムなどにもより，原材料メーカーから卸・小売業のネットワーク（情報共有）によるSCMを構築しつつある[27]。このようにして「製品」は，One to Oneマーケティング，すなわち個客にオン・デマンド・サービスによる顧客満足（CS）を提供することとなるが，それは「商品サービス」，「カスタマー・サービス」といった「商品のサービス化」ということができよう。

　製品戦略は，メーカーによる製品開発だけの問題ではなく，流通（販売）から廃棄あるいはリサイクルまでマーケター（メーカー・流通業者）がマネジメントしなければならない。企業とマーケットのネットワーク化はさらに異なる業種・企業間（メーカー・小売業者・物流業者）のコラボレーションによって従来のマーケティング・プロセス（ビジネス・モデル）を変容させてきているが，「社会的商品」という観点から「社会」とのネットワークを見落としてはならない。

　　　　　　　　　　　　　　　　　　　　　　　　　　　　　　（日野隆生）

注
1) 三浦一『現代マーケティング論』，中央経済社，1987年，115-116頁。
2) Philip Kotler, *Marketing Management: analysis, planning, implement, and control* (8 th ed.), 1994, pp 432-433.
3) レイモンド・フロスト，ジュディ・シュトラス著，麻田孝治訳『インターネット・マーケティング概論』，ピアソン・エデュケーション，2000年，88頁。
4) 三浦一，前掲書，119-120頁。
5) 同上書，43-44頁参照のこと。
6) (財)日本情報処理開発協会編『情報化白書2002』，コンピュータ・エージ社，2002年，118-120頁。
7) 大西正和・大橋正彦編著『現代のマーケティング――基礎と実践――』，建帛社，1999年，198-200頁。
8) 三浦一『マーケティング進化論』，中央経済社，1992年，143-155頁（第8章「製品ライフ・サイクル対製品進化サイクル」）も参照のこと。
9) 山本久義『中堅・中小企業のマーケティング戦略』，同文舘出版，2002年，93-94頁。
10) Philip Kotler, op. cit., pp 434-435.
11) ibid., p. 448
12) 山本久義，前掲書，100頁。
13) 同上書，101-106頁。
14) 新茂則・日野隆生・西脇隆二・伊藤友章『マーケティング・リテラシー』，税務経

理協会，2000 年，57-59 頁。
15) プラハラッド・ラワスマミ著，中島由利訳「カスタマー・コンピタンス経営」，『DIAMOND ハーバード・ビジネス・レビュー』2000 年 11 月号，ダイヤモンド社。
16) 原田 保・三浦俊彦編『ｅマーケティングの戦略原理』，有斐閣，2002 年，48 頁。
17) （社）日本マーケティング協会監修『インターネット・マーケティング・ベーシックス』，日経 BP 社，2000 年，15-16 頁。
18) 「日経流通新聞」2001 年 8 月 23 日。
19) 原田 保・三浦俊彦編，前掲書，51 頁。
20) 江口泰広『IT 革命で変わる新しいマーケティング入門』，中経出版，2000 年，144-145 頁。
21) ジェームズ・H・ギルモア，B・ジョセフ・パイン 2 世著，近藤敬・三浦和仁訳「マス・カスタマイゼーションの戦略的導入法」，1997 年，『IT マーケティング』，ダイヤモンド社，2001 年，177-207 頁。
22) ミキシム・デザインシステム「mimir」（http://websvr1.paris-miki.co.jp/paris-miki.com/individual/magic/index.html）は日経コンピュータ第 6 回「情報システム大賞」中規模部門（クライアント 500 台以上 500 台未満）でグランプリを受賞した。
23) ピーター F. ドラッカー「製造業復権のビジョン」，『DIAMOND ハーバード・ビジネス・レビュー』1990 年 9 月号，ダイヤモンド社，94-111 頁。
24) 大西正和・大橋正彦編，前掲書，196-197 頁。
25) 佐藤俊雄「インターネット時代のマーケティング地理学」，日本大学商学部マーケティング研究会編『マーケティング・ソリューション』，白桃書房，2001 年，17-18 頁。
26) 同上書，13-14 頁。
27) 菅原正博・吉田裕之・弘津真澄編著『次世代流通サプライチェーン』，中央経済社，2001 年。

【参考文献】
岩永忠康『現代マーケティング戦略の基礎理論』，ナカニシヤ出版，1995 年。
ドン・ペパーズ，マーサ・ロジャーズ著，井関利明監訳『One to One マーケティング』，ダイヤモンド社，1995 年。
加藤勇夫・城田吉孝・石居正雄・上田喜博・大濱慶和・岡本純『現代マーケティング戦略論』，中部日本教育文化会，1997 年。
小川孔輔『マーケティング情報革命』，有斐閣，1999 年。
尾﨑眞・鶴谷賢・岡田千尋編『マーケティング――産業別アプローチ――』，ナカニシヤ出版，2000 年。
バリー・シルバースタイン著，日紫喜一史訳『B-to-B インターネットマーケティング』，同友館，2000 年。
有馬賢治・岩本俊彦・小宮路雅博編著『バリュー・クリエーション・マーケティング』，税務経理協会，2000 年。

注・参考文献

池ノ上直隆・井内俊文『ネット消費者心理のつかみ方』，中央経済社，2001年。
中村博『新製品のマーケティング』，中央経済社，2001年。
ワード・ハンソン著，上原征彦監訳『インターネット・マーケティングの原理と戦略』，日本経済新聞社，2001年。
トーマス・A・フォーリー著，西村淳子訳『One to One マーケティングを超えた戦略的 Web パーソナライゼーション』，日経 BP 社，2002年。
陶山計介・宮崎昭・藤本寿良編『マーケティング・ネットワーク論——ビジネスモデルから社会モデルへ』，有斐閣，2002年。

第Ⅳ章

価 格 戦 略

1 価格の意味

　経済学では，価格を基本的に需要と供給との関係で議論し，価格が下がれば需要量が増加し，価格が上がれば需要量は減少すると説明している。マーケティングにおいては，「価格」(price) は品質や性能，デザインなど製品を構成する諸属性の1つであり，製品 (product)・流通チャネル (place)・プロモーション (promotion) などマーケティング・ミックス (marketing mix) の要素でもある，ととらえる。また価格は，企業にとっては，コストとの相互関係の中で収益の源泉となる，とされる。P. コトラー[1]によれば，価格は収益を生み出すという点で，マーケティング・ミックスの他の三要素（いずれもコストを発生させる）と異なっており，したがって企業は，製品の差別化によって，許す限り高い価格を設定しようと努める，とする。一方，消費者にとって価格がもつ意味は多義であり購買行動において重要な役割を果たしている。上田[2]は，消費者に関する価格概念を順不同にざっとあげてみるだけでも，以下のように多数存在するとし，参照価格，価格の品質バロメーター仮説，プロスペクト理論，魅力効果，期待将来価格，心理的財布，留保価格，価格閾値，グーテンベルグ仮説，名声価格，端数価格，価格階層理論，公正価格などをあげている。そして，参照価格については「消費者の心のなかに形成される対象商品にふさわしい価格イメージであり，『この商品ならばこれくらいかな』と消費者が考える価格である。これは内的参照価格ともいわれ，外部で得られる価格情

報が外的参照価格といって区別されることもある」と述べる[3]。また価格の品質バロメーター仮説については，「ある特定の商品もしくは商品カテゴリー全体に関して品質に関する情報が入手困難であるとか理解が難しい場合に，消費者が価格を品質測定のバロメーターにするという仮説である」と説明する[4]。

価格は一般に需要と供給との関係で決まるとされているが，毎日価格が変化する商品もあれば，鉄道運賃のように需要とはほとんど関係なく価格が決まっている場合もある。価格は決定方式によって以下の4つに分類することができる。

①競争価格

小規模な売り手が多数存在して，純粋競争あるいはこれに近い状態において成立する価格。卸売市場でセリ売買される魚介類や野菜・果物，商品取引所で売買される小豆などの相場商品などがその典型である。

②公定価格

行政官庁によって決定された価格である。米の政府買い上げ価格などがその例である。市場条件の変化があっても，それに即応できない。

③統制価格

行政官庁によって統制されている価格である。私鉄運賃や保険料率などがある。最高価格の統制は消費者の利益を，最低価格の統制は生産者・サービス業者の利益を，擁護する目的でなされる。公定価格とともに企業には価格を決定する自由がない。

④管理価格

企業の独自の価格戦略によって設定される価格である。競争価格のように需給に応じて絶えず変動することはなく，ある程度の安定性がある。すべての商品カテゴリーにおいて，メーカーは「希望小売価格」を設定して，価格の維持を図ろうとするが，近年は「オープン価格制」の採用もみられる。メーカーが小売段階での販売価格を小売業者に任せ，自らは出荷価格だけを示すものがオープン価格である。希望小売価格の何割引きであるかを強調した二重価格表示のいきすぎが問題視されてきた家電業界に導入されたのが始まりとされる。

2　価格設定の目標と価格設定法

　価格設定のプロセスは，1）価格設定目標を決める，2）需要を決める，3）コストを積算する，4）競争相手のコスト，オファー（付帯サービスも含めた製品），を分析する，5）価格設定方法を選ぶ，6）最終価格を決める，という6つのステップで説明することができる[5]。

（1）価格設定の目標
　価格設定にあたっては，まずどんな目標を達成しようとするのかを明確にしておかなければならない。以下にそれぞれの目標のもとで，どのように価格が決定されるかについて述べる。

①利益の最大化
　利益を最大にする狙いで価格を設定しようとするものである。価格が異なれば総収入は異り，販売量に応じて総費用は変わる。両者を比較してその差額が最大になるように価格を設定することになる。最大利益の獲得が目的であれば，利益曲線の極大値のところに価格を設定する。価格の関数として描かれた一般的な利益曲線は，高すぎもしないし安すぎもしない中間的な価格のところに極大値がある。価格が高すぎると，売上量が少なく利益率はよくても利益総額は小さくなる。安すぎると，単位当たりの利益が少ないために大量に売れても利益総額は小さくなってしまうからである。

②目標利益率の達成
　企業の目標とする投資収益率を実現することが目的となる。投下資本の回収を可能にする目標利益率を設定し，投下資本とリスクの水準を考慮しながら，目標利益率が達成できる最適な価格を決定するわけである。

③マーケット・シェアの獲得
　マーケット・シェアは企業の収益性を大きく左右する。シェア・トップの企業であれば，当該市場において価格の支配権を保つことが可能となる。製品ライフサイクルにおいて当該製品が成長期にあり，今後も市場の拡大が予想されるならば，企業は短期利益を犠牲にしてでもシェアの最大化を狙って価格を低

めに設定する。

④競争対応

　企業間の競争関係に強く傾注した価格設定である。マーケット・シェアの獲得や参入企業の防止などを意識した価格設定がなされる。

（2）価格設定と環境要因

　価格設定を行う場合，価格設定に影響を及ぼす要因は多数存在する。要因は内部環境要因と外部環境要因に大別できる。内部要因には価格設定の目標，製品ミックス，製品差別化の程度，コストなどがある。外部要因には，一般的な経済動向，需要，競争条件，流通業者，供給業者，法律などが含まれる。これらのなかで，「コスト」「需要」「競争」がとくに重要である。

①コスト

　価格は「コスト」プラス「利益」と定義することもできる。販売コストは「製造原価」または「仕入原価」に，一般管理費や営業費を加えたものである。販売コストは，販売量の増減に比例して発生する「変動費」と，販売量の増減にかかわらず一定額，発生する「固定費」とに分解される。単位当たり製品の費用は販売量によって変化するが，販売量が増加するほど単位当たりコストが低減するのが通例である。この関係を利用して，目標利益から販売計画と費用にフィードバックする際に用いる手法が「損益分岐分析」である。それによって費用と売上高と利益との関係を把握し，「損益分岐点」(break-even point)を明らかにする。これは費用 (cost)，販売量 (volume)，利益 (profit) の相互関係をみることから「CVP 分析」とも呼ばれる。損益分岐点は次式から得られる。

$$損益分岐点売上高 = 総固定費 / (1 - 変動費/売上高)$$

　損益分岐点では，総収益額と総費用額とが等しくなり，利益も損失も生じないが，販売量がこの点を超えれば利益が生じ，この点を下回れば損失が発生する。

　上式に目標利益を導入することによって「必要売上高」が，さらに必要売上

高を標準的な目標販売量で割ることで,利益を得るための「製品1単位当たり価格」を求めることができる。

②需要

「需要」(demand) とは,購買の能力と意思があるウォンツのことであり,一定期間内に実現する顕在需要と,購買の能力と意思はあっても定められた期間内には実現しない潜在需要とに分けられる。価格設定においては,需要の成長性や価格に対する反応が大きな影響要因となる。価格を変更する場合には,「需要の価格弾力性」(price elasticity of demand) の概念が有効である。ある製品の価格の変化率に対する,需要の変化率の比である。需要を縦軸に,価格を横軸にとったときの勾配をあらわす指標が価格弾力性となる。需要曲線は価格に対して減少曲線(価格が上がれば需要量は減少するため,符号がマイナスとなる)であるが,その勾配は製品によって異なる。需要の価格弾力性の絶対値が1以上である場合に,「需要は価格弾力的」であるといわれる。一般に生活必需品ほど弾力性は低いといわれ,代替的な競合商品が多く存在するような商品は弾力的となる。ただし,同じ製品でも価格レベルによって異なる値となる。需要曲線は必ずしも直線状ではないからである。以下に式を示す。

$$E = -\frac{\frac{\Delta q}{q}}{\frac{\Delta p}{p}}$$

ここで Δp および Δq は価格および需要量の変化,p と q は変化する前の価格および需要量である。なおマイナスの符号は,E の値をプラスにするため(前述したように需要曲線が右下がりであるため)につけてある。

③競争

市場には多くの競合製品が存在している。それらの価格を無視して価格を設定するのは無謀である。競争相手の分析は,一般的なマーケティング環境分析の重要な部分であるが,価格設定における競争相手分析は,競争相手である企業あるいは製品の価格を把握し,価格と効用のバランスを分析することになる。データの収集は小売店における実勢価格の観察,比較購買などによる。顧客が

その価格と価値をどのように知覚しているかを調査することも重要である。

（3）価格設定法

　先に，価格設定に影響を及ぼす主な要因として，コスト・需要・競争の3つについて説明した。これらの要因に対応させて，価格設定法は「コスト志向型」「需要志向型」「競争志向型」の3つに分類できる。

①コスト志向型価格設定

　コストをもとにして価格を設定する方法である。
比較的，単純な価格設定法であり，多くの企業が採用している。

　1）コストプラス法　製造コストおよびマーケティング・コストに一定のマージンを加えたものが価格となる。具体的には，単位当たりの「直接費」に「間接費」（一定比率を配賦して算出する）を加算して総コストとし，それに業界の慣習的あるいは目標利益マージンを加算して価格を決定する。この方法は，一定の基準を設定すると容易に価格を設定できるという利点をもつ。ただし間接費の配賦の妥当性が問題になる。

　2）マークアップ法　この方法は，小売業者や卸売業者が採用している。流通業においては，販売価格を決めるために仕入原価に付加できる額を，マークアップ，マージン，値入れ，利幅，利鞘などと呼ぶ。業者は「単位当たり仕入原価」に「販売経費」と「利益」を加えた「マークアップ」を加算して価格を決定する。一般的には，仕入れ原価に対するマークアップ率（値入れ率）を算出しておき，それを用いて価格を決定する。マークアップ率は製品によって相当異なるが，季節商品（売れない場合のリスクが考慮される），低回転率商品，在庫保管コストの高い商品，需要の非弾力的商品では高水準となる。この算定方式では現在の需要動向や競争および顧客の製品に対する知覚価値などの要因が無視されている。

②需要志向型価格設定

　「コスト」よりも「需要」に重点を置いて価格を設定する方法である。消費者が知覚する商品価値を基準にして価格を設定する，あるいは価格に対して消費者が抱いている心理を重視して価格を設定する，などの方法がある。

　1）知覚価値価格設定　消費者が製品に対して知覚する「価値」にもとづ

いて価格設定を行う企業が増えている。この場合は売り手側のコストではなく買い手側の知覚価値が決め手となっている。これは製品ポジショニングの考え方に沿っている。つまり企業はまずターゲットとする市場向けにふさわしい品質と価格をもった製品コンセプトを開発し，つぎにこの方式で設定された価格で売れそうな販売量を予測する。この予測にもとづいて，必要とされる生産能力，投資額，単位当たりコストが示される。計画された価格とコストにより満足すべき収益が得られるかどうかを計算し，肯定されれば開発を進めるわけである。

　2）差別価格法　　市場をいくつかのセグメント（顧客・場所・時間・製品タイプなど）に分けることが可能でありセグメントごとに需要の強さが異なっている場合に，同一製品やサービスに複数の価格を設定する方法である。美術館の学生・高齢者割引，忙繁期と閑散期とで異なる特急料金・ホテル料金などの例がある。差別価格は正当な理由がない場合には，公正な競争を阻害するものとして違法（独占禁止法の「不公正な取引方法」に含まれる「差別的な対価」）となることに注意を要する。

　3）威光価格法（prestige pricing）　　消費者は，価格が高い製品は品質の高い製品だと判断する傾向がある。また社会的地位の高さを誇示するために価格の高い製品を購入したいと考えることもある。このような消費者心理を利用して高い価格を設定し購入意欲を喚起する方法である。高品質の製品に活用される価格戦略であり，宝石，香水，ファッション製品などがその例である。名声価格，象徴価格，排他的高級価格，プレミアム・プライスなどとも呼ばれる。

　4）端数価格法　　消費者に対する「割安感」効果を狙った価格設定である。半端な数字で終わる価格を意味しており，500円とするところを498円とするのが「端数価格」（odd price）となる。消費者にとっては498円は400円台であり，500円とほとんど変わらないのに実際の差以上に割安に受けとられるといわれる。スーパーマーケットなどではこの端数価格が多くみられる。これに対して，ズバリ1000円，1万円のように「割り切れる価格」（even price, round number price）を用いる戦術もある。実際に店舗で価格を操作して実験した実証例もあるが，その効果は確認されていない。

③競争志向型価格設定

　競争相手の価格を基準にして価格を設定する方法である。自社の競争上の地位あるいは製品差別化の程度，ブランドイメージなどの非価格競争要因などを考慮して価格を設定する。

　1）**実勢価格法**　　業界の平均的価格とほとんど同じ価格を設定する方法である。寡占市場では主導的な地位にある企業がプライス・リーダーとして価格を設定し，その価格に各社が追随して，実勢価格が形成されるようになる。

　2）**競争価格法**　　マーケット・シェア最大化といった目標のもとで採用される価格設定法である。競争相手の価格を基準にして，それよりも低い価格を設定して市場の拡大を図ろうとする方法である。市場の成長期に多くみられる価格設定法であり，成熟期に入った市場では，このような価格設定は共倒れに至る価格競争を呼び起こすことになる。

④新製品導入時の価格設定

　これまでは一般的な価格設定方式について解説した。今度は新製品を市場に導入するにあたって採用される2つの対照的な方法について説明しよう。

　1）**上澄み吸収価格設定**（market-skimming pricing）　　可能な限り高い価格で市場参入する価格政策である。高い価格であっても購入する市場の上澄み層をまず獲得し，競争相手が参入してくるまでの短い期間に最大の効果を上げるのが目的である。この後に価格を下げることにより，下位層にくいこもうとするのが一般的である。この戦略はこれまで市場になかったような画期的な新製品であり，市場の不確実性が高い場合にとられることが多い。

　2）**浸透価格設定**（market-penetration pricing）　　この反対に，市場参入時に可能な限り低い価格を設定することにより，直ちに市場に浸透することを狙う政策である。価格に対する市場の反応が敏感であり，大量生産による価格逓減の効果が顕著な場合には，競争相手に対してシェアの上で一挙に優位に立つことができる。一方，失敗した場合には投下資金の回収が不可能となる危険性もある。初期低価格政策とも呼ばれる。改良型の新製品のように，製品需要が成熟期にあるような場合にこの戦略がとられる。

3　価格管理

（1）価格の変更

　市場導入の際に設定した価格もさまざまな要因によって修正・変更を余儀なくされる。費用構造の変化にともなうコスト・アップあるいはコスト・ダウン，顧客の反応，流通業者の反応，競争相手の価格動向など，市場の状況変化に対応して価格の上げ下げを行う必要が生じる。顧客・流通業者・競争相手の反応を知るためには，個別の情報を収集・分析しなければならない。

（2）流通業者に対する価格政策
①割引政策
　流通業者との間で，取引状況に応じて，表示価格から一定額（率）を控除して販売価格を設定することをディスカウント（値引きあるいは割引）という。多くの企業は，早期支払い，大量購入，オフシーズンの購入などに対して売価を調整し，推奨を提供する政策を行っている。業界により種類や呼称は異なるが，以下に代表的な例をあげる。

　　1）業者割引　　流通業者の取引上の地位や過去の実績に応じた割引。
　　2）契約割引　　長期に継続的な取引契約を結んでいる場合の割引。
　　3）数量割引　　1回当たりの仕入数量に応じた割引。
　　4）季節割引　　オフシーズンの仕入（先物予約，売れ残りの見切り処分）に対する割引。
　　5）現金割引　　現金決済に対する割引。
　　6）地域割引　　工場あるいは配送センターに近接する特定地域内からの受注に対する割引。
　　7）運送割引　　仕入れ側が配送を行う場合の，配送費相当分の割引。

②リベート政策
　流通業者に対して，一定期間の取引高にもとづいて，期末に取引代金の一定割合を払い戻す制度である。「割戻し」「歩戻し」とも呼ばれる。上記のような，個々の取引に応じて割り引かれる「割引制度」とは区別される。その目的とし

ては，売上の維持・拡大を狙ったものから，代金回収の促進や価格の安定を期待するものまで多様である。支払方法によって「定率リベート」と「累進リベート」に分けることができる。主要なリベートは以下の通りである。
1) 売上リベート　　　一定期間内の売上実績に応じて支払われる。
2) 支払いリベート　　現金なのか手形なのか，手形ならサイトの長短，に応じて支払われる。
3) 専売リベート　　　特定メーカーの商品のみを優先的に扱うことに対して支払われる。
4) 品揃えリベート　　特定メーカーの商品ラインの一定量以上を扱うことに対して支払われる。
5) 協力リベート　　　特定メーカーのキャンペーンやイベントへの協力度に応じて支払われる協力感謝金。
6) 目標達成リベート　一定期間内あるいは特定のキャンペーン期間内に，ある水準以上の成果をあげた場合に支払われる。
7) 早期引取りリベート　季節商品のシーズン前の取引に対して支払われる。

リベートは，このようにマーケティングにおけるプッシュ戦略の手段として，価格戦略を弾力的に補完する機能を果たしている。しかし，その内容によっては自由な競争を阻害し，あるいは秘匿的・差別的に支給される傾向が強いことから不公正な取引を生じやすい，と指摘されている。

4　電子商取引における価格政策

　日本における電子商取引の現状について，田村[6]は，ｉモード携帯端末の爆発的普及，電話，テレビのデジタル化，パソコン製品のマルチメディア対応志向，広域帯通信の普及など，近年のデジタル情報技術の普及に触れながら，「しかし，このようなデジタル経済化が流通システムに与える影響については，不協和音がある。特にいわゆるＢ to Ｃの物販領域で大きい。不協和音の基本的な源泉はインターネット利用の通信販売（ネット通販），特にサービスではなく物品の販売が，当初に期待されたほど順調に伸びず，またそのビジネスモ

デルもなかなか確立しないことにある」と批判的な見解を述べている。

そして，消費者調査の分析結果にもとづいて，「店舗流通に対するネット通販の競争優位性として，買物時間の節約以外にも，商品やサービスの選択幅はより広くなる，価格は店で買うよりも安くなる，気に入った商品を容易に探すことができるといった主張がなされてきた。しかし，これらの要因は消費者にネット通販を新たに試みさせる要因とはなっていない。ネット通販の競争優位についての主張は，少なくとも現在のところ，情報スーパーハイウェイ・イメージの短絡的な投影を越えるものではない」と説明する[7]。

さらに，ネット通販の優位性といわれてきた要因が戦力化しない理由の1つは，現在のネット通販が，新しいITが潜在的に秘めている能力を十分に引き出していないことにある，と述べ「しかし，もっと重要な点は，ネット通販業者の品揃え幅，価格水準，顧客対応性などは，情報技術そのものだけで決まるものではないということだ。それは，情報技術の利用の仕方を決める流通経営技術にも依存するところが大きい。」と本質に迫る[8]。

このように，日本の電子商取引の普及は導入期の域を出ていないので，以下の説明は米国の研究結果の紹介が主となる。

（1）オンライン・オークション

電子商取引の市場は，急速に変化し，情報が瞬時に伝達される。これまで述べてきた価格設定のすべてのプロセスが加速されることになる。ここにあらわれる特徴は，リアルタイムの価格設定である。以下に説明する「オークション」はリアルタイムに価格を決定する代表的な手法である。

①オンライン・オークションの意義

オンライン・オークションについて，ハンソン[9]は次のように述べている。「オンライン・オークションはリアルタイムに価格を決定する有力な手法だ。ネット上だと入札者は非常に細かいところまで情報を入手できるため，オークションは実にうまく機能する」「オークションはいつの時代にも，個人財産，不動産，美術品など，ユニークで珍しいものを販売する重要な手段だった」「オークションの最大の問題は，同じ時間，同じ場所に十分な入札者を集めるために，どうしても費用がかかってしまうことだった。だが，インターネット

がこれを変えた。入札者は，もはや実際にその場にいる必要はない。この要因は参加者のコストを減少させ，入札者の総数を増加させる。そのため，オークションに落とされる金額は増し，売り手にとってのオークションの価値も上がることになる。オンライン・サイトは，主に2つの方法で，オークションの力と効率性を改善している。1つは情報である。詳細な情報は販売されている商品についての入札者の理解をより深いものにする。オークションの理論は，これが買い手にとっても売り手にとっても有益であることを示している。買い手は不安感を取り除き，売りに出た品物を正確に評価できると感じる。平均して，売り手は高額の付け値を獲得し，入札者は，自分たちが真価を認めた品を，より頻繁に入手できることになる。オンライン・オークション・サイトの2つ目のメリットは，入札者の拡大だ。これは入札を高額にするため，売り手のメリットとなる。また，売り手が応じられる最低価格以上の値を付けない場合におこる，オークションの不成立という事態を避ける作用もする。入札者の増加によって，そのハードルを超えやすくなるのだ」。

小川[10]によれば，「㈱オークネット」は，世界で初めて衛星を使って中古車のセリ取引を実現したベンチャー企業である。「従来は，日本各地で分散して運営されていた現物中古車オークション市場を，買い手が現場に出向くことなしに在宅（オフィス）でセリに参加できるようにすることで，同社は中古車取引の市場を全国単一マーケットに変えてしまった」。

オークションの実際は，つぎのように紹介されている。「『オークション，スタート！』レシーバーをつけた女性ナレーターがマイクに向かって呼びかけるが早いか，現車が画像表示された『96年式トヨタ・RAV4』の価格がぐんぐん上がっていく。車の特徴を説明しているナレーターの前で端末画面上にある中央の窓が，青色から黄色に変わった。応札者の数が『5人以上』から『2〜3人』になったことを示している。シグナルが赤色に変わると，応札者は2人になって落札が近い。セリ応答端末ボタンを一押しすると，上場されている中古車の値段が3000円ずつ上がる。2秒間，応答がないと車は"売り尽くし"となる。『成約価格，130万3000円。』この間，わずか20〜25秒。ナレーターの声に続いて，画面はすでに次の『98年式三菱パジェロ』に切り替わっている」[11]。

②オンライン・オークションの種類

　従来型のオークションであれ，オンライン・オークションであれ，最も一般的なのはイギリス式のオークションである。最後の付け値を上回る入札者が誰もいなくなるまで，その額を叫び続けるという形式である。高値の入札者がその品物を獲得し，付け値を払う。もう1つの方法はオランダ式オークションである。あまり一般的ではないが現在もなお行われている。これは高い金額から始め，徐々に下げていくもので，最初に値をつけた者がその品物を獲得する。

（2）イールド管理

　「イールド管理」(yield management) とは，価格と収容能力とをうまく調和させることである。先に説明した「差別価格」に関連する。ここでもハンソン[12]に登場してもらおう。「イールド管理を効果的に行うためには，いくつかの重要な特徴をうまく利用しなければならない。まず第一の特徴は，収容能力が固定されている上に，利益を生む期間が限られているという点である。ホテル，航空会社，運送会社などが当てはまる。固定費が高いという点も重要である。空き部屋のあるホテルの追加客の費用はホテルを維持する総費用に較べれば微々たるものである。第二の特徴は顧客の区分を識別できるような顧客ベースにある。イールド管理の核となる考え方は，通常の価格でも気にせず支払う客を失うことなしに，価格に敏感な顧客に対して破格値を提供して満席にすることである。観光旅行者とビジネス客とではさまざまな点で異なっているため，旅行業界ではイールド管理が広範に採用されている。イールド管理は，ビジネス旅行者に対して安いチケットの利用が厄介となるような制限を設けているため，価格に敏感な観光旅行者のみが格安チケットを利用することになる。最後に挙げるイールド管理の特徴は，需要の不確かさと，その不確かさを処理する情報テクノロジーとシステムである。イールド管理におけるいくつかの失敗例が航空業界に発生している。その原因として，空席の状況が把握できない，出発間際に来た人に対して正確に空席状況を教えることができない，これまでの情報と正確な需要予測を結合できない，などが挙げられる。クロス (Cross) は，イールド管理の可能性を生み出す，あるいは制限する市場における7つの不確実性を取り上げた。1）保存が困難な製品および後回しにできない機会，

2）季節や他の需要のピーク，3）異なる市場セグメントにおける製品の価値，4）製品の消耗，5）個人消費者と大量購入者との競合，6）競争をしていくための値引き，7）市場環境の急速な変化　である。収益管理システムが，これらの不確実性を取り除き，異なる市場に影響を及ぼし，めまぐるしく変化する状況に適切に対応するには有力な手段となる」。「利益性の高いイールド管理の有益な経験の1つは，リアルタイムの価格情報を一括販売と組み合わせることである。たとえばホテルでは，旅行者に閑散期に滞在してもらう場合，イールド管理の収益性は最も高くなる。そこで重要な目標は，旅行者に需要の少ない時期にもう一泊してもらうことである。部屋を求める場合，繁忙期にたった一泊するより，繁忙期と閑散期に重複して宿泊するほうが低料金で宿泊することが多くなる」。

（3）一括販売（バンドリング）

「一括販売」(bundling) は，商品を組み合わせて大きなパッケージにして販売するものであり，オンライン以外でも強力な戦術として採用されている。製品を組み合わせてセット価格を提示する方法として知られている。

ハンソン[13]によれば，一括販売は，オンラインではバンドル製品，スイート，無料の機能拡張，バリュー・パックなどがある。多くのプロバイダーは，オンラインでの活動ごとに価格を付けるのではなく，すべてにアクセスできる単一の料金を課している。オンラインの一括販売で最も重要なガイドラインは，利幅型一括販売である。これは貢献マージンの高い品目の一括販売が高い利益を上げていることを示している。つぎに重要なのは，集計型一括販売である。一括販売の収益性を高くする場合，その一括の単位は平均的な消費者を対象としなければならない。特殊な珍しい製品は区別されて高い価格を維持することもできるが，主な商品は平均的な消費者の嗜好に合わせてセットにする必要がある。目標は平均的な消費者への販売を拡大することにある。企業にとってはオンライン商品が高い貢献マージンをもち，消費者が，個々の商品よりも一括販売としての商品をより高く評価する場合，一括販売の収益性は高くなる。インターネットにおけるデジタルの性質は，一括販売を一般化し，有力な価格設定を可能にしている。増分費用が低いということは，追加増量分をほとんどつね

に収益にできることを意味する。

5　価格リサーチ

　価格リサーチの目的は，これまで述べた価格設定および価格管理における意思決定をサポートすることである。目的はこのように特定されているが，そのプロセスは，他の製品戦略・流通戦略・コミュニケーション戦略などのマーケティング課題の解決と同様に，一般のマーケティング・リサーチのプロセスを採用する。

（1）2次データの活用
　調査主体が特定の課題に応じて直接的に収集したのではなく，すでに他の調査主体によって収集されているデータが2次データである。自社内部に蓄積されたデータ，あるいは政府刊行物・研究機関のレポート・各種大型データベースなど自社外部のデータが利用できる。

①内部データ
　企業など自社組織内部のデータを収集し分析する作業は，価格リサーチの重要な部分を占める。内部データを活用するには，次に述べる2次データによって把握される一般的な傾向を踏まえた上で，後述の「実勢価格調査」と関連づけることが大切である。それによって自社の特定の製品クラスあるいはブランドに関して以下の分析が可能になる。
　これらの分析によって，価格設定および価格管理の意思決定を支える重要な指標が得られる。

　　1）価格の変化にともなう売上などのデータを整理して，例えば回帰分析などにより需要曲線・売上曲線・利益曲線・シェア曲線など，価格を独立変数とした関数を確定する。
　　2）売上とそれに対応する費用を損益計算書の形に整理することによって，コストと利益の関係を明らかにし，資本利益率・売上高利益率・資本回転率などの共通指標に変換する。
　　3）コストを固定部分と変動部分に分けることによって，損益分岐分析や

目標利益売上高へと転換する。
4) 自社の価格改定に対する競争相手の反応パターンと可能性，それによって変化する競争相手の価格分布および消費者の反応，さらには自社の販売シェアへの影響などについての可能性モデルを作成する。
5) 販売先が消費者直接にではなく小売業の場合は，競争相手の製品の価格データを営業要員レポートによって収集し，実勢価格データとして分析することができる。

② 官公庁統計

国の機関あるいは地方の公共機関が作成し，公表する統計を官公庁統計と総称している。価格に関する2次データには以下のものがある。

1) **生産動態統計調査**　工業製造品目別の生産および出荷の量と金額について経済産業省（旧通産省）などが業種別に毎月実施している調査の総称が生産動態調査である。工業生産物の単位当たり出荷額を知るための基本的な資料となる。

2) **消費者物価指数**　小売段階における価格動向を品目別に把握する1つの手がかりが，総務省（旧総務庁統計局）が毎月，算出している消費者物価指数である。そのもとになるデータは，全国の小売業を対象に総務省が実施している「小売物価統計調査」である。時系列調査であるために対象品目および対象店舗が固定されるので，実勢と乖離する傾向がしばしば指摘されている（新しい業態が欠落するなどが要因となっている）。これに対してPOSシステムにより得られる販売データからは，実勢に即した価格情報を知ることができる。

3) **総合卸売物価指数**　卸売段階の物価動向を把握するために，日本銀行が毎月作成する総合卸売物価指数が活用できる。さらに，総合卸売物価指数作成のもとになる「国内卸売物価指数」，「輸出物価指数」「輸入物価指数」も公表されている。

4) **法人企業統計調査**　企業の経営指標を把握するために財務省（旧大蔵省）が実施している調査が法人企業調査である。このデータによって業種別の平均的なコストを知ることができる。

（2）実勢価格調査

どのような商品が，流通チャネルのどのレベルで，あるいは小売業のどんな業種・業態で，どんな時に，誰に対して，どのような方法で，いくらで販売されているかを調査するのが「実勢価格調査」である。価格設定と価格管理に活用される基礎的な調査といえる。総合的な実勢価格調査は官公庁を中心に実施されており，その結果は公表されている。しかし，さらに細分化された製品クラス・ブランド・アイテムの実勢価格を知る，あるいは特定の場所と時期に限定した実勢価格を把握するためには，その目的に合致した１次データを入手する必要がある。基本的な調査方法としては，サーベイ法に準じて調査相手に面接調査する方法と一方的な観察による方法とに分けられる。普通の調査テーマに比べて調査相手の協力が得にくいので，相手に気づかれないような仕掛けをすることが多い。気づかれないように行う調査なので「覆面調査」と呼ばれる。その性質から観察法によることが多い。客を装った２人の調査員がわざと会話を交わしてテープレコーダーに価格を吹き込んだり，ポケットの中でメモしたり，人をかえて巡回したりなどさまざまな工夫が採用される。

（3）価格感応性測定法

価格感応性測定法は，消費者の製品に対する「価格受容範囲」を推定する価格感度測定法である。この調査方法は，モンロー（Monroe, K. B.）[14]によれば消費者に対してつぎの４つの質問を投げかける。

1）こんなにも安いのは粗悪品だからではないか，と疑わしくなる値段はいくら以下ですか。
2）これなら安いし品質にも不安がない，と感じる値段はいくらまでですか。
3）この品質なら高くても買う値打ちがある，と感じる値段は，いくらまでですか。
4）品質がよくても，こんなに高い値段なら買えない，と感じるのはいくら以上ですか。

質問の結果，どの価格で何％の回答者がそう思うかの累積％が図示される。「安すぎる」と思う人と「安くない」と思う人が同数となる点が「安さ」の限界点とされる。「高すぎる」と思う人と「高くない」と思う人が同数となる点

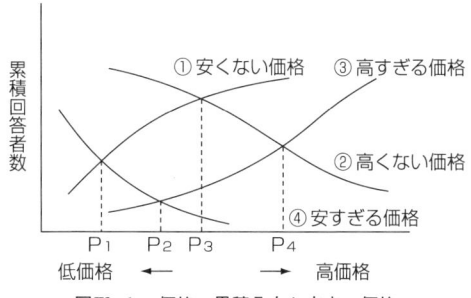

図Ⅳ-1 価格の累積分布と交点の価格
（出所）後藤秀雄『市場調査ケーススタディ』，みき書房，1997年，282頁

が「高さ」の限界点とされる。この2つの限界点で挟まれる範囲が「許容価格」とされる。

図Ⅳ-1において，P_1 は受容価格の下限（これ以下になると「安くない」が減って「安すぎる」が増える）を，P_4 は受容価格の上限（これ以上になると「高くない」が減って「高すぎる」が増える）を示す。また P_2 は「高すぎる」と「安すぎる」の交点価格であり「最適価格」，P_3 は「安くない」と「高くない」の交点価格であり「無関心価格」と解釈できる。

この方法とは別に，消費者に直接質問して許容価格や特定の提示価格での購入意向を測定して，価格反応関数を求める方法がある。つぎのような質問がなされる。

1）いくらだったら，あなたはこの製品を買ってもいいと思いますか。
2）この製品が×××円で発売されるとしたら，あなたが買いたいと思う程度はどのくらいですか。

回答は「必ず買う」～「絶対買わない」など7段階尺度や5段階尺度で求められる。

複数の価格提示による反応関数を求めようとする場合には，複数の等質な回答者グループを設定し，それぞれに異なったレベルの価格を提示して反応データを入手する方法がある。あるいは同一回答者に対して段階的に異なった価格を提示して回答を聴取する方法もある。しかし，このように消費者に直接，質問する方法は簡便ではあるが大きな難点を抱えている。回答者が価格に対して

敏感になりやすいとか，肯定的な反応に傾きやすいなどの欠点である。こういった障害を取り除くのには，回答結果を単純に採用するのではなく同時に入手した他の質問（製品の使用実態や，使用意向などの回答者特性など）とのクロス集計結果を詳細に検討したり，過去の調査結果にもとづく標準値と照合して調整することが不可欠である。

（4）店舗実験

小売店において，特定の商品の価格，パッケージ，あるいは陳列スペースや販売促進策などの要素が販売量に及ぼす効果を測定するために実験を行うことがある。この場合，対象店ごとに要素の水準を変えて割り付ける。価格調査の場合は，店舗グループごとに値段を変えて，一定期間にわたって販売実験を行うことになる。グループ間の販売量の差を価格効果と解釈するわけである。

（森千司穂）

注

1) フィリップ・コトラー著，木村達也訳『コトラーの戦略的マーケティング』，ダイヤモンド社，2000年，160頁。
2) 上田隆穂『マーケティング価格戦略』，有斐閣，1999年，80頁。
3) 同上書，81頁。
4) 同上書，82頁。
5) Philip Kotler, *Marketing Management*, 2000, p. 458.
6) 田村正紀「岐路に立つ電子小売業」，『一橋ビジネスレビュー』第49巻第2号，2001年，6頁。
7) 同上書，15頁。
8) 同上書，15頁。
9) ワード・ハンソン著，上原征彦監訳，長谷川真実訳『インターネット・マーケティングの原理と戦略』，日本経済新聞社，2001年，437頁。
10) 小川孔輔『マーケティング情報革命』，有斐閣，1999年，24頁。
11) 同上書，30頁。
12) ワード・ハンソン，前掲書，445頁。
13) ワード・ハンソン，前掲書，448頁。
14) Kent. B. Monroe, *Pricing*, 1990, p. 114.

【参考文献】

青木淳『価格と顧客価値のマーケティング戦略』，ダイヤモンド社，1999年。

古川一朗『出会いの「場」の構想力』，有斐閣，1999 年。
ジョージ・J・スティグラー著，南部鶴彦・辰巳憲一訳『価格の理論』，有斐閣，1991 年。
ヘルマン・サイモン，ロバート・J・ドーラン著，吉川尚弘監訳，エコノミクス・コンサルティング研究会訳『価格戦略論』，ダイヤモンド社，2002 年。
小嶋外弘『価格の心理』，ダイヤモンド社，1986 年。
ケント・B・Monroe, *Pricing*. 1990.
フィリップ・コトラー著，恩蔵直人監訳，月谷真紀訳『コトラーのマーケティング・マネジメント（ミレニアム版）』，ピアソン・エデュケーション，2001 年。
Thomas T. Nagle, *The strategy and tactics of pricing*. 1988.
上田隆穂『マーケティング価格戦略』，有斐閣，1999 年。
ワード・ハンソン著，上原征彦監訳，長谷川真実訳『インターネット・マーケティングの原理と戦略』，日本経済新聞社，2001 年。

第 V 章

流 通 戦 略

　IT 革命と呼ばれる情報通信機能の急速な発展を背景として，多くの人々が日常生活でパソコンや携帯電話などの新しい通信機器を使用するようになり，インターネットやEメールといった新しいコミュニケーション・ツールが普及してきた。そのために，人々が情報を獲得する手段は無限大に広がっており，またその情報伝達速度もきわめて速くなっている。これまでのようにテレビ，雑誌，新聞などの媒体から発信された情報を手に入れる時代から，消費者自身が求める情報を取捨選択して利用する時代へと変化している。そして，自分自身が獲得した情報をさらに多様なコミュニケーション・ツールを利用して広めるという双方向のコミュニケーションが盛んになってきている。このような時代では，企業は顧客に対して広告などを通して単に情報を発信するばかりではなく，企業と顧客の中間に位置する流通業や小売業を含む顧客とのコミュニケーション，すなわち関係性を強化していくことがますます重要になっている。本章では，流通の概念やその意義を述べることはもちろん，インターネット時代に対応した流通とはどうあるべきかを中心に考察を加える。そして，流通の中心的要素である商流，情報流通について検討するとともに，卸売業，小売業の特質や現状について述べる。

1　流通活動の意義とその役割

（1）流通とは
　経済活動は，生産，流通，消費のそれぞれが深く結びついて成り立っている。

企業は，消費単位となる家計から労働力や資本を調達し，それを利用して生産を行い，でき上がった製品はさまざまな流通業者を通して消費者や再生産者に販売される仕組みを作り上げてきた。一方，消費者は，労働力を生産者や流通業者に供給し，その対価として賃金を獲得しており，その賃金が消費購買力となり，製品と貨幣が循環する経済体制ができ上がったのである。このような循環的なシステムが構築されている現代社会において，流通は生産と消費の仲介をするきわめて重要な役割を担っており，ただモノが単純にある場所から別の場所へ移動するというだけではなく，そこには社会性や経済性があって初めて流通と呼べることとなる。

　流通は，生産者である製造業者や流通業と呼ばれる卸売業者，小売業者などから構成され，流通チャネルを通じて行われるが，流通システム，流通機構，流通経路，販売経路，マーケティング・チャネルなどさまざまな表現方法が用いられている。

　これらは流通を社会経済的な視点からとらえマクロ的な流通概念を表現する場合，あるいは個別の企業やある特定の製品に焦点を絞りミクロ的な流通概念を表現する場合，そしてマクロ，ミクロの両方の概念を表現する場合の3つに分類することができる。

　社会経済的な視点からみた場合の代表的な表現方法は，流通機構や流通システム（distribution channel, distribution system）と呼ばれるものである。それらは，社会経済的な視点に立ち，個別の企業の流通を総体的もしくは全体的にみており，製品やサービスが生産者から消費者に移転するまでの流れ，仕組み，役割を客観的にとらえる場合に使用されている[1]。

　一方，個々の企業の視点からの流れをとらえ，自社製品が生産者

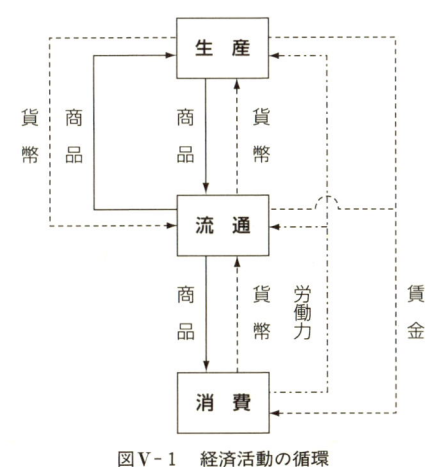

図V-1　経済活動の循環
（出所）矢作敏行著『現代流通』有斐閣，1999年，3頁

から消費者まで移転するまでの流通過程を販売経路やマーケティング・チャネル（marketing channel）と呼ぶ。これらは，自社製品をそれぞれの特性に合わせて流通させる手段を構築するために選択された方法を示しており，自社商品が生産者から使用者，または生産者から消費者に至るまでの流れを指すとともに，企業のマーケティング戦略を遂行するにあたって選定すべき経路をあらわす表現方法として用いられる。

　また，流通経路や流通チャネルは，全体的な立場としての流通機構と個別企業のマーケティング・チャネルの中間的な概念としてミクロ，マクロの両方の立場でも使用される場合や生産から流通，消費に至るまでの流れを客観的に眺めたものとして用いられている。

（2）流通の役割

　流通の役割は，始点である生産と最終地点である消費の隔たりを結合することにある。つまり，生産者から消費者に財を移転させるための経路や仕組みを指しており，製品・サービスを供給する側とそれを使用する人々との間に存在する隔たりを克服することを目的としている。そして，それらの隔たりを克服するために必要であるマーケティングの諸能力を有する組織や企業から成り立っている[2]。流通の役割は，時代が進むにつれて大きく変化してきているが，社会分業体制が進展すればするほど生産と消費の隔たりが大きくなるため流通の役割はますます重要な意味をもつとされる。

　具体的な流通の役割とは，生産者と消費者の場所・空間，時間，知覚・情報，所有，価値，品揃え・数量といった隔たり（ギャップ）を埋めることである[3]。

　場所的・空間的ギャップとは，各地点間の距離から生じる懸隔を意味している。最終的に消費者が使用する商品は，さまざまな場所で生産されたものである。それが，場所や空間を移動することによって消費者が使用したり利用したりできる場所まで届けられることになる。近年では，移動手段の発達によりその範囲を広げている。

　時間的ギャップとは，商品が生産された場所から消費される地点までの移動により時間的な懸隔が発生することを意味する。この時間的ギャップの中で最も重要だと思われる点は，消費者が生産された製品をすぐに消費しないという

点にある。そのため,消費者が商品を要求した場合にいつでも手に入れることができるように準備しておくという点である。

知覚的・情報的ギャップとは空間的なギャップと関連が深く,生産者と買い手がお互いを知らないために生産者が生産した商品をどのような消費者が欲しているか,逆に消費者が望む商品の生産者(供給者)がどこに存在しているのかを把握できないことから生じるギャップである。

所有的ギャップとは,生産と使用,もしくは消費の各主体が同一でないことから発生するギャップのことである。つまり現代社会においては,所有権の移転がなされるまで交換が成立したことにならないために起こるギャップである。

価値的ギャップとは,生産者と買い手となる消費者の商品に対する評価の違いから発生するギャップである。生産者は,生産コストや競合者の動向から,自らが生産した製品に対して評価するために価格づけを行うが,消費者は提示された価格と自らの欲求の深さを考慮して購買行動を起こすことにある。その場合に,生産者と消費者の間で製品に対する評価の相違から生じるギャップがこの価値的ギャップである。

品揃え・数量のギャップは,生産と消費の各主体が同一ではないことから,品揃えや数量面で生産者の提供する製品と消費者が要求する製品の間に発生するギャップである。消費者をとりまく環境は大きく変化しており,それにともない消費者の嗜好やライフスタイルも急速に変化するため,企業は市場において消費者の満足を確立することができるような製品供給がますます困難になりつつある。そのため生産者と消費者の間においてもギャップが生じることになる。

このように,生産者と消費者の間にはさまざまなギャップが存在しており,流通の機能とはこれらのギャップを少しでも埋めるとともに適切な流通が行われるようなシステムを構築することにある。そして,流通の目的であるこの橋渡しを分析したさまざまな考え方があるが,その中でもクラーク(Clark, F. E.)は流通機能を以下のように分類している[4]。

①交換機能(function of exchange)
　1)販売(demand/selling)
　2)購買(assembly/buying)

②物的・実物交換機能(function of physical supply)
　3)輸送(transportation)
　4)保管(storage)
③補助的・助成的機能(auxiliary or facilitating functions)
　5)金融(financing)
　6)危険負担(risk-taking)
　7)市場情報(market information)
　8)標準化(standardization)

　クラークは,流通機能を交換機能,物的・実物交換機能,補助的・助成的機能に大きく分類し,特に交換機能の販売・購買機能が流通の中心になるとみなしており,この交換機能がいわゆる主体から主体への所有権の移転を示していると思われる。そして,物的供給機能は,時間的・場所的移動に着目しており,交換機能の技術的な側面を示している。そして,補助的・助成的機能とされる金融,危険負担,市場情報,標準化は商流,物流,情報流通は,あくまでも交換や物的・実物交換機能の付随的な機能としている[5]。

　この分類をもとに,現代の流通機能の内容を説明すると以下のようになる。まず,交換機能としての販売および購買とは商流をあらわしており,流通の中では中心的な役割をもつ機能である。この機能は所有のギャップを埋める橋渡しであり,需要と供給を結びつけることにより所有の効用を創出するともいわれる。したがって,交換機能とは,取引相手をみつけるとともに,できるだけ高い値段で販売したいという販売側とできるだけ安い値段で購入したいという買い手側との合意点をみいだしたことにより売買関係を成立させる働きをもつ。

2　マーケティング・チャネル政策

(1)マーケティング・チャネルの類型化

　生産者である企業にとって,マーケティング・チャネルを具体的にどのように展開していくのかというチャネル政策はきわめて重要になる。それは,チャネル機能が単に自社の製品を消費者に対して販売するための製品の流れという経路としての機能をもっているだけではなく,生産から消費に至るまでに介在

する商品情報や顧客情報などの情報伝達としての機能や製品に付随する付帯的なサービスやアフターサービスなど各種のサービスを提供する経路としての機能もあわせもっているためである。

　企業がマーケティング・チャネルを選択する場合の政策は，チャネルの長さ，市場範囲（市場カバリッジ）の程度，そして販売業者の取り扱い製品における製品シェアの特性によって類型化することができる。

　チャネルの長さとは，生産者であるメーカーから消費者の届くまでに存在するチャネルを構成する流通業者の段階数をあらわしている。このうち，最も短いチャネルは，直接（ダイレクト）・マーケティング・チャネルと呼ばれ，消費者に対して直接販売を行う通信販売などが該当する。それに対して，流通業者が多く介在するチャネルは，間接（インダイレクト）・マーケティング・チャネルと呼ばれ，介在する流通業者が増加するに従って長いチャネルを形成することになる。一般的に，チャネルが短ければ生産者である企業の流通業者へのかかわりは強くなり，チャネルを管理するためのコストが増えることになる。逆に，チャネルが長ければ長いほど流通業者の管理は困難になるが，生産者であるメーカーのコスト負担は軽減されるとされる[6]。

　また，チャネルにおける市場範囲（市場カバリッジ）は，特定の地域にどれだけの販売者が存在するかという販売業者の数で判断されることになる。つまり，自社の製品を取り扱う卸売業や小売業の数と，ある特定空間における両者の数ということになる。

　当該企業の製品シェアとは，自社の製品を取り扱う流通業者が売上構成比において自社製品をどの程度取り扱っているかを意味する。それは，以下にあげるように，競合他社の製品に対する排他性や独占性の度合いで示されることになる[7]。

①開放的チャネル政策（intensive channel policy）

　この政策は集約的・一般的チャネル政策とも呼ばれており，取引先を限定せずに信用のある取引先であれば，取引を求めてくるすべての小売業に対して可能な限り多数の販売先を確保することで自社商品を広く流通させるという政策である。それは，可能な限りの多くの販売先で自社商品を流通させる目的があり，ガム，パン，新聞などの低単価，低マージンという流通コストを抑える必

要がある最寄品に多くみられる政策である。しかし，小口取引が中心になるため販売先に自社商品のみを取り扱わせることや，優先的に販売させることは難しい政策といえる。

②選択的チャネル政策（selective channel policy）

　この政策は自社商品の販売を促進するために，特定の基準にもとづいて販売業者を特定地域で選別・選択し，優遇措置や選別育成を行い，それらの業者に自社商品を優先的に取り扱わせることにより長期的に協力関係を築いていく政策である。販売業者の選択基準は，販売能力，注文量，支払能力，販売努力，サービスの優劣によって決定されるが，店頭販売でのきめ細かい説明販売やサービスの充実が求められ，比較的単価が高い家電製品，衣料品など必需性が小さく，購買頻度の低い買回品や専門品でみられる政策である。この政策は，市場カバレッジを高めることを目的とするものではなく，チャネルに対するコントロールを強化させて重要な拠点をいかに構築していくことができるかが課題となる

③排他的チャネル政策（exclusive channel policy）

　この政策は，高価格商品や購入頻度がきわめて低く，長期間にわたって使用されるような商品に多く採用される。具体的には，自動車，高級ブランド品などが相当するが，とりわけ消費者のニーズを満足させるための質の高いサービスや情報が販売する側に要求されるため，専門的な知識を擁し販売能力に優れた小売業者を慎重に選別することとなる。そして，小売業者を選別し，自社のマーケティング政策を徹底させるとともに，商品や企業イメージを高めるようにチャネル管理を強化していく政策である。しかし，チャネルを管理するためのコストが嵩むことや，チャネルが固定化されてしまうために柔軟なチャネル政策を実施できなくなるという課題もある。

（2）マーケティング・チャネルの組織

　今日の企業におけるマーケティング・チャネルの発展として，垂直的マーケティング・チャネル，水平的マーケティング・チャネル，そしてマルチマーケティング・チャネルの3つのシステムをあげることができる。

　ダビットソン（Davidson, W.）は，従来の伝統的なマーケティング・チャ

```
チャンネル1  [生産者] ──────────────────────────→ [消費者]

チャンネル2  [生産者] ──────────────────→ [小売業者] → [消費者]

チャンネル3  [生産者] → [卸売業者] ──────→ [小売業者] → [消費者]

チャンネル4  [生産者] → [卸売業者] → [ジョバー] → [小売業者] → [消費者]

チャンネル1  [生産者] ──────────────────────────→ [生産財顧客]

チャンネル2  [生産者] ──────────────→ [生産財流通業者] → [生産財顧客]

チャンネル3  [生産者] → [メーカーのセールス・レップ] → [生産財流通業者] → [生産財顧客]

チャンネル4  [生産者] → [メーカーのセールス・レップ] → [生産財流通業者] → [生産財顧客]
```

図V-2 消費財および生産財におけるマーケティング・チャネル

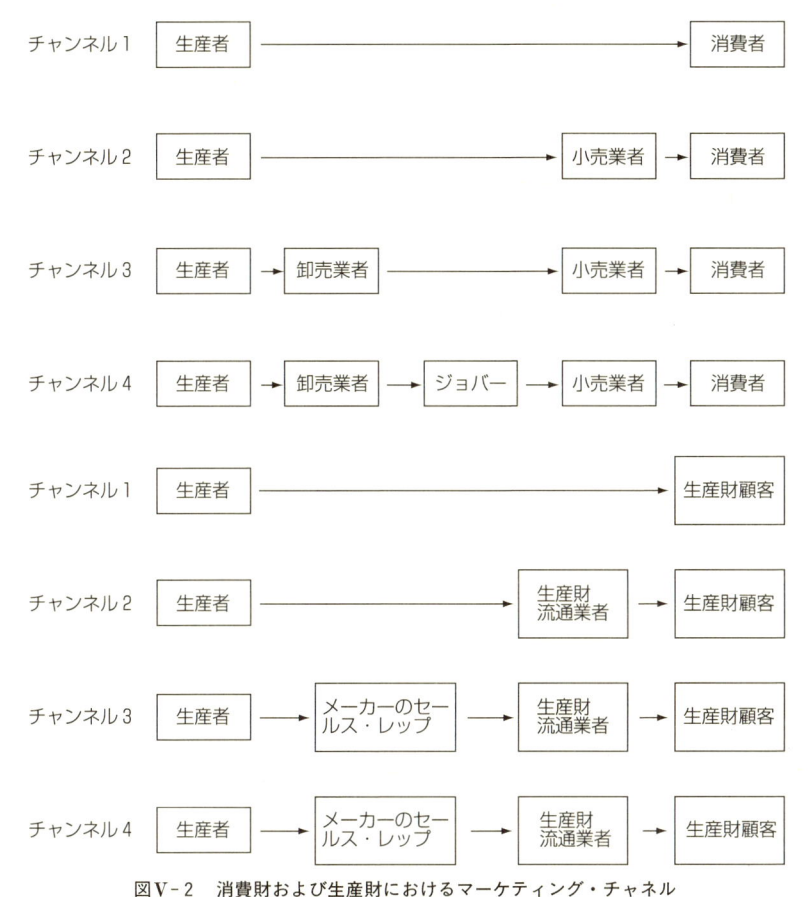

(出所) フィリップ・コトラー, ゲイリー・アームストロング共著, 和田充夫・青井倫一共訳『新版マーケティング原理―戦略的行動と実践』, ダイヤモンド社, 1995年, 462頁

ネルと新しい垂直的マーケティング・システムの相違について「伝統的なマーケティング・チャネルは, 以下のようなネットワーク構造をもっている。すなわち, 製造業者, 卸売業者, 小売業者は, お互いにゆるやかに結びつき, わりと自由に行動している。そして, 彼らは, 通常, お互いに, 自分たちに有利な交渉を行うとしており, 1回1回独立的な取引を基礎とした取引関係を確立している。そして, 必要なときにいつでも取引関係を築くことができるが, それ

以外のときは独立して行動している。それと比較して，垂直的マーケティング・システムは，水平的に調整され垂直的に結びつけられたいくつかの企業が，1つのシステムとして管理されるという仕組みから成り立っている。そして，垂直的マーケティング・システムの各段階にいる企業は，システム内のマーケティング諸機能が，最も成果を生み出すようなかたちで遂行されるよう活動している」。と説明している[8]。つまり，伝統的マーケティング・チャネルも垂直的マーケティング・チャネルも同じ機能を遂行していることに変わりないが，生産者，卸売・小売業者の関係が1つのシステムとして調整されているかどうかという点で異なる。

①垂直的マーケティング・システム（vertical marketing system: VMS）

近年のマーケティング・チャネルの発展形として垂直的マーケティング・チャネルをあげることができる。それは，構成員による組織化の程度によって，管理型，契約型，企業型の3つに分類することができる[9]。

1）管理型システム（administered systems）　チャネルリーダー自らが構成したマーケティングプログラムに従って，生産と流通を担当するチャネルの構成員を所有や契約などの資本的な統合を通さずに組織化し，管理統制を取りながらマーケティング活動を調整していくゆるやかなマーケティング・システムである。このシステムでは，それぞれ独立した企業として活動しているが，企業の名声やブランド力，さらには長年の取引関係からの信頼や信用にもとづき，契約事項がないにもかかわらず，共同販売促進プログラム，販売員訓練，販売支援，在庫管理の共有化が計られ，システム全体の目標実現のために目に見えない調整機能が働き調整や協力関係が遂行される。このシステムは，加工食品，日用雑貨品などの多くの消費財，特に最寄品メーカーのチャネルで採用されており，特約店制度や代理店制度がこれに該当する。このシステムのメリットは，それぞれの流通業者の関係に資本関係をともなわないためコスト面で優位性があることや環境の変化によってチャネルメンバーの変更が容易にできることがある。その一方で，プログラムの調整において利害関係が生じた場合，解決方法が存在しないためアフターサービスなど信頼面で問題が生じる可能性もある。

2）契約型システム（contractual system）　近年，数多くの流通業が採

```
                    ┌─────────────────┴─────────────────┐
                伝統的                            垂直的
              マーケティング・                    マーケティング・
                システム                          システム（VMS）
                                    ┌───────────────┼───────────────┐
                                企業型 VMS      契約型 VMS      管理型 VMS
                                          ┌─────────┼─────────┐
                                     卸売主宰      小売共同体    フランチャイズ
                                   ボランタリー・                  組織
                                     チェーン
                                                      ┌───────────┼───────────┐
                                                 生産者主宰小売  生産者主宰卸売  サービス業者主宰
                                                 フランチャイズ・ フランチャイズ・ 小売フランチャイズ・
                                                   システム       システム       システム
```

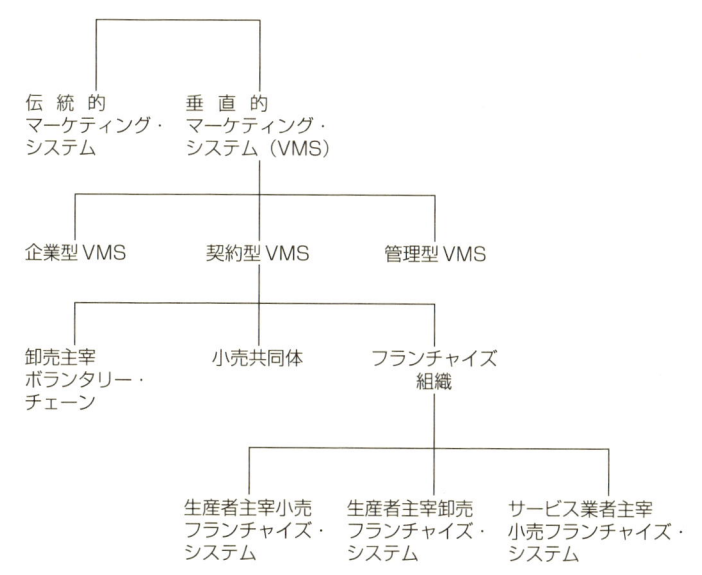

図V-3　伝統的マーケティング・チャネルと VMS

(出所) フィリップ・コトラー著, 村田昭治監修, 和田充夫・上原征彦訳『マーケティング原理　戦略的アプローチ』, ダイヤモンド社, 1992年, 519頁

用するシステムであり、生産や流通において資本の異なる独立した企業が、単独企業ではなし得ない経済効率や販売効率を得ることや競争力を高めることを目的として、マーケティングプログラムを統合し、チャネル組織を形成する方法である。具体的には、メーカーや卸売業を主体とするボランタリー・チェーンやフランチャイズ・チェーンなどがある。ボランタリー・チェーンは、主に卸売業者が自分の販売先となる独立した小売業者を大型のチェーンストアーとの競争から守ることを意図して発展したシステムである。アメリカ商務省の定義によると、「この組織は自由連鎖店や任意連鎖店と呼ばれ、卸売業者によって組織され、小売店はその卸売業から取り扱い製品の全部または大半を仕入れるとともに、その見返りとして特定のサービスを受ける独立小売商のグループとして本部と加盟店から形成される」。つまり、本部は共同計画の立案、共同仕入れ、保管・輸送業務、販売促進、加盟店指導、支援などを加盟店に供給し、加盟店は共同事業に参画するものである。アメリカでは、卸売業が主催するタイプをボランタリー・チェーン、小売企業が主催するものコーペレティブ・チ

ェーンと呼び区別している[10]。

　フランチャイズ・チェーンとは，フランチャイザー（本部）と呼ばれる企業が，契約にもとづいてフランチャイジー（加盟店）に対してトレードマークや看板などの特定商標，事業経営の指導，販売ノウハウなどを提供する方法である。フランチャイジーは，その分野においてビジネス経験や知識を有していなくとも資金があればすぐにビジネス参入できるメリットがあり，フランチャイザーから製品・サービスとともに店舗のオペレーション，従業員訓練，マーチャンダイジング，販促資材などビジネスにかかわる大半の支援を受けることができるため，独立した中小小売店舗では不可能な店舗運営が経営の独立性を保ちながら可能になる。その一方で，契約条項に定められた，加盟料，商品・原材料の仕入れ料，商標使用料，経営相談や従業員訓練などの費用を納める必要がある。フランチャイズ・システムを導入する企業が多いのは，加盟店を増やすことによって外部資金が活用できることや立地の確保ができるとともに限られた経営資源で急速に事業を拡大できる点にある。具体的には，コンビニエンス・ストア，レンタルビジネス，クリーニング，ファーストフードなどの飲食や外食産業などでよくみられるシステムである。このシステムのメリットは，固定資本を少なくできることや急速に店舗数を拡大し成長を収めることができる点であるが，一方で契約条項をもとに加盟店全体を１つのシステムとしてまとめていかなければならないなど難しい点もある。とくに，近年では企業間の競争が激化しており，経営成果が思わしくないなどフランチャイズ本部と加盟店の間で対立する場合もみられる。

　３）企業型システム（corporate system）　このシステムは，生産と流通が特定の１つの企業によって統合されているシステムであり，企業が自社の支店，営業所，販売会社を設立し，これらが卸売，小売業者の機能を遂行する前方垂直統合，あるいは企業が自社で製造設備や，倉庫，配送センターを設立し管理機能全般を行う後方垂直統合，そして，卸売業者自らが直営店を設立し小売業に進出する一方で，製造業として製品を生産するといった混合垂直統合に分類される。このシステムの特徴は，自社組織であるために構成メンバー間の目標が共通化しているため利害関係は生じることはほとんどなく，管理や調整コストは最小ですむことになるが，自社組織で拡大を図るためマーケティン

グ・コストがかさむことになる。また消費者ニーズや流通環境が変化していくなかで，組織が固定化しているため柔軟な対応ができにくいというデメリットがある。具体的には，自動車メーカーにおけるディーラー・システムや一部の化粧品，日用雑貨，ベッドや寝具などの製造業などがこのシステムを採用している。

②**流通系列化**[11]

メーカーが主体となって卸売段階や小売段階まで組織化することであり，緊密な関係を形成することによりリーダーシップを取りながら自社製品の販売量の確保や販売価格の維持を実現する方法である。系列化の具体的な方法としては，自社製品のみを取り扱う販売業者に流通する専売店制度，販売業者の営業地域を限定するテリトリー制度，小売業者の仕入先を特定の一卸業者に限定する一店一帳合制度，各種の販売店援助やリベートなどがある。近年，消費者のライフスタイルの変化や消費者ニーズの多様化，さらにディスカウント・ストアをはじめとする新しい業態の発展によって，消費者の系列店離れが進んだため，メーカー主導の系列化政策も岐路に立たされている。

③**その他のマーケティング・システム**[12]

他のマーケティング・システムとしては，水平的マーケティング・システムやマルチチャネル・マーケティング・システムがある。水平的マーケティング・システムとは，2つ以上の企業が連携しながら共同で，もしくは1つの組織を設立し，生産力，資金力，マーケティング資源を共同で有効活用するチャネル・システムである。これは，企業が連携することによってリスクを回避するというよりも，相乗効果を狙って行うシステムである。

また，企業が複数のチャネルを利用して二元的にマーケティングを展開することをマルチ・チャネル・マーケティング・システムという。このシステムは，性格の異なる顧客に対しても自社商品を販売することが可能となるため販売量を拡大させるのは有効であるが，既存のチャネルとコンフリクトを発生させる危険もはらんでいる。

3 卸 売 業

(1) 卸売業とは

　卸売業はホールセール (whole sale) と呼ばれており，最終消費者以外に商品を販売するすべての活動の総称であり，小売以外の商品の販売活動はすべて卸売業の活動とみなされている。したがって，取り扱う財は消費財とともに生産財の分野まで幅広く，また販売対象も多方面にわたっているため小売業の定義と比較すると明瞭でない点が多いといえる。また卸売業は，商品を生産しているわけではなく，流通活動の中間に介在し利益を得ているために，流通革命が始まった1960年代頃から社会において不必要とか無用であるという問屋無用論や卸売業者排除論などの考え方が台等してきた。その理由としては，スーパーをはじめとした新しい小売業態の多くが，消費財メーカーとの直接取引を行う低価格を訴求する業態であり，直接取引の形態が中心となるような業態が発展することが予想されたため，卸売業の存在意義が不明瞭になったためである。

　しかし，さまざまな新業態が登場した現代においても，卸売業はその数や売上は減少しているもののその取引形態や性格を変えながら存在理由を明確にしており，流通において重要な役割を示しているといわざるをえない。商業統計によると，卸売業は小売業，飲食店または他の卸売業に商品を販売する事業者，鉄鋼，建設，運輸・通信業，ホテル，病院，学校，学校などのサービス業や官公庁といった産業用使用者に商品を大量または多額に販売するもの，事務用機器，病院，レストラン，産業・建築資材など主に業務用として使用される商品を販売する事業者，他人または他の事業所のために商品売買の代行業務をする事業者や仲立人として商品の売買の斡旋をする事業者によって構成されている[13]。

(2) 卸売業の役割と機能

　卸売業は，集荷分散機能，需給結合・調節機能，そして流通コストの節約などの機能をもっている。

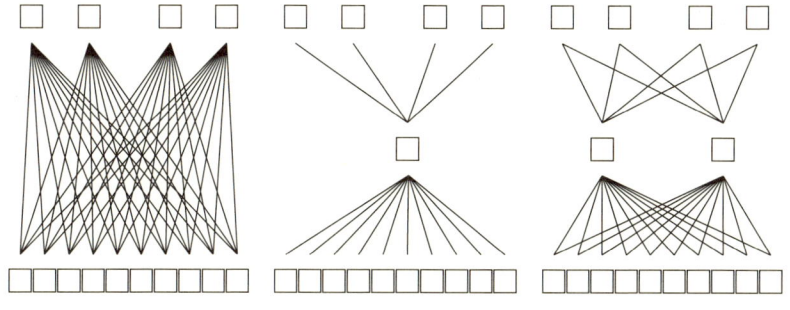

図V-4　ホールの概念図式
(出所)　松江宏編著『現代流通の新展開』，同文舘，2000年，61頁

　集荷分散機能とは，分散している多くの生産者から商品を収集し，そして収集した商品を多くの小売業者に分散させる機能である。大規模な生産者や小売業者が誕生し，中小規模の高利商店が減少している現在の状況では，集荷分散機能は低下していると思われるが，出荷量の増減が激しく，迅速に収集・分散が求められる生鮮食料品などでは，現在でも集荷・分散機能機能は重要な役割を果たしていると思われる。
　需給接合・調節機能とは，需要と供給を結びつけ地理的，時間的なギャップを埋めるという機能をもつだけではなく，取引価格の調整や販売促進活動を行い需給の調節を図ることも含まれる。
　流通コストの節約とは，卸売業が介在することにより社会的流通コストが削減されることを意味する。一見すると，仲介者である卸売業が介在することにより流通コストが上昇するように思われるが，マーガレット・ホール (Hall, M.) は，卸売業の介在により，むしろ社会流通コストが削減すると最小総取引数の原理や（不確実性プール理論）集中貯蔵の原理において提唱している。
　最小総取引数の原理とは，生産者から小売業への直接取引とその過程に卸売が介在する場合の取引数を比較した場合に，後者のように，卸売業を介在すると総取引数が減少するため流通コストを削減できるという考え方である。また，集中貯蔵の原理とは，卸売業に多くの商品をストックすることにより在庫費用が削減されるという考え方である。すなわち，小売業は卸売業の存在によって在庫量を減らすことができ必要な場合に卸売業から仕入れをすればよいことに

なる。卸売業も，小売業の商品納入時期が異なりや，ずれから生じる小売店の不足分を抱える必要がなくなり，在庫削減が可能となるため流通コストが下がるというものである[14]。

（3）卸売業の動向

卸売業は，生産と消費の中間に位置しているため流通構造の変化によって影響されやすい。近年の大企業による生産の集中化は，これまでのように多くの生産者から商品を収集するという卸売業の取引が減少することを意味している。加えて，卸売業では同業者による競争もさることながら，川上，川下に位置する生産者や小売業が巨大化し，中には卸売業の役割をもつものもあらわれており，これまでの卸売業の存在理由として考えられてきた生産と消費をつなぐという最も重要な機能の必要性が弱まっている。また，小売業における小規模の店舗の減少が，中小卸売業の存続の危機を深めている。

しかしながら，卸売業者は排除できても卸売業者のもつ機能は排除することはできない。そのため，生産者と小売業の単なる中間商人としてまた製造業の代理店という機能よりも，むしろボランタリー・チェーンをはじめとして自らが新しい業態を開発し中小の小売商店をまとめたり，自ら新業態を発展させたり，これまでの小売業に対する仲介業務だけではなく販売促進支援を強化することが求められる。また，卸売業自身も個々で活動を行うよりも卸売業同士の共同仕入れ，共同商品の開発，共同保管，共同配送，共同情報システムの開発をするなど生産者と小売業を結ぶ情報流通の中心となり，適切な在庫管理や迅速な品揃えを提供できるように，コンピューターを利用した流通組織のネットワークの構築や独自の流通機能をもつことが求められることになる[15]。

4 小　売　業

（1）小売業とは

AMA（アメリカン・マーケティング協会＝American Marketing Association）によると，小売業とは最終消費者への直接販売をともなう諸活動であると位置づけている。これは，単に小売業が商品を販売するということを示して

いるだけではなく，その他の小売に付随する諸活動も含めていることを意味している。つまり小売業とは，個人の使用を目的とした最終消費者を対象に，商品やサービスを提供することを主たる業務としている業者を示していることはもちろんのこと，最終消費者への販売に結びつく価格設定，仕入れ，陳列方法，アフターサービスなど総合的な支援活動を含めて小売業を定義することになる。

小売業の基本的な役割は，商品を売るという販売活動に加えて，① 消費者が便宜に商品を購入できるように適切な立地に，安全かつ消費者の求めに応じた機能的な店舗を提供すること，② 商品の品質に適合した適正な価格を設定すること，③ 消費者の求める時間帯に商品を提供すること，④ 消費者が求める商品をいつでも購入できるように在庫を確保すること，⑤ 消費者がどのような商品を求めているかを把握し，消費者の代わりに消費者の求める商品を数多く，幅広く取り揃える品揃えの役割，⑥ 取り揃えた商品に関する情報や消費者の商品選択にかかわる情報や商品の使用方法に関する情報など，消費者が満足できるような幅の広い情報を提供すること，⑦ アフターサービス，配達，クレジット業務といった付帯サービスを消費者が利便性を享受できる各種サービスを提供する役割がある。

また消費者に対する役割と同様に，消費者ニーズを卸売業者や生産者などに対してフィードバックする役割が重要になっている。これまでは，小売業の役割として生産された商品を消費者に販売するという側面が強調されてきたが，情報化社会では変化しやすい消費者ニーズを的確にとらえ，迅速に，かつ的確に生産者に情報をフィードバックすることも小売業者の大切な役割となる。つまり，小売業の役割とは，生産者や卸売業者から商品やサービスの販売を委託された代理人としての機能を果たすと同時に，消費者のニーズを察知し，消費者の声を卸売業やメーカーに伝える代弁者としての機能を果たすことである[16]。

(2) 小売業の発展

欧米諸国における大規模小売業の発展と同様に，日本においても1960年代の高度成長とそれにともなう所得増加とともに始まった大量生産，大量消費社会に対応していくための小売業の技術革新とされるワンストップ・ショッピング，セルフ・サービス，チェーン・オペレーションとを軸とした大規模小売業

が発展してきた。その一方で，日本の小売業は，大規模小売店法など中小小売店を保護する数々の政策によって小規模かつ零細の小売店が数多く存在していることも特徴である。

　さまざまな品揃えを中心に，一ヵ所ですべての買い物を終了できる特徴をもつワンストップ・ショッピング，またセールス・パーソンや人的サービスを廃止してショーケースやゴンドラなどの棚段ケースを売り場に配置し，消費者が自ら商品を手に取り選択するセルフ・サービス，さらには本部で仕入れ機能を統括し，数多くの店舗を展開するチェーン・オペレーションと呼ばれる方法によって，現在主流となっている小売業が生まれた。これらの技術革新によって小売業は仕入れ，店舗，人件費といったコストを大幅に軽減することを可能とし，デパートからスーパー・マーケット，ディスカウント・ストア，コンビニエンス・ストアといった新しい業態が生まれ発展することとなった。また，これらの技術革新によって，単に商品を大量・安価で販売するというだけではなく，流通加工センターを作ったり，卸売業も含んだ流通系列化を促進させたり，プラーベート・ブランド商品を発売するなど新しいオペレーション方法を生み出すこととなった。

（3）小売業の諸業態

　現代におけるさまざまなタイプの小売業の登場は，われわれのライフスタイルや購買行動を変革させるとともに，新しいタイプの小売業態を生み出している。ここでは，主要な小売業態について述べることにする[17]。

①百貨店

　百貨店は，買回り品を中心に最寄品，専門品に至るまでの多種多様な商品を取り揃え，対面販売，定価販売を軸として，仕入れや販売管理を商品系列ごとの部門別の組織で行うとともに経営の中核組織が各部門を統一的に管理する豊富な人的・物的サービスの提供を行う伝統的な大型小売業である。日本では，私鉄や呉服店などを基に発展したものが多く，そのタイプは，六大都市を中心に展開する都市型百貨店，それ以外の地方都市を中心に展開する地方百貨店，また割賦方式を原則として販売する百貨店がある。戦前戦後を通して，唯一の大型小売商業として圧倒的な地位を保ち，百貨店法などのさまざまな規制を受

けながらも発展してきたが，1960年以降の高度成長期を迎えた時代からスーパー・マーケットなど新業態の登場によって売上が減少している。近年では，そごうの倒産など，百貨店における環境はいっそう厳しいものがあるが，これまでのブランド力に頼るだけではなく，総合的な大型小売業として新しい方向性を探っている段階であるといえよう。

②専門店

専門店は，取扱商品の構成，販売員，店舗イメージなどにおいて高度の専門性を備えており，それらによって専門的な効用を顧客に提供する小売業である。つまり，顧客にとっての専門店とは，他の業態と異なり，絞り込まれた深い商品構成によってより高い満足度を得ることができることや専門的な商品の組み合わせによって生活場面を創造するための提案や情報を受けることが可能とするマーチャンダイジング機能をもつため満足度が高い業態といえる。

③スーパー・マーケット

アメリカで誕生し，戦後の高度成長を背景として大量生産体制の確立や大量消費需要に応える形で発展してきた業態である。元来は，食品を中心に品揃えを展開している食品スーパーが主流であったが，加工食品，日用雑貨，文房具，医療，電化製品など日常生活に必要な品物をほとんど取り揃える大型総合スーパーへと転換してきた。この業態における基本的な特徴は，低価格政策を中心に大量仕入れ・大量販売による薄利多売，セルフ・サービス，単品管理を中心とした高い経営効率にあるとされている。しかしながら，消費低迷や消費者のライフスタイルの変化，またディスカウント・ストアをはじめとしたさまざまな新業態の台等によってGMSと呼ばれる総合スーパーの競争力は弱まりつつある。

④コンビニエンス・ストア

コンビニエンス・ストアとは，その名の通り利便性をコンセプトとして登場した小規模な小売店であり，その大半がフランチャイズ方式やボランタリー方式によって運営されている。この業態は，立地，時間，品揃えの便利さを強調し，店舗面積は小さいながらもPOS（ポイントオブセールス）を積極的に活用し，多品種少量の仕入れを行い顧客のニーズを的確にとらえた品揃えを行うなどその利便性はきわめて高い業態である。近年では，ファーストフード部門

の併設や，公共料金の支払い，宅急便の取り扱い，旅行やコンサートチケットの予約の代行，さらにはATMの導入などよりいっそう便利な業態となっている。その一方で，長時間営業による近隣住民からの苦情，また徹底した多頻度小口納入などによる輸送機関から排出する大気汚染の問題，都市部の交通渋滞悪化の原因を引き起こすなどの問題を抱えている場合も少なくない。

⑤無店舗販売

　女性の社会進出やテレビ，インターネットなどの情報通信手段の発展，またクレジットなど割賦販売制度の進展によって，1970年代半ばから訪問販売，移動販売，カタログ・DM販売（通信販売），テレビショッピング，広告・電話販売，自動販売機などの無店舗販売が成長した。訪問販売，移動販売，カタログ販売などは旧来から存在していたが，近年では，販売する商品を写真で紹介したり，ある特定分野に特化したり高級化したりとさまざまな方法で新たに成長している商品もみられる。また，電子商取引（Eコマース）の成長にみられるように，パソコンや携帯電話など移動端末を利用した双方向型の情報ネットワーク通信を通じてこれまでにはない新しいタイプの通信販売が増加していくと思われる。

　上記にあげた業態以外にも，ディスカウント・ストア，ホームセンター，オフプライス・ストアなどこれまでの既存の流通チャネルを変革させたり，価格に優位性を示したり消費者の価値観やライフスタイルの変化によって生まれた新しい業態が登場している。また，単店舗で店を構えるのではなくいくつもの店舗が入居したショッピングセンター，パワーセンター，アウトレットモールなど商業集積も登場している。

5　流通分野における情報化の進展

　情報化社会の到来は消費生活に大きな変化をもたらす一方で，企業は変化する多様な顧客のニーズに対応するために，小売業や卸売業などの流通業間でさまざまなネットワークを構築している。流通における情報化が急速に進展した理由として，外部環境の急速な変化に対応するための企業の適応行動と情報機器の急速な進展をあげることができる。企業の情報化は，当初 FMS (Flexible Manufacturing System）などコンピュータネットワークによる自動組み立てや，加工システムなど生産段階において企業内部の問題解決やコスト削減を目的として登場し，経営管理システムを構築することが目的であった。

しかし，消費者の多様化や個性化によって，企業は消費者の求めるニーズを把握できなくなったために，消費者情報を迅速にかつ正確に収集する手段としての情報システムを確立することとなった。企業側からみた場合に，より消費者に近い卸売業や小売業などの流通チャネルを利用した情報収集や，その結果をフィードバックするという双方向のコミュニケーションを確立するために，卸売業や小売業との関係強化策として情報システムの構築が行われるようになってきた。また大手の卸売業や多店舗展開をする小売業自らが，仕入や販売のためのコスト削減や合理化を目的として情報システムを構築するようになっている。以下では，流通業にかかわる代表的な情報システムについて説明する[18]。

（1）EOS（Electronic Ordering System）

電子受発注システムといわれ，店頭で商品の補充発注を中心としたオンラインシステムのことを示している。流通業において，企業間で最初に着手された分野であり，納期の短縮や発注業務の省力化，発注ミスの削減を主目的としている。具体的には，バーコードに記された商品コードをスキャナーで読み取り，商品識別を行い，発注数量を入力し，オンラインを利用しデータを送信するものである。

（2）VAN（Value Added Network）

付加価値通信網や高度技術情報流通網と訳され，もともとは機種の異なるコンピューター同士の接続のプロトコル（処理手順）の変換を行う付加価値通信サービスを意味していたが，近年では異業種間の通信ネットワークを意味している。とくに電気通信事業の自由化以降は，異業種間で通信ネットワークが活発になり，情報通信処理をオンラインが可能となったために寡占企業，チェーン展開する大規模小売企業，大手の卸売業者など流通にかかわる企業が，受発注業務，入出荷情報，請求，支払い，在庫紹介，配送，クレジット業務などのデータを蓄積し，加工し，またそれを変換することにより事務処理の効率化や

在庫削減などさまざまな流通活動に有効活用をしている。

（3）POS（Point of Sales）

　小売業やサービス業における商品ごとの売れ筋，死に筋商品の把握など販売情報の収集や蓄積，分析を行う総合的な情報システムである。対品種少量時代を背景として，コンビニエンス・ストアなどで有効活用されているシステムで，単品別商品管理が可能なことから売り場の合理化，商品管理や顧客管理，さらにそれらの情報を活用した経営改善や企業の戦略構築（SIS：strategic Information System）までの活用が可能となる。このシステムを有効に活用している企業は流通過程において取引を有利に進めることが可能となり，チャネルリーダーとなっている。

（4）顧客管理システム

　POSシステムを活用し，クレジットカード，銀行POSカード，IDカードを媒体ツールとして顧客定着率向上や優良顧客の識別，効果的な販売促進の実施など顧客情報や製品情報の収集・蓄積が主目的となっている。そして，その収集した情報を照会・検索・分析することで，顧客動向を把握することや販売促進活動に利用するシステムである。主として，専門店，デパート，高級ブランド店など顧客管理の必要性が望まれる小売店で多く活用されている。

（5）物流情報システム

　物流は，生産と商品のギャップを埋める機能を担っており，輸送，保管，包装，荷役，流通加工，在庫管理物流情報処理が具体的内容である。近年，労働条件の悪化や運用のあり方が問われるなど，社会問題になる程流通業の中では近代化が要求されている分野である。物流における情報システムは，物流を構成する各種の活動を有機的に組み合わせ，効率性の高い，低コストの物流体制を構築することにある。近年では，自動識別用物流バーコードが普及し，国際的標準バーコードを採用する企業もあらわれており，システム機器と呼ばれる高度な物流機器や輸送機関の導入するなどしていっそうのコスト削減や他の流通業との有機的結合を目指している。

（岡本　純）

注

1) 出牛正芳編『基本マーケティング用語辞典』, 白桃書房, 1997 年, 235・264 頁。
2) R. F. Breyer, Some Observations on 'Structural' Formation and the Growth of Marketing Channels, in R. Cox, W. Alderson, and S. J. Shapiro (eds.), *Theory in Marketing*, Richard D. Irwin Inc., 1964, p. 165.
3) 中村孝之・小堀雅浩・田口冬樹・松木繁義・石居正雄・城田吉孝・長谷川博・三浦康彦・有馬賢治・浅野清彦・加藤勇夫・寶多國弘共著『マーケティング論』, 商学研究社, 1994 年, 127 頁。
4) 渡辺達郎『現代流通政策―流通システムの再編成と政策展開』, 中央経済社, 2001 年, 6～10 頁。
5) 松江宏編『現代流通の新展開』, 同文舘, 2000 年, 10～11 頁。
6) 西林林・三浦収編『現代マーケティング入門』, 中央経済社, 1991 年, 146～147 頁。
7) 徳永豊・森博隆・井上崇通・山田富男編『例解マーケティング管理と診断』, 同友舘, 1992 年, 1998～1999 頁。
8) W. Davidson, Changes in Distributive Institution, *Journal of Marketing*, **34**, January, p. 7.
9) フィリップ・コトラー, ゲイリー・アームストロング共著, 和田充夫・青井倫一共訳『新版マーケティング原理―戦略的行動と実践』, ダイヤモンド社, 1995 年, 467～474 頁。
10) 出牛正芳著, 前掲書, 227～228 頁。
11) 同上書, 265 頁。
12) 西林林・三浦収編著, 前掲書, 152 頁。
13) 通商産業省「商業統計」業種小分類を参照のこと。
14) Margaret Hall, *Distributive Trading-an economic Analysis*, 1948, p 80. (片岡一郎訳『商業の経済理論』, 東洋経済新報社, 1957 年, 108～111 頁。)
15) 渡辺達郎, 前掲書, 47～48 頁。
16) 宮下正房『日本の商業流通』, 中央経済社, 1989 年, 85～87 頁。
17) フィリップ・コトラー, ゲイリー・アームストロング共著, 和田充夫・青井倫一共訳, 前掲書, 504～511 頁。
18) 尾碕眞・三宅章介編著『経営の組織と情報システム』, ナカニシヤ出版, 1999 年。第Ⅲ部「経営管理と情報システム」128 頁以降を参照のこと。

【参考文献】

加藤勇夫『マーケティング・アプローチ論 (増補版)』, 白桃書房, 2000 年。
三上富三郎編『現代マーケティング入門』, 実教出版, 1985 年。
寶多國弘・朝岡敏行・城田吉孝・尾碕眞編『現代商業の課題と展開』, ナカニシヤ出版, 1998 年。
尾碕眞・三宅章介編『経営の織織と情報システム』, ナカニシヤ出版, 1999 年。

第VI章

プロモーション戦略

1 プロモーション概念とその認識変化

　長年，実務上も教育上も有効とされていた理論的な4Pの中の「プロモーション（promotion）認識」も，現代の日本のような高度に豊かな消費生活を前提とすれば，そのまま理解できない点が出てきた。第二次世界大戦後，世界の最貧国から，歴史的にも，国際的にも，最も豊かな水準にあると認識できる現在の日本の消費に至るまでの間の消費者の変化を，池尾恭一は，商品に対する知識が一貫して向上し，商品や購買について関与が低下してきたと理論化し理解している。溢れる商品を前提としてマーケティングもプロモーション認識も変化することとなる。

　商品だけではなく現代のような情報も溢れる生活環境も誰も見通してはいなかった。消費情報もこの情報過多の中の大きなウエイトを占めている。4P'sの中のプロモーション認識は，そのまま果たして通用するのであろうか。マス・メディア，さらにはインターネットの発展以前においては，社会的に共有される情報が相対的に少なく，受け手の能動的なふるまいは無視しても多くは説明がついていた。しかしながら，受け手の企業観，ブランド観は「聞きかじり」や「部分的な理解」「即断」また口コミの結果などのかたまりであることは否定しようがない。イメージとはこのことの一面である。いくら商品の売り手，情報の送り手が「正しい理解ではない」と考えようが，そこでの受け手の能動的な理解や解釈を前提としてマーケティングもプロモーションも考えてい

かなければ，有効な認識とはならないのである。

ここでは，そういったやや込み入った状況を扱うにあたって，遠回りだが再度，従来からのプロモーション認識を検討するところから，議論を始めたい。

（1）プロモーションとは何か

マーケティングにおける4Pの調整の中でプロモーションはその内の1つの活動領域として扱われ，ターゲット層（買い手，見込み客）に対して購買を「推し進める（プロモート；promote）」活動と規定されていた。4Pは4つのPで始まる言葉の頭文字で，プロダクト＝製品のこと，プライス＝価格のこと，プロモーション＝販売促進のこと，プレイス＝流通販路のこと，と解される。日本語で書かれたマーケティングの教科書として最も代表的な嶋口充輝・石井淳蔵『現代マーケティング』『新版・現代マーケティング』によれば，プレイス以外の3Pの中のプロモーションはさらに専門的につぎのように認識されている。

「製品・サービスに代表される価値物の確定・形成と，価格に代表されるその価値表示がなされると，次はそれをいかにして市場に説明，推奨，説得していくか，というコミュニケーションの問題が生まれる。一般にプロモーション活動と呼ばれる領域がこれにあたる。この政策は，換言すれば，価値づけされた製品・サービスをいかに伝達するかという価値伝達の問題である」とされる。

嶋口・石井は，プロモーションを含めた4Pのうちの最も重要なPをプロダクトとし「価値形成活動」と認識する。この認識の中のポイントは「価値」である。この「価値」とは，買い手が「主観的に認知」する「ニーズを満たすベネフィット（便益）」である。そのベネフィットをもった製品・サービスを「価値物」といっている。この価値を伝達する活動がプロモーションと指し示されている。簡単にいえば，製造業企業は，顧客が「値打ち」「魅力」を感じるモノを目指して商品を開発する。これに値段をつけ，その「値打ち」「魅力」を伝える，という企業のマーケティング活動が認識されている。

この「『値打ち』や『魅力』の伝達」がマーケティングにおけるプロモーション認識の標準といえよう。

ただ，論理的に考えれば，この形成される価値も，買い手の「主観的な認

知」次第なのである。買い手の認知（パーセプション：「どう思っているか」という頭の中の情報の結びつき，考え方）に働きかけ変化させ，そのことで新たな需要を創造するプロモーションが可能であるとすれば，プロモーションがプロダクト（価値形成活動）やプライス（価値表示活動）を先導し創造する，という認識もまたあり得る。

　具体例をあげてみよう。1980年に東陶機器（東洋陶器）が「ウォシュレット」という温水洗浄便座を新発売した際，初めから必ずしも見込み客は，そのニーズを感じなかった。長年，紙で拭くことだったこと，その他の拭き方を考えもしなかった行動様式を，温水で置き換えることは，少なくとも「ニーズ」が当初から存在した，とは考えられない。したがって，そのベネフィット，つまり主観的に判じられる「満たされるニーズ」，「かなえられる価値」も多くの人には「お尻の病気の人のための限られた」もの，自分には満たされるべきニーズはない，自分には関係がない，と写ったとしても不思議はない。しかし東陶機器は，夕食時のテレビのゴールデンタイムのCMで「お尻だって洗ってほしい」という広告表現をもって，広く一般に向けて，正面からプロモーション活動を開始した。店頭でのデモンストレーション（実演）をともなう販売促進活動やPRにも力が入れられた。追って「より清潔な新しい習慣」という価値が形成（プロダクト）され，14万9000円（メイン機種の発売当初の価格，工事費は別）という価値表示（価格）も納得されてゆく。いまやこの温水洗浄便座は日本の家庭の過半に浸透，海外にも輸出される商品として知られるに至った。つまり，プロモーションによって徐々に後から価値が形成されるといった現実のあることがわかる。なぜならば，繰り返していうが「初めは見込み客は，そのニーズを感じなかった」からである。

　このように価値伝達が先行し，追って顧客の頭の中で価値が形成され，価値表示が納得されてゆく事例は多い。スターバックス（店舗デザインなどのコミュニケーション要素は価値伝達である），ユニクロ，家庭用ゲーム機，携帯電話など近年の事例はもちろん，三種の神器と呼ばれた自家用車，家電（カラーテレビ，クーラー），インスタント食品，等新しい市場を創造した事例の導入期のほとんどがこうしたプロセスにあてはまる。

　このようにプロモーションをとらえてみると，需要創造のマーケティングを

プロモーションが中心的に担っている場合がある，そうした成否の決め手となるようなダイナミックな性格が示されるのである。

もちろんこの後で検討するように「価格プロモーション」（端的には「安売り」「値引き」）といった狭い意味でのプロモーション（セールス・プロモーション）も伝統的なプロモーションの概念の中に入る。むしろ，広告と比較して狭い意味でのプロモーションが語られる際には，こうした短期に購買を促進する「価格プロモーション」などの方がプロモーションの代表として理解されることも少なくない。

しかしながら，こうした短期的，状況的な販売（セリング）の促進と先にあげたマーケティングの枢要な機能をあらわす「需要創造的コミュニケーション」を，同じプロモーションという言葉でまとめて認識することは本来はまったく適切とはいえない。プロモーション概念はこのように一面的な理解を許さない。こうした観点から本章では，新しいプロモーション概念というべき，マーケティング・コミュニケーションにアプローチしていきたい。

（2）マーケティングの認識変化

マーケティングの中でのコミュニケーションの展開を4Pの1つとして説明するのは，マッカーシー（McCarthy, E. J.）の単純化以来であるが，マーケティング自体を「どのように認識するか」という考え方も環境の変化に対応する形でその後変化した。当然プロモーションとは何か，という認識も変化したのである。大まかにいえば，売り手が買い手に対して「刺激」を与えれば「反応」として購買が起きる，と考える「刺激反応パラダイム」がその第一期の認識であった。プロモーション（推し進めること）という言葉は，この時期の刺激の働きをあらわす言葉だったことが確認される。

ついで，必ずしもすべての刺激に買い手は売り手の期待通りには反応しないから，刺激反応パラダイムは見直される。どのように上手く計画を立てればよいのか，という手がかりを提供してくれるものの見方が求められたのである。買い手の認識する価値と貨幣（価格で表示される価値）が「交換」される，とみる考え方がそれである。これが第2期のパラダイム「交換パラダイム」として登場した。交換が果たされにくければ，双方向的に売り手の当初の計画は修

正を迫られる。マーケティング・リサーチやマーケティング情報が強調される現代実務の基調もこのパラダイムがベースにある。したがってプロモーションも「反応を導く刺激としてのプロモーション」ではなく「交換を促すための４P'sのミックス，調整すべき活動要素の中のプロモーション」と位置づけが変わる。

　さらに時代は下り，認識が変化あるいは深化する。多くの製品が差別化され多様化する。競争の中で新製品の数が増加するのも一般となる。その場合マーケティングの対象を単一の製品と考えれば，新発売の都度マーケティング努力がゼロから発生することとなる。実際１社の製造業企業が１年間に何百もの新製品を発売する際には，マーケティングの対象を単品と考えるのは合理的ではない。企業やブランドと顧客との関係をまず作り，その傘の下で個々の製品は購買，消費される。そうとらえた方が買い手の認知や行動にもあてはまると考えられるようになってきた。

　また購買と消費の変化もパラダイムの変更を促す。買い手は１回こっきりしか製品やサービスを購入しないか，といえばむしろそのような製品購買は稀である。たいていの製品・サービスは度々繰り返し購入されるものがむしろ一般で，そう考えてみると「購買前」にマーケティング・コミュニケーションが働くように大部分を集中させ，新規顧客（見込み客）獲得だけを目指す考え方が陳腐化する。多くの先進諸国では人口が停滞していることも関係する。限られた市場との関係が自覚される際には，いつも「新規顧客」を探すのではなく，長くその企業なりブランドが「既存顧客」と付き合う，関係を作るという基本姿勢がマーケティングにも求められ「関係性パラダイム」と呼ばれる第３期の認識（パラダイム）が登場することとなる。ここで「顧客満足」が論点となる。顧客の満足につながる購買後（次回購入前）の既存顧客に対するマーケティング・コミュニケーションの重要性（使用満足の強化，アフターサービス，お客様相談，ヘビーユーザー優遇）が視野に入る。継続的な顧客との関係作りを担う，単なる情報伝達や説得ではない関係を作り維持することがコミュニケーションにおいて最も重要な課題であると認識される。

　以上の流れを図示すると表Ⅵ-１のようになる。

表Ⅵ-1 マーケティングにおける3つの主要取引パラダイムの比較

	刺激―反応パラダイム（第一期）	交換パラダイム（第二期）	関係性パラダイム（第三期）
主体	売り手中心	買い手中心	両者中心
取引方向	一方的	双方的	一体的
取引思想	統制	適応	共創
買い手の位置	反応者	価値保有者	パートナー
時間的視角	短期	短・中期	長期
中心課題	プロモーション*	マーケティング・ミックス	関係マネジメント
プロモーション**の意味	売り手が形成した価値を伝達する刺激	交換を促進するために価値物を説明する役割	関係性構築・維持のためのコミュニケーション
プロモーション**の認識	情報伝達〜説得	説明〜関係付けマーケティング・コミュニケーション	関係付け〜対話統合型マーケティング・コミュニケーション

（出所）嶋口充輝・石井淳蔵『新版 現代マーケティング』，有斐閣，1995年を加筆修正して使用。＊と＊＊のプロモーションの言葉の使い方は異なる。

（3）プロモーション認識から統合型マーケティング・コミュニケーション認識へ

　マーケティングの中の推し進めるという活動は第1期のパラダイムの認識であることをみた。第2期では「上手く交換を促進する一要素」としてプロモーションには「上手な説得」という役割が期待された。しかしながら，第2期のものの見方がビジネス界でも理解されるのにつれて，プロモーションという言葉とそれが意味する内容がズレていった点が重要である。なぜならば，必ずしも推し進めないことに「推し進めること」という言葉が使われ続けたからである。推し進めることではなく「価値を説明すること」といった理解が的を得ているだろう。

　つまり，第2期においてプロモーションは実質的には価値説明のコミュニケーションと内容が変化したのである。もっとも「上手く交換を促進する説得」という認識は，一方で買い手中心とはいいながらも，第1期以来の売り手側の意図が色濃く残った，と解釈できよう。交換パラダイムにおける「説明」と

「関係づけ」のあり方は，一方的で高圧的なものではなく，受け手にとって新しいさまざまな説明，であり，受け手のモノの見方（認知）に新しい見方を提示する（情報の間の新しい）「関係づけ」なのである。自由意思をもったプロモーション情報の（勝手なふるまいをする）受け手が「主体」として認識されるのである。

　製品も価格も同じウォシュレットが，プロモーションの前後で「違ってみえた」ことを先にみた。それまでは関係なかった「新しい清潔な習慣」と関係づけられたので「違ってみえた」こと，そのこと自体が，このプロモーションの成果なのである。プロモーションあるいは説得という言葉よりコミュニケーションあるいは説明という言葉が第2期の認識として適切であることとはこのようなことなのである。多くのマーケティング研究者の間では，第1期からの流れもあり，第2期でも説得と4Pの中のプロモーションという言葉が続けて使用されている。しかしここで「交換を促進するために価値物を説明する」コミュニケーションをプロモーションではなく「マーケティング・コミュニケーション」と呼ぶ認識に至るのである[1]。

　コミュニケーションとは，受け手にとって新たな知識要素の関係がつけられ認知（パーセプション）が変化することである[2]。

　ただ，このコミュニケーションにおける「説明」なり「関係づけ」の働きも1回こっきりの購買のためではない。そこで第3期の認識として，登場したのが「関係性パラダイム」である。この観点で，さらにコミュニケーションとは「関係づけ」に加え，「対話」のことである，という見方が前面に出てくる。

　もちろん「情報提供」，また「説得」「説明」「関係づけ」がコミュニケーションの内容としてなくなるわけではない。マーケティング戦略と実施においては，「情報提供」，また「説得」「説明」「関係づけ」は基本的にワンウェイコミュニケーションである。もっと広く顧客との関係構築を考えれば，コミュニケーションの役割は「情報提供」，また「説得」「説明」「関係づけ」だけではなく，応答，そして顧客の声を聴くことにある，と考えられるだろう。コミュニケーションは関係が築かれる土台ともいえる前提であるから，顧客への焦点づけや関係構築に関心をもつ企業は，よりコミュニケーション全体，つまり関係構築と維持に焦点を合わせている，と考えた方が昨今の多くのマーケティング

実践の理解が適切である。

　こう考えてみるとコミュニケーションは4番目のPから分離され4つのミックスカテゴリーに通底する共通分母になる，という新しい見方も出てくる。すなわち，製品ミックス，価格ミックス，流通ミックス，そしてコミュニケーションミックス（マス，パーソナル，そしてパブリシティ）の4カテゴリーの共通分母である。別のいいかたをすれば，新しくプロモーションを製品（例えばお徳用サイズ，2個パック），価格（例えば値引き），流通（例えば流通インセンティブ），そしてコミュニケーション（例えばプレミアム，抽選懸賞，イベント）の共通分母として認識する考え方である[3]。

　また，企業が意図して発信する情報だけをコントロールしても不十分である。なぜならばコミュニケーションの受け手は，報道，口コミといった企業が自覚的計画的には発信しない情報もあわせて能動的に理解し，イメージを形成するからである。コントロールされたメッセージが送り手企業の意図通りに，受け取られるかどうか，解釈されるかどうかもわからない。例えば，住宅産業で競合社が「保証期間の長さ」をうたう際には，比較される同業者が何もいっていない場合でさえ「保証期間の短さ」さらには「耐久性の短さ」「技術力の低さ」などが受け手に解釈される場合がある。

　消費の中のサービス部分の拡大もこうしたコミュニケーションの重要性を高める。産業間取引はもちろん，多くの消費者向けの高価格帯，中価格帯の商品（例えば車，家電，コンピュータなど）が，支払条件，アフターサービス，保証条件，取り扱い説明に対する情報提供，買い替え時の下取りなど，決定的にサービス部分を多くもつ製品となっている。能動性をもった相手との双方向のコミュニケーションの果たす役割が強調される傾向にあることが明らかである。

　コミュニケーションが中心に位置づけられ，また企業が何かをいうことと同じくらいに，顧客に耳を傾けることが重要であると考えれば，（気まぐれな）顧客の能動性を踏まえ相手に応じた適切ですばやいやりとりという双方向的な関係が焦点とならざるをえない。この結果高い比率の顧客が維持され，また顧客からの評価，満足が高まることとなるのである。これまでの説明を確認するために図VI-1を掲げる。

　マーケティング・コミュニケーションが，4Pの調整・統合とは独立した独

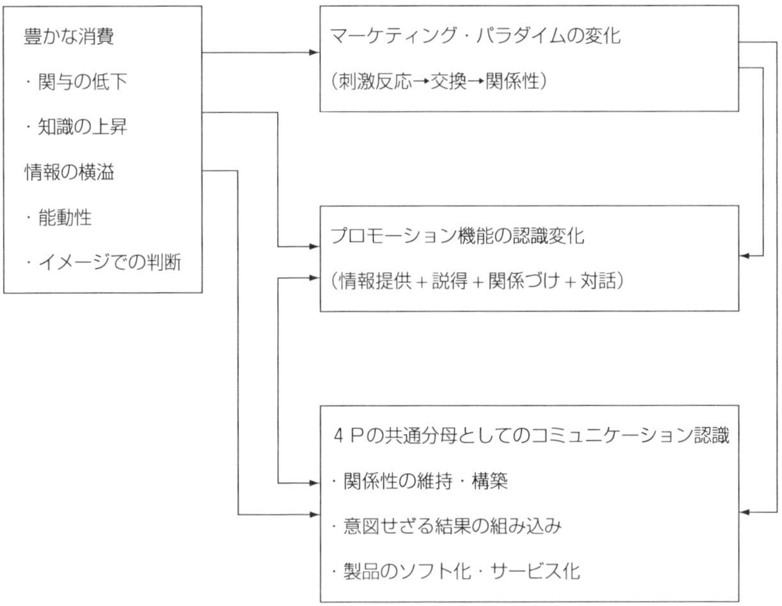

```
┌─────────────────┐      ┌──────────────────────────────┐
│ 豊かな消費       │─────→│ マーケティング・パラダイムの変化 │
│ ・関与の低下     │      │ (刺激反応→交換→関係性)         │
│ ・知識の上昇     │      └──────────────────────────────┘
│ 情報の横溢       │              ↑
│ ・能動性         │      ┌──────────────────────────────┐
│ ・イメージでの判断│─────→│ プロモーション機能の認識変化    │
└─────────────────┘      │ (情報提供＋説得＋関係づけ＋対話) │
                         └──────────────────────────────┘
                                 ↑
                         ┌──────────────────────────────┐
                         │ ４Ｐの共通分母としてのコミュニケーション認識│
                         │ ・関係性の維持・構築            │
                         │ ・意図せざる結果の組み込み      │
                         │ ・製品のソフト化・サービス化    │
                         └──────────────────────────────┘
```

図Ⅵ-1　プロモーション概念の認識変化

自の別論理での調整・統合を必要とする，という考え方から統合型マーケティング・コミュニケーション（Integrated Marketing Communications：略して IMC）と呼ぶことが 90 年代から唱えられ始めた。

　マーケティング情報はこのような考え方の中で，従来よりもスピーディーでさまざまな活動の修正のためのフィードバックを目的とする「対話」を形作る情報である，と再認識されるのである。

（4）IMC の具体的要素

　嶋口・石井は「プロモーション活動による価値伝達には，セールスマンによって双方的な伝達をする人的販売方式と，広告，宣伝などによる一方的伝達方法の非人的販売方式とがあり，さらにクーポン，割引券，スタンプなどの販売全体を促進する狭義の販売促進活動（この狭義のプロモーションはセールス・プロモーションと呼ばれる）がしばしばその主要要素として指摘されている」

とする。

　しかしながら，この中のセールス・プロモーションを理論的に検討することは複雑である。4 P，そしてプロモーションの中の人的販売，広告，PR，ダイレクト・マーケティング，とは分類できなかった「短期的」で「状況的」な「購買刺激」や「購買誘引」といった「残りのもの」をひっくるめて，一切合切を「セールス・プロモーション」という最後のカテゴリーに押し込めたのが複雑なそれだ，とする論者さえいる。

　しかしながら，ここでは再度 IMC 流に受け手の視点で論理的に状況によって異なるとされる購買を考えてみよう。交換，その中でも貨幣と価値物の交換である売買は，買い手が主観的に決める「価値」にかかっていることを先に確認した。この価値とは次の式であらわされる。

$$V（価値：value）=\frac{B（ベネフィット：benefit）}{C（コスト：cost）}$$

　C はコストであり，買い手が支払う価格，入手のための情報収集，手間や時間などが入る。B はベネフィットであり，その製品が入手されることでもたらされる便益のことである。価値は，仮に同じベネフィットをもつと感じられたモノならば，値段が安く，入手がたやすいと感じられる方が大きくなる。また同じ価格，入手の手間と感じられたならば，よりベネフィットを多く感じられた方が大きくなり選ばれることとなる。この考え方をセールス・プロモーションを含め IMC に適用してみると次のような手法，活動の認識が可能である。

①コミュニケーションでベネフィットを大きくしようとする IMC

　価値物の値打ち，魅力そのものを増すようなコミュニケーションである。典型的には車やファッションといった一般に商品関与の高いとされる製品カテゴリーでは，広告，PR などを通じて，そのブランドを所有，使用することの魅力が増大されようとする。差別化された情報，イメージにつながる活動が重視され，製品デザインや使用体験の演出などもこの分類に入る。

表VI-2 IMC ツールの具体的活動例

中分類	広告	セールス・プロモーション	PR	人的販売	ダイレクト・マーケティング
メーカーの行う消費者Pullの要素が強いもの	印刷広告 放送広告 屋外広告 交通広告 POP広告 インターネット広告 電話帳広告	コンテスト 懸賞，くじ プレミアム，ギフト サンプル，クーポン 低利子販売ロイヤルティ・プログラム 展示，エンターテイメント	パブリシティ スピーチ セミナー 年次報告書 広報誌 スポンサーシップ イベント ロビー活動		カタログ ダイレクト・メール テレマーケティング オンライン・ショッピング TVショッピング ファックス Eメール ボイスメール
小売店が行う消費者Pushの要素が強いもの		デモンストレーション 値引き チラシ（広告）			
メーカーの行う流通業者Pushの要素が強いもの		アローワンス，リベート 販売ツール提供 販売コンテスト フェア，見本市		販売プレゼンテーション 販売会議 インセンティブ・プログラム	

(出所) Philip Kotler, *Marketing Management*, 9th Edition, Prentie-Hall, 1997 を一部修正して使用

②追加的な誘引（エクストラ・インセンティブ）でベネフィットを大きくしようとする IMC

ここに多くのセールス・プロモーションが分類できる。懸賞，デモンストレーション（試食，試乗など）販売，またプレミアム（おまけ）付き販売，などもここに入る。

③コストを減らす IMC

主として価格プロモーション，配送無料サービス，サンプリング（無料試供品），クーポン（値引き），増量，2個パックなどがここに分類される。多くの流通向けのプロモーションは価格条件や取り扱い（受け手にとっては入手のし

やすさ）を獲得，維持するので，結果としてここにつながる。

このように基本的な検討を経れば，狭義のプロモーションも，②のような①との連続でベネフィット増大を担うものと，③のようなコスト削減を担うものの2つがあることが理解できる。

しかし一般的にはこのような3分類ではなく，代表的なマーケティング学者コトラー（Kotler, P.）は表VI-2のような一覧を掲げ今日的ながら種々雑多なIMCツールを整理しようと試みている。

この整理は旧来のプロモーション概念の範囲内である。例えばパッケージ・デザインはマーケティング・コミュニケーションの大きな具体的要素であり，そのデザインは単なる伝達を越え，メーカーのURLや問い合わせ窓口が明示されるのも一般になっている「対話」を可能とさせるツールであるがこの表の中には入らない。車や家電といった耐久消費財や店舗の形態デザインも，ブランドを形態的，審美的，また快楽的に支える「関係性」維持・構築の大きなコミュニケーション要素であるが，この表の外にある。こうした補遺（追加，修正）を行いリストを整備してゆくことは，今後とも重要であるが，送り手の意図を越える認知形成と対話を踏まえたリスト作りは，ネット上の口コミや従業員の行う対人的個人的なコミュニケーション，社屋，工場等の建物，空間のデザイン，インベスターズ（株式や社債の投資家）を対象としたコミュニケーション，従業員を対象としたコミュニケーション，また内部告発への対応などありとあらゆるコミュニケーションが勘案されることとなり，膨大で範囲が地平線のように広がってゆくものとなる。

例えば，株式が公開されている企業の場合，その企業理念や業績は一般に公開されるから，単にプロモーションで「環境配慮」をうたったとしても，企業としての「環境配慮（代表的には『環境報告書』などの作成・公開，ISO 14000シリーズの取得状況等）」が不十分であったり，製品のパッケージがリサイクルしにくいものであったりして，個々の情報に接する顧客などが，プロモーションのメッセージに好意的印象を形成せず，むしろ矛盾や疑念を感じる場合すらあり得る。このようなあらゆる企業発の情報に加えて，生活者間の口コミといった，企業にとっては「意図せざる」企業関係の情報も加味し，コミュニケーションを調整し統合を図り，意味のある対話を継続する必要が出

てくる。

　IMC については単にプロモーションのいいかえだ，とする論者もいる。しかしながら，コトラーも要約するように「IMC とは，マーケティング・プロセス全体を受け手の視点から見る方法である」(『コトラーのマーケティング・マネジメント，ミレニアム版』，669頁) と認識される。広告では高品質と社会性をうたいながら，小売店で大きな値崩れを起こしていたり，海外で児童労働を行っていたことが報道されたりする事例がある。この矛盾するメッセージ間の調整・統合は，それをしそこなう多くの不祥事などの不幸な事例から真剣に主張されている認識である。この視点をプロモーションと呼ぶことはもはや適切ではない。

(5) セールス・プロモーションとブランド

　一方，セールス・プロモーションは80年代から事象として注目を集め，多用されてきた。この理解には流通領域でのメーカーと小売の間のやや専門的な整理が必要である。その構造的な問題点と限界を考えるために，一旦プロモーションをさらに大きく，80年代以降の主として FMPG (多頻度購買のパッケージ・グッズ：First Moving Package Goods) を中心とした流通変化の中で概観してみよう[4]。

　とくに日米欧の先進諸国では push と認識できる販売時点の価格プロモーションを中心とした狭義のプロモーションが，その対極に位置づけられるマス広告に比較してそのウエイトを高め，国単位の総額でも逆転した，といわれる。この理由は大きく分けて4点ほどある。

　第1には，スーパーマーケット，コンビニエンスストアなどの大規模 (チェーン単位で大きい) な小売流通業の売上の拡大である。とくに欧米では M&A も盛んであり，バブル期までの日本ではスーパー大手の量的拡大が続いた。POS (販売時点売上データ) の利用の進行とあいまって，メーカーは単品レベルでの実売データをもとに価格条件や取扱い維持，棚割り維持をめぐって，より効率的な小売流通業への貢献を求められるようになった。アメリカの80年代終わりの事例では，P&G が110のブランドについて毎日55回の価格変更を迫られ，年間440のセールス・プロモーションを流通業に提供させられた，

とされる。その後の日本での建値制（標準小売価格をメーカーが設定すること）が崩壊し，オープン価格が取り入れられた製品カテゴリーが多いのは，大きくとらえれば，メーカーがその価格決定権（パワー）を減じた，とも解される。

　第2には，多くの製品において，ブランド間で知覚される品質差が縮小し「どれも基本的に不満はない」品質的な平準化が感じられていることがある。結果，それ以前と比較して一般にブランドロイヤルユーザーのユーザーに占める割合は低下する。ブランド数の増殖と，ファースト・サイクル化（新発売と終売のサイクルの迅速化）もその現象に拍車を掛ける。このことはいいかえれば，多くの消費財が成熟期の競争状態にあることと関係する。

　第3に，冒頭でも触れた通り，消費者の購買への関与の低下がある。買い物そのものに時間をかけ，1つ1つの購買に十分検討を行うような買われ方がそれ以前と比較して少なくなっている。スーパーマーケットで数万，コンビニエンスストアで3000あるアイテムを，目で各々ゼロコンマ何秒の時間でスキャン（scan：さっと走査する）していくような買い物が一般となった。その中でめんどうな計算などもなされない。ただ「賢い買い物をした感じ」をもつためには大量に陳列されている特売商品に手を出すこととなる。流通向けプロモーション，価格プロモーションはこうして定番棚の場合と比較して高い効率をあげる。

　第4に，メーカーの管理上の問題がある。プロダクト・マネージャーあるいはブランド・マネージャーなどと呼ばれる損益管理の責任者は，月次，四半期といった短期的な目標予算の達成に腐心する。短期的なセールス成果への直接的な関心は勢い販売刺激的な価格プロモーション手法の多用，依存を招くこととなる。国際会計基準に含まれる四半期別決算といった短期のアカウンタビリティ（説明責任）という圧力もこうした傾向を強める。

　このような構造的ともいえる，流通業パワーの増大，製品ライフサイクルの成熟化，消費者の購買行動の変化，企業の管理方法が，80年代からのセールス・プロモーションへの傾斜を引き起こした背景である。

　しかしながら，このような購買を短期的に刺激する価格プロモーションの問題点は，90年代になってブランド価値を損なう，と認識されるようになった。

十分に差別化されたブランドは，競合ブランドよりも高いプレミアム価格で購買される。即時効果を狙う価格プロモーションの多用は，それ自体の効果を減衰させる。たまに安いから効くのであって，しょっちゅう安ければそのとき買わなければ，と思う人が減るばかりでなく，通常の売価で売れにくくなることを意味するのである。販売価格に個数，日数を1つ1つ掛け足し合わせた総和金額が「ブランドの年商」であるから，自ら通常価格で「売れにくくする」ことはブランドの破壊といえよう。日本でも採用されるに至ったオープン価格は，メーカーにとってはこのプレミアム価格の追求という側面もある。通常価格で売れる CFB（消費者のブランドに対する愛顧の確立：Consumer Franchise Building 略して CFB），つまりブランド力があってはじめて，適切なタイミングでの価格プロモーションが効果を発揮する。実際にトップブランドほど平均売価が高いことは80年代に限らず，それ以前も以降も一般に観察される事象である。

　顧客との関係性でも後述するブランドは，流通面ではこのような価格維持の問題として90年代に認識されたのである。

　実際，セールス・プロモーションを多用していた P&G は91年に EDLP (Every Day Low Price) の方針を打ち出し，価格プロモーション依存から（いつも安い，といういい方での）価格維持策にマーケティングの基本姿勢を大転換させた。このような事例はその後90年代の日米欧他のパッケージ・グッズの大規模製造業に広く及んで行った。以上の論理を確認するために図Ⅵ-2を掲げる。

　もっとも，セールス・プロモーションには，価格を訴求するセールス・プロモーションだけではなく，CFB，ブランドを強化するプロモーションもある。アメリカの食器用洗剤パーモリブは，食器を傷めないことをブランドのコア（核）として差別化を果たしている。このパーモリブは高級食器ロイヤル・ドルトンが当たる懸賞（プレゼント）キャンペーンを行ったことがあるが，高額なブランドの食器を傷めない，とするブランド・メッセージの強化を果たしているセールス・プロモーションである。また関係性の観点から，航空会社，ホテル・チェーン，またクレジット・カードが多用するロイヤルユーザー，ヘビーユーザー（フリークエント・プログラム，ポイント制のプレゼントなど）向け

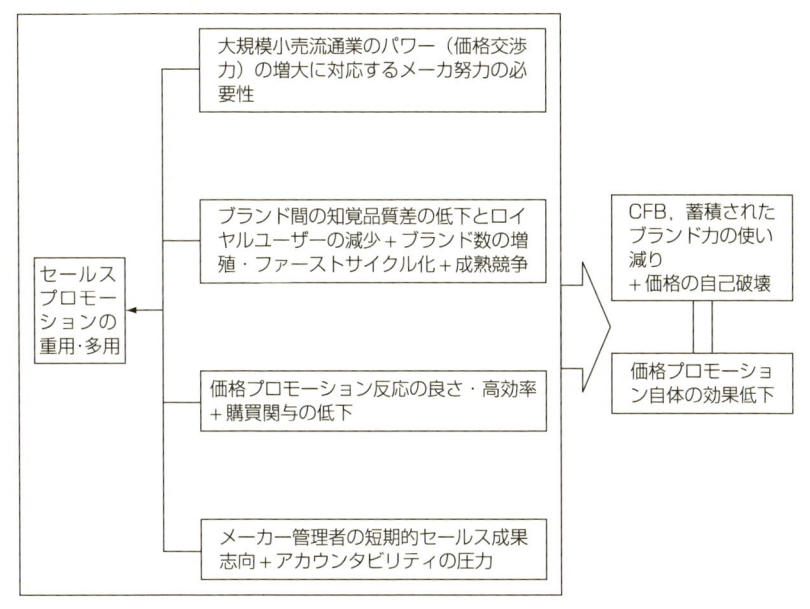

1 プロモーション概念とその認識変化　135

```
┌─────────────────────────────────────────────────────────┐
│          ┌──────────────────────────────┐               │
│          │大規模小売流通業のパワー（価格交渉│               │
│          │力）の増大に対応するメーカ努力の必│               │
│          │要性                          │               │
│          └──────────────────────────────┘               │
│                                                         │
│          ┌──────────────────────────────┐   ┌─────────┐ │
│          │ブランド間の知覚品質差の低下とロイ│   │CFB，蓄積された│
│┌───────┐ │ヤルユーザーの減少＋ブランド数の増│   │ブランド力の使い│
││セールス│ │殖・ファーストサイクル化＋成熟競争│──▶│減り       │
││プロモー│ └──────────────────────────────┘   │＋価格の自己破壊│
││ションの│                                     └─────────┘ │
││重用・多用│ ┌──────────────────────────────┐   ┌─────────┐ │
│└───────┘ │価格プロモーション反応の良さ・高効率│   │価格プロモーショ│
│          │＋購買関与の低下               │   │ン自体の効果低下│
│          └──────────────────────────────┘   └─────────┘ │
│                                                         │
│          ┌──────────────────────────────┐               │
│          │メーカー管理者の短期的セールス成果│               │
│          │志向＋アカウンタビリティの圧力   │               │
│          └──────────────────────────────┘               │
└─────────────────────────────────────────────────────────┘
```

図Ⅵ-2　80年代以降の価格プロモーションの多用と限界

の特典もブランドへの関与と継続購買を果たしているセールス・プロモーションの事例といえる。

　要するにセールス・プロモーションにもブランドのためになるタイプとそうではないタイプのものが認識できるのである。

　プロモーション領域に限って，再度検討を続ければ，むしろ論理的な論点は，こうしたさまざまな具体的なコミュニケーション要素を旧来からのプロモーション要素も加えて IMC として考える際に，表Ⅵ-3のような逆方向の意味をひとくくりにすることなく認識する視点が不可欠であることを示している。

　従来の狭義の（つまりマーケティングの第2期の取引パラダイムまでの認識の）プロモーション概念には Push 機能と Pull 機能，CFB，つまりブランド構築・維持かそうではないもの，価格プロモーションとコミュニケーション，対流通と対消費者，といった各々のレベルでの相反する要素・活動が区別されずにひとくくりにされていた点に問題がある。

　もちろん表Ⅵ-3の整理は理念的方向で，具体的には「流通向け」「コミュニ

表Ⅵ-3　従来のプロモーション概念の持つ矛盾する側面

	狭義のプロモーション的側面	IMC で強調される側面
相手	流通メイン	消費者メイン
価値	コストの減少 ベネフィットのエクストラ・インセンティブによる増大	ベネフィットのコミュニケーションによる増大
内容	価格条件 追加誘引・刺激	コミュニケーション
意図	消費者愛顧確立以外 (non-CFB または non-FB)	ブランド価値の構築 消費者愛顧確立 (CFB)
財の流れへの方向	Push	Pull

(注)　多くの事例では縦にその側面があわせもたれるが，そうでない事例もあることに注意。

ケーション」もあれば、「消費者向け」「価格プロモーション」もあり、その組み合わせは左列か右列か、といった整理ではない。ただ、異なる各々2つの機能、内容を混同するべきではないことを示している。仮に、実務面でプロモーション予算がひとくくりに編成されるならば、こうした相反する役割が分離して把握できないので、計画、コントロールができないまま市場に影響を与えてしまうことになる。これではブレーキとアクセルを区別せずに踏んでいるようなものである。ブランドを考える際にはきわめて危険な行動を行っていることになるのである。重要なことは左列の側面の強い狭義のプロモーションだけの実施は短期には成果があがっても、いずれは「ただの安売りブランド」に陥り、ブランドに対してはブレーキを掛け、経費だけではなく、蓄えられたエネルギー（ブランド価値）を使っていることになることである。この区別がなければ、車にエネルギー（価値）を与えているアクセルか、逆のブレーキかがわからないプロモーション施策が実施されてしまうのである。

　さらに、では具体的な「消費者向け」「クーポン」キャンペーンが Pull になっているのか Push になっているのか、は受け手、買い手によって受け取られ方の個人差もあるだろう。図式的には売り手、送り手の意図通りは受け取られない可能性も大きい。つまりブランド力測定のための不断のサーベイが必要である。この意味でも「対話」機能をマーケティング情報がもつべきことが示さ

れている。単純な思考では理解できない実務が，現代のマーケティング・コミュニケーション認識には不可欠である。表VI-3はその2つの異質の側面を認識するための重要な整理である。

2　広告効果の枠組みの拡大

（1）「覚えている広告」から「思い出す広告」へ

　この章で新たに「プロモーション」を「IMC」と解題しようとする際に，この広告効果の論理を概観しておくことがきわめて重要で参考になる。そこではIMCとは何か，効果的なコミュニケーションとは何か，が別の理論からみいだされているからである。「効果」に焦点づけて考察を深める際には，効果の議論が最も蓄積された広告効果の枠組みを知ることが有益である。

　古くからこの大きな支出費目である広告は，その費用対効果が論じられてきた。しかしながら，一定の広告費が一定の広告対象商品の売上増といった販売効果を直接説明することは一般に難しい。この理由の説明には多くのロジックがあるが，つぎのような「攪乱項目」が一般に認識され単純な広告の販売効果がみいだしにくいことを説明している。

①広告以外のマーケティング変数

　広告は効果があり初回の購買は促進されたとしても，例えば食品の場合「味」の評価が低かった場合，再購入意向は働かず，結果販売が思わしくない場合がある。また，仮に広告が行き届いていたとしても，流通の状況が競合に比べて劣位であるので，販売に必ずしも結びつかないこともある。現代的にはスーパー，コンビニでの取り扱いの有無，自動販売機の台数などが典型的な流通力の差を生じさせている事例である。

②広告自体のコミュニケーション特性

　広告にいかに効果的にまた大量にターゲット（見込み客）が接触したとしても，自動的に購買が誘発されるほど現代の消費は単純ではない。広告に接したといっても，広告の受け手は必ずそれを記憶し店頭での購買時点まで保持し，思い出すかどうかはわからない。「販売促進効果」に絞っても自由意思をもった多数が行動を行う。誰も消費者に強制力を発揮できない。

③消費者と製品の購買行動をめぐる関係

さまざまな製品・サービスにはおのずから価格，製品ライフサイクル，競合の強さの度合い，入手の仕方，購入時の重視点と広告の関係，購買頻度の違い，新製品の発売頻度の違い，などがある。広告がそれらの市場や製品の違いによって役割が異なる，と考えるのがむしろ自然である。ある場合には「問い合わせ」や「来店」を誘発することに広告の目的があり，ある場合には「購入頻度の増加」に広告の目的がある場合がある。セールスマンが介在する購買が一般的な製品では広告の効果は副次的なものになり，ネットやテレビ，カタログ，電話，FAX でのショッピングなどダイレクト・マーケティングでは高い比重のものとなる。

そうした中でも，主として②の広告自体のコミュニケーション特性を中心に，広告の心理的効果が追及されてきた。

伝統的な広告効果の認識では，広告メッセージ（伝達内容，訴求点）を「覚えている」ことがまず重要とされてきた。しかしながら，生活者はメッセージを覚えようとして接触することはきわめて稀である。一般的に考えて，商品を買おうかな，と考えた際に（店頭などで商品のパッケージを見たりして）広告に関係したことが「思い出されれば」それがリアリティのある広告効果である。つまり，認知に働きかけた結果が，日常保持される形で記憶されることが，広告の果たすべき役割であったのである。もちろんこの「思い出され方」は通常いくぶんは「あいまい」である。しかし「見たような気がする」「聞いたような気がする」というレベルであったとしても，スーパーマーケットやコンビニエンスストア，また清涼飲料などの自動販売機の前，また車のディーラーの店頭では十分な広告効果，といえる。

こうした広告の働きの新しい精緻な認識を促した考え方が「情報処理モデル」と呼ばれる考え方である[5]。まずこの考え方では，広告の効果が発揮される時点を「広告接触時点」「普段の時点」「購買時点」と3時点に分けて認識する。広告によってもたらされる情報はいずれにせよ「断片的」な限られたものである。その中でキャッチフレーズを正確に覚えているかどうか，が重要であるとするのが従来の考え方である。情報処理モデルでは，タレントの顔や情景などの（「メッセージ（伝達内容）」というよりは）「演出要素（伝達方法）」を，

なんとなく「思い出せ」「見たことあるヤツ」「知ってる」「テレビでやってたアレ」と思えるか，をも含めて広告の効果と広く認識する。また広告の受け手は能動的に，つまり送り手からみれば「勝手な」解釈を行う。CM の音楽だけ，歌手の名前だけから，キャラクターなどさまざまな思いをめぐらせ，記憶を形作る。

「認知反応」という認知心理学の概念がそれを説明する。認知反応とは何かに接した際に「あれやこれやと思い（思考）をめぐらせること」「感じたこと」「連想したこと」である。従来の広告の送り手視点だけからはブランドに関連するキャッチフレーズなどのメッセージを「覚えているかどうか」のみが問題となり，受け手の能動的な認知反応などは「どうでもいい」ことであった。しかし実は広告の効果を「思い出すこと」と主語自体を入れ替えて認識する際には「認知反応」は，その後につながる重要な情報処理のプロセスである。CMを見て，何も思わなかった場合に比較して，どのようなことであれ「認知反応」が生じた場合の方が，その後の記憶に残ることが，認知心理学や記憶の研究から明らかになってきた。もちろん「認知反応」の内容は好意的で送り手の意図との関係において望ましいものであるにこしたことはない。しかし必ずしもそうではなくとも，例えば「（今見た CM のタレントが）うちのいとこに似ているな」「（CM の情景について）行ったことがあるところだ」「（CM の音楽が）懐かしい」といった，送り手と無関係なこともまた一般であることをまず認識する必要がある。認知反応から記憶へのプロセスを「広告接触時点での広告効果」ととらえることができる。

　IMC の説明で，マーケティングのプロセス全体を受け手の視点からとらえる認識であることに触れた。広告においても「受け取られた情報への着眼」が IMC 的な効果認識となってきたのである。

　広告に接した際の「認知反応」が，ブランド（名）を中心とした長期の記憶（普段の記憶）の関係の中に「繰り上がる」。そのことでブランド連想に付け加わる要素が増え，またブランド関連の記憶の構造，結びつきの全体が変化する。この状態が「新しいブランド・イメージ」が新たな広告接触の効果としてでき上がった，ということとなる。これが「普段の広告効果」の状態である。

　普段の記憶としてのブランド（名）を中心とした記憶，意味を与える関係づ

けられた要素，思い出すことができる要素にはさまざまなものがある。例えば森永乳業のクリープでは「自分が小さいときから実家の母が使っていた」「お湯で溶いて飲んだことがある」「子供が小さかったときの粉ミルクを思い出す匂い」「セブンイレブンにある」「会社でも使ってる」「他のより値段が高い」等の記憶の連想がある。この記憶に「乳製品でできている」「レギュラー・コーヒーにぴったり」などをうたう広告や「牛」を登場させる広告表現要素が付け加わる場合があるのである。

スーパーマーケットの店頭で，競合製品とクリープが比較された際に「乳製品」であることなどの記憶が活性化し，つまり「思い出され」購入につながれば，それが「購買時点の広告効果」である。受け手の視点で受け手の能動性や解釈を中心に広告効果をとらえなおす，とはこのようなプロセスを重視することとなる。

(2) 本来の DAGMAR とその補完

DAGMAR とはアメリカ広告主協会主宰の 60 年代の研究結果で，「測ることのできる結果で定義する広告の目標 (Defined Advertising Goal for Measured Advertising Result)」という英語の文字の頭文字である。本来の DAGMAR は，「ブランド・イメージ」でも「購買頻度」でも，広告で訴求された項目で，購買に結びつく心理状態を適切に設定できれば，どのような項目であってもいっこうに構わない広い枠組みであった。実務上その製品，その広告キャンペーンのテーマによってその都度，目標を定義すればよい，という考え方であった。しかしながら，その考えを簡略化し，広告の効果を「商品名（ブランド）を知っているか」「製品特徴を理解しているか」「商品を買うことを決めたか」といった「認知」「理解」「確信」を「商品名」や「パッケージ」を提示することで得られた調査データを DAGMAR と呼ぶ，という硬直した理解が，とくに日本では流布され現在にまで至ってしまった[6]。多くの広告課題はそうしたことよりも複雑で個別的である。また，実際の広告の心理的な効果，効果の発揮される時点ごとのプロセス認識，とくに認知反応への働きかけは，先に触れたようにもっと受け手の視点で考えればまったく違うものである。

豊かな消費と情報過多を前提として，広告効果の考え方は硬直的な簡略

DAGMAR からパーセプションの変化把握へと論点を移したのである。つまり「覚えていること」から「思い出すこと」への視点の移動である。広告効果の視野の拡大，といってもよいだろう。

　この考え方に従った，広告効果の把握に「自然言語解析（またはテキスト・マイニング）」手法が開発され実用化されている[7]。先のクリープの事例のように普段こうしたジャンルの製品について，どのような認知があるのか，を把握する手法である。具体的には小サンプルのインタビュー結果や何らかの形で入手された自由記述回答，ネット上の口コミなどを，テキスト（文字）データとして解析ソフトにかけると，言葉と言葉の結びつきの強さをブランド（名）を中心に計算し測定，表示することができる。特定のキャンペーンの事前事後でこうしたブランド連想に変化があれば，それが広告効果と認識できるのである。ブランド連想の実態への接近がコンピュータ技術の進展によってここまで来たのである。

　この手法は，単に「ブランドを覚えているか」や，任意の訴求点を「覚えているか」といった代表性のあるサンプル・サーベイでの統計的定量的なデータ，つまり本来の DAGMAR とは補完的（相補う）関係にある。本来の DAGMAR によって定量的に確認・測定するべき，購買に結びつく（あるいは購買を阻害する）適切な項目を発見・設定するにも役立つ。また本来の DAGMAR によって得られた定量的データの解釈にも有力なデータとなる。

　このようにして，記憶のあり方，広告効果のあり方が，格段に精密に把握されるようになり，最終的な顧客満足が把握される。自然言語解析は，単に広告効果の把握にとどまらず，ブランド連想の実態診断の技法であるからである。その結果，次回購入意向が「思い出しやすい」構造にあるかどうか，ブランド連想のあり方が購買時に活性化しやすいかどうか，も把握することができる枠組みである。

　先に触れた「受け手のモノの見方（認知）に新しい見方を提示する『関係づけ』」が実現したかどうかを問う，とはこのことに他ならないのである。

（3）関係性パラダイムの中での広告

　90年代においてマーケティング研究と実践の中でブランドが注目されたこ

とは，関係性の中でのマーケティング・コミュニケーションを指し示す有力な視点であったことも理由である。先にみたように長期に保持される記憶なしには，広告などに接触した短期記憶が購買時点で再活性しにくい。ブランド（名）を核とした望ましいブランド連想の構築・維持が IMC の目的・目標となる際には，購買前だけでなく普段からの顧客との関係性が自覚されるのである。

　先にセールス・プロモーションの項で触れたブランドがここでは「普段の広告効果の目標」と認識されるのである。

　関係性を前提とした広告効果には，それまで気づかれがたかった「購買後の広告効果」も大きなウエイトを占める。使用時の満足の強化，確認の後押しを広告は行う。実証調査でも，そのブランドのユーザーは非ユーザーよりもそのブランドの広告に注目し，より理解が深い，とされる[8]。機能的な性能，品質が明らかではない製品においてとりわけ「選んでよかった」ことを確認し，ユーザーの選択を肯定するようなコミュニケーションは重要となる。また製品に知覚される差があまりなく，バラエティを探すようなタイプの購買行動や購買頻度の高い商品でも，再購入意向の喚起にこうした購買後のコミュニケーションは役立つ[9]。

　ただ，多くのマーケティング・コミュニケーションは依然として，購買前に努力を焦点づけがちである。その商品の新発売を謳う広告や販売促進はその最たる例である。その製造販売企業のホームページを含めてインターネットで商品情報が検索されるのは，むしろ購買後である，とする調査結果もある[10]。これは典型的には「取扱説明書」を読んだだけではわからない耐久消費財などが想定できる。また，自分の買った金額が果たして他の入手経路より安かったのかどうかを確認したい，といった動機や，同じ製品のユーザーが満足しているかどうかを確認したい，といった動機もインターネットに能動的に向かわせ情報収集を促す，と考えられる。

　こうした既存顧客のロイヤルティ形成につながる可能性が，とくにインターネットを使った広報，広聴（耳を傾けること）で認識されていることも昨今認識されてきた事実である[11]。そのテキスト・データの分析には先に触れた自然言語解析のソフトが有力なツールとなる。

3 IMC 計画の論点

　さて，以上みたように広告効果の議論の現代的な結論は「消費者の頭の中の認知（パーセプション）への働きかけ」という IMC の原点に戻る広告観であった。そのパーセプションは，90年代以降「ブランド」という論点でマーケティングの実務・研究両面にわたって認識されていることにつながる。
　つまり，広告効果の心理面に関する現代的な認識は，そのまま IMC 効果の枠組みと考えることができるのである。ここでは，そうした受け手の効果を起点に考えられた IMC 計画の中味をみてみよう。

（1）IMC 計画とは何か

　実務的にマーケティング目的のコミュニケーションは世の中に溢れるほど日常的に，立案，実施されている。厳密な調査は難しいものの今日の日本では，平均的な生活をしていると，一説によれば1日に5000以上の広告物と接触することとなる，という。
　しかしながら，その計画のあり方が合理的で真に成果を生んでいる事例は，逆に驚くほど少ない，という見方も可能である。個人商店が駅に掲出した1枚のポスターが急に効果をもった，と認識されないような事例から，大メーカーの年間万単位にもなる新発売商品が，一定の新発売告知広告を行いつつも年をまたいでその広告が実施されにくく，ファースト・サイクル化することまで，狙った成果を十分にあげている事例はきわめて少ない，とみることができる。
　穏当にみても多くは効果があったのか，なかったのかがあいまいで，IMC については単なる実施（やりっぱなし）に終わっている。少なくとも成否でいえばやはり明らかな成功 IMC 事例は少数である。
　この理由は，やはりその計画，コントロールの難しさに1つの理由を求めることができるだろう。ではなぜ，IMC 計画の立案，コントロールが難しいのだろうか。
　例えば，広告や販売促進，またパッケージ・デザイン，店舗デザインの仕事を「デザイン」「アート」の仕事，と認識するようなモノの見方がある。コミ

ュニケーションの課題は，実務の上では時間と予算の制約が当然あるから，その時間，予算の中で「何を制作するのか」というモノに関心が行きがちである。

しかしながらIMCの仕事とは「制作物（作品）」を制作することではない。その制作物がどのような効果を生むか，というシミュレーションを経て，狙うターゲットの認知，行動を構築，誘発，促進することがその目的なのである。

作品は目に見えるモノ（ラジオCMは目に見えないが物理的存在という意味ではモノである）である。それに対して，心理的変化のシミュレーションは目に見えない。目に見えないこの作業こそ計画作業の中心であり真の対象なのであるが，目に見えないことを相手にした計画の立案，コントロールは難易度が高いのである。さらに注意深くいうと，このシミュレーションが難しいのは主体が企業ではなく，受け手が主体であるという（日本語でも表現が矛盾する）思考を要請するからである。

また，企業の投資なり経費としての支出は，当然金額で明示される。広告費や制作印刷費，また調査費などがIMCの会計上においての勘定科目である。努力，力の入れ方の大小はいきおい金額の多寡として表現されたように思われがちである。しかしながら，企業行動，マーケティング目的のコミュニケーションは，外部資源の調達，予算支出や出納，支払いにその肝心な部分があるわけでもない。IMC計画の立案，コントロールというと，この予算計画のことだ，と短絡して思われがちなことも，他の企業活動と比較しても，いかにこのIMCというタスク（課業）の認識が難しいか，をあらわしている。顧客，すなわち市場との対話の難しさはいくら強調しても強調しすぎることはない。コミュニケーション・プロセスのマネジメントはさらに競合などのノイズ（雑音），攪乱要素が発生する。いかに適切と思われるメッセージでも，他社のメッセージいかんではその受け取られ方，認識の前提が容易に変化する。初期条件が変化するシミュレーションは複雑にならざるをえない。

モノを作ることでもなく，予算を執行することでもない，とするIMC計画の本質の理解には相当の知的な労度が必要とされる。創造的で効果的なIMC計画とは，このような認識が企業の中で可能かどうか，ということにまずかかっている。

IMC計画の難しさが，一面恐ろしいのは，そのような非物理的，非金額的

な認識を仮にまったく行わなくとも「実施が可能」，つまり「できてしまう」ことである。しかし，それでは組織的なビジネス活動とはいえない。では，IMC 計画の骨子とは何なのであろうか。次項でその中核的な部分を説明しよう。

（2）IMC 計画の骨子――「対話」に向かって

　IMC の特徴は，大まかにいって「受け手の認識，視点を中心にマーケティングに関するコミュニケーションを再度見直しその効果性，効率性を上げよう」という主張や，その理解のための新たな要素として「コンタクト（接触）・ポイント」を考えた点にある。その革新性は「受け手の認識，視点から」すべてのマーケティング活動をとらえる点にある。

　「コンタクト・ポイント」について具体例をあげれば，グリコのポッキーに関して，われわれはテレビ広告や店頭ポスター，また雑誌広告でポッキーとコンタクトするかもしれない。が，より日常的には，スーパーマーケットやコンビニエンスストアの棚でパッケージとコンタクトしている。また，お酒を飲みにバーやスナックに行った際に，商品そのものと出会うかもしれない。また，ひょっとすると，空港の土産物売り場で「ジャイアント・ポッキー」のパッケージを見たり，地域限定の「ポッキー」を発見するかもしれない。さらに，好きなタレントについてネット・サーフ中に，ポッキーの広告タレントだということでグリコのホームページに行き着くかもしれない。あるいは，携帯電話のストラップとしてミニュチュアの「ポッキー」を発見するかもしれない。こうしたさまざまなポッキー・ブランドとの接触は，今まで別々にとらえられていた。つまり広告，パッケージ，小売店頭での陳列，商品そのもの，企業ホームページ，ノベルティ，あるいは意匠許諾の小物として，である。しかしながら，「青春の友達，手を汚さないのでどこでも気軽に食べられる甘いスナック，ポッキー・ブランド」との接触という一点をとって考えれば，そのブランド認知構築・維持目的の手段ととらえられる。

　こうしたさまざまな要素を視野に入れる IMC 計画における最も中心的な要素は次の 5 項目と認識される[12]。

　　1）ターゲット。

2）ターゲットの（当該 IMC 計画実施前という意味で）現時点のブランド，商品に関する認知・記憶の把握。
3）目標とするべきターゲットの行動。
4）その行動を引き起こす（または，可能とさせる）という意味で「望ましい」ブランド，商品に関する認知・連想目標。
5）「②から④」の認知・連想の変更を引き起こす（可能とさせる）手段開発（手段の構成要素としての「メッセージ」開発と「伝達手法」開発）。

つまり制作物やターゲットへの到達手法・媒体は⑤であり，具体的なブランド・コンタクト作りがこれにあたる。しかし，重要なのは③（あくまでも仮の想定だが，例えば「10代のポッキー購買頻度の1割向上」）とそれを導く④（例えば「ポッキーはティーンエイジャーのもの」というブランド連想を強化したい）であることは，本章で何度も確認した通りである。しかし④を立案するためには②（例えば「ポッキーは乳幼児向け」と思われている，「飲み屋で出されるもの」と思われている）が十分に問題点として把握なされていなければ決定できないのである。「対話」を通じ②がいかにリアルに課題として理解されているか，が問われる。また⑤（タレント，音楽など CM の内容，10代のためのコンタクト・ポイントの選択）は「②から④」への心理的変更を引き起こすという目的に対する手段として，その役割，適切さ，効果性が判じられ，多くの候補案から，単にアイディアの新しさからだけではなく，選択されるのである。

すでにシュルツ（Schultz, D. E.）らが IMC の露出に関して強調しているのは，「知名率」や「理解率」，「リーチ（到達度）」や「フリークエンシー（露出頻度）」などを越え，「関連性，重要性（relevancy）」と「受容度，受容準備状態（receptivity）」である[13]。ターゲットにとって「自分に関係がある」「大事なことだ」と思えないような⑤のメッセージ内容では無視され，木枯らしがその年，初めて吹く頃の夜にストーブの広告を見せられるような⑤の「受け入れやすい」TPO にメディア・プランニングもあるべきである，という指摘である。確かに，男が女性用の化粧品の広告を何度見ても，コンビニの店頭で何百回見ようとも，何の記憶にも残らないことに，先に見た硬直した DAGMAR

3 IMC 計画の論点 147

などよりもはるかに適切で素直な理解がようやくなされてきたのである。

また，同程度の方向・量のブランド連想の変化（②→④）を生じさせる手法（⑤）は，究極的にどれも同じである，と認識される[14]。コンサート協賛を通じてでも，ホームページを通じてでも，雑誌広告を通じてでも同じ「タレント・ファンからのブランドへの共感」が得られれば，手法には差はない。この認識は個別の媒体側からみた媒体観とはまったく視点の違う，ブランド主体のものの見方である。単に到達人数や部数だけではなく，ブランドからみた質的な評価・選択が中心に認識されるからである。ただ個別の媒体社が，ブランドの「関連性」と「準備状態」に配慮しイベント（先の例では，ティーンエイジャー向けの「ポッキーを食べながら参加できる」「CM タレント」の「限定チケット・プレゼント」「コンサート」などが架空の例として考えられる）を企画し協賛が可能な場合は有力な手法（⑤）と考えられる。そのプレゼントキャンペーンの告知は単なる雑誌広告や通常時の店頭ポスターのインパクトをはるかに越えるだろう。場合によっては（かつてカード・プレミアム付きの菓子で類似の例があるが）プレミアムのために商品が売り切れ，という事態もあるかもしれない。

しかしこの場合，手に入れられなかった人からは「ブランドへの反発」だけが記憶に残るかもしれない。お詫び広告やマーケティング活動も企業倫理の監査対象に新たに加えなければならない，プレミアムの実施や選定のガイドラインを明文化し今後の IMC をチェックしなければならない，という認識が社内でも出てくるかもしれない。また場合によっては支店営業と広告，パッケージデザインと広報，危機管理とマーケティングといった既存の組織の分業を見直す IMC 組織の再編成やチーム化につながるかもしれない。また予算編成上も新たなルールを生むかもしれない。唐突な例のようだが，意図を越えるコミュニケーションの結果とはこうした変化である。

実は「対話」とは，こうした予測を越え，相手だけではなく，自ら（自らの認知の構造）も変わる，というコミュニケーションの結果を指し示す言葉なのである[15]。自らも学ぶことで変化し，より創造的な適応とコミュニケーションを追求するのが「対話」というキーワードの本来の意味なのである。マーケティング情報のいう「フィードバック」が往々にして「ルールの中の還流的情

報」を指し示すのだとすれば、この「対話」は「新たなルールを発見し自らも変化するきっかけとなる情報」を指し示すものである。言葉をかえれば、IMCの中での「対話」とはコミュニケーションによるマーケティングのイノベーション（革新）を期待されているのである。

（3）IMCの中でのインターネット等の手法

インターネットの日常化以降、IMCの手法はさらにさまざまなものが開発されている。例えば、パッケージの一部に番号を記載し、指定のサイトにアクセスさせ「購買証明」としてその番号を打ち込ませ懸賞抽選に応募させたり、当選者の発表をネットで行う、リアルとネットをまたがる手法が実用化されている。懸賞応募は長年の葉書ベースから、ネットや携帯電話からのメールや自動音声認識電話が中心になってきた。ネット内完結のEメール、メールマガジン、広告、ホームページ等さまざまな双方向型のIMC手法も実施され、さらに高度な技術的な手法も実用化されてゆくだろう。

今までの教科書には登場しないような新しい動向は、ネット以外にも多くある。世界的なビッグ・イベント、とりわけ博覧会などの文化イベントのマーケティング利用やスポーツ・マーケティングも常識的な企業PRとなっている。映画の中への製品露出（プロダクト・プレースメントと呼ばれる）もこれにつながる。他社の所有するキャラクターにロイヤリティを支払って使用許諾を得、IMCに利用することも世界的に追求されている。

また、社会性の高いIMCとして、例えば芸術、科学、社会事業などの分野で活躍している人や団体に賞を贈賞したり助成を与える形のPR活動も有意義な企業の社会貢献である。その他アメリカでは盛んな、利益や売上の一部を社会的活動に寄付することをあらかじめうたうコーズ・リレーティッド（本業のマーケティングを展開する中で非営利団体の活動を支援し関係する）のIMCも今後さらに活発化するだろう。

しかしながら、さまざまな新しいタイプのIMCも、先にみたように自社の企業ブランド、製品ブランドの認知、連想記憶の構築・維持という視点がなければ、羅列的、思いつきの場当たり的なものに終わり、結果として砂漠に水を撒くようなこととなってしまうだろう。協賛を求められてはじめて検討するの

3 IMC 計画の論点　149

ではなく，ブランドを起点として望ましい IMC を主体的計画的に行うことがはるかに重要である。

　また，サービス業を中心として注目されるコンピュータ技術利用の IMC 活動に顧客データ・ベース・マーケティング，あるいは CRM（顧客関係管理：customer relationship management）がある。何らかの形で，ロイヤル．ユーザー，競合社の利用もあわせて行う層，ノン・ユーザーなどが区別してデータ・ベース化できれば，各々の層ごとに損益計算を行い，適切な内容と形式で，かつ適切なコストで IMC が相手に合わせて特定的に，実施できるであろうことも主張されている[16]。

　コミュニケーションのもつ「人々のモノの見方を変える」ダイナミックな役割を追求していくことにおいては，新しい手法や高度な効率的技術の利用といった合理的な側面と，洞察に満ちた対話的な効果の追求といった創造的な側面の両面を忘れるべきではない。その際 IMC の根本的な認識とは，むしろ後者にある。従来のプロモーション以外の3P'sを調整・統合の主軸の視点とするマーケティングに対して，独自の論理を踏まえ統合的なコミュニケーションを行い，新たな価値創造と自己変革を担う IMC が期待されているのである。

　マーケティング情報はその際，あくまでも顧客の視点を写し，スピーディで，適切な対話を可能とさせ，さらに創造的な洞察を導くものと期待される。必ずしも数量化されているデータだけがマーケティング情報として求められていることではないことも，このコミュニケーションによるイノベーションへの期待から明らかである。

(水野由多加)

注
1) もっとも「マーケティング・コミュニケーション」という用語を，マーケティングにおけるコミュニケーションという広い意味で用いる本稿のような認識で使用することは比較的近年のことである。従来はこの言葉は販売時点，購買時点に近いコミュニケーションと解されマス広告は必ずしも含まれてはいなかった（例えば亀井昭宏「広告コミュニケーションの新しい役割と広告戦略の新構造」，『季刊マーケティングジャーナル』第43号，1992年，pp. 76-81）。しかしながら今日的な財・サービスにおけるコミュニケーション要素のウエイト増，コミュニケーション手法の多様化，石井淳蔵・石原武政編『マーケティング・ダイアログ――意味の場としての市場』，和田充夫『関係性マーケティングの構図』などにみられるマーケティング

論におけるコミュニケーション認識の深化，また IMC，ブランドという新たな認識枠組みの成立，は現象面，理論面で「マーケティング・コミュニケーション」という用語の意味の広がりを促している。
2 ）Don E. Schultz et al. *Integrated Marketing Communication*. の IMC の鍵となる認識。
3 ）Duncan & Moriarty, *A Communication Based Marketing Model for Managing Relationships*.
4 ）以下の整理とアメリカの事例は Belch & Belch, *Introduction to Advertising and Promotion An Integrated Marketing Communications Perspective, Third Edition*. をもとにしている。
5 ）仁科貞文編『広告効果論』の基本認識。
6 ）水野由多加「広告計画のマネジメント」の指摘。
7 ）鈴木宏衛「自然言語を用いた効果の把握」参照。
8 ）石崎・水野・広瀬「消費者満足と広告表現記憶に関する研究」。
9 ）Kishi, Mizuno & Miura "Consumer's Use of the Interst and Real-World Information Sources through Prepuchase to Postpurchase Stages"（2003 年，印刷中）
10）前掲同論文。
11）例えば林・亀井『デジタル時代の広報戦略』。
12）水野・岡田「広告表現とインテグレーションモデル」にこの骨子が詳説されている。
13）Schulz & Kitchen, *Communicating Globally*. に至るまでの一貫した認識。
14）水野由多加「IMC の一側面としての広告表現計画」での指摘。
15）中島義道『《対話》のない社会』は「対話の基本原理」を整序する中で，個人間の一対一の対等な「対話」について「社会通念や常識に納まることを避け，つねに新しい了解へと向かってゆくこと」や「自分や相手の意見が変わる可能性に対して，つねに開かれてあること」を言う。
16）Don E. Schulz & P. J. Kitchen, 前掲書ではこの認識を国境を越えても推し進めている。

【参考文献】

George E. Belch & Michael A. Belch, *Introduction to Advertising and Promotion An Integrated Marketing Communications Perspective Third Edition*, IRWIN, Inc., 1995.
Tom Duncan & Sandra E. Moriarty, A Communication-Based Marketing Model for Managing Relationships, *Journal of Marketing*, Vol. 62 (April 1998), pp. 1-13.（水野由多加 抄訳『季刊マーケティングジャーナル』73 号，1999 年。）
林利隆・亀井昭宏編『デジタル時代の広報戦略』，早稲田大学出版部，2002 年。
池尾恭一『日本型マーケティングの革新』，有斐閣，1999 年。
石井淳蔵・石原武政編『マーケティング・ダイアログ――意味の場としての市場』，白桃書房，1999 年。
石崎徹・水野由多加・広瀬盛一「消費者満足と広告表現記憶に関する研究」『広告科学』

第 43 集, 2002 年, 99-124 頁。

亀井昭宏「広告コミュニケーションの新しい役割と広告戦略の新構造」,『季刊マーケティングジャーナル』第 43 号, 1992 年, pp.76-81。

亀井昭宏・小林保彦・和田充夫・疋田聰『新価値創造の広告コミュニケーション』, ダイヤモンド社, 1997 年。

岸志津江・田中洋・嶋村和恵『現代広告論』, 有斐閣, 2000 年。

Kishi, S., Mizuno, Y. & Miura, T., Consumer's Use of the Internet and Real-World Information Sources through Prepuchase to Postpurchase Stages, *The Proceedings of the American Academy of Advertising Second Asia-Pacific Conference*, 2003 年印刷中。

Philip Kotler, *Marketing Management*, 9th *Edition*, Prentice-Hall, 1997.

Philip Kotler, *Marketing Management, The Millennium Edition*, Prentice-Hall, 2000. (恩蔵直人監修・月谷真紀訳『コトラーのマーケティング・マネジメント ミレニアム版』ピアソン・エデュケーション・ジャパン)

E. Jerome McCarthy, *Basic Marketing: A Managerial Approach*, Richard D. Irwin, Inc., 1964.

水野由多加「IMC の一側面としての広告表現計画」,『季刊マーケティングジャーナル』74 号所載論文, 1999 年, pp.41-51。

水野由多加・岡田浩一「広告表現とインテグレーションモデル」, 仁科貞文編著『広告効果論』所収論文, 2001 年。

水野由多加「広告計画のマネジメント」,『季刊マーケティングジャーナル』83 号所載論文, 2003 年, pp.77-91。

中島義道『《対話》のない社会』, PHP 研究所, 1997 年。

仁科貞文編『広告効果論』, 電通, 2001 年。

恩蔵直人・守口剛『セールス・プロモーション その理論, 分析手法, 戦略』, 同文館, 1995 年。

Don. E. Schultz, Stanley. I. Tannenbaum & Robert F., Lauterborn *Integrated Marketing Communications*, NTC, 1993. (有賀勝訳『広告革命 米国に吹き荒れる IMC 旋風』, 電通, 1994 年)

Don E. Schulz & P. J. Kitchen, *Communicating Globally*, NTC Business Books, 2000.

嶋口充輝・石井淳蔵『現代マーケティング』, 有斐閣, 1987 年。

嶋口充輝・石井淳蔵『新版 現代マーケティング』, 有斐閣, 1995 年。

鈴木宏衛「自然言語解析を用いた効果の把握」, 仁科貞文編『広告効果論』所収論文, 2001 年。

Walter Van Waterschoot & Christophe Van den Bulte, The 4 P Classification of the Marketing Mix Revisited, *Journal of Marketing*, Vol. 56 (Oct. 1992), pp. 83-94. (芳賀康浩抄訳『季刊マーケティングジャーナル』64 号, 1997 年。)

和田充夫『関係性マーケティングの構図』, 有斐閣, 1998 年。

第Ⅶ章
インターネット時代の消費者行動

1　日本人の消費行動・過去～現在

（1）戦後の生活・消費をレビューする
① 73年石油ショックまでは「10人1色の時代」

　終戦から東京オリンピック，大阪万博，列島改造論を経て第一次石油ショックが起きるまでは"欠乏と回復"から，"高度成長の時代"であった。そこでは国民皆が三種の神器，ついで3Cに代表されるように同じモノを欲しがる"画一化と平準化"の進んだ時代であった。つまり，「10人1色」の時代であり，その中味は「同一化，HAVING」と呼ぶにふさわしい時代といえよう。

　この時代の生活目標は明確にアメリカの中流家族であった。当時のテレビの人気番組"パパは何でも知っている"，"うちのママは世界一"にみられるように，広い庭にカーポート，家電品の揃った家に信頼されているパパとやさしいママ，素直な子どもたちによるハッピーファミリーを誰もが夢みていたのである。

　この時代の個人と企業の関係は「消費者」と「生産者」で，「大量生産，大量消費」が「マス広告」によって「マス市場」を形成していった。インスタントラーメン，中性洗剤，トランジスタラジオ，大衆車など生活基盤を拡大する機能商品がヒットした。

② 70・80年代は「10人1色」の時代
　広告の世界では石油ショックの3年前に高度成長神話の崩壊，人々の意識の

転換を暗示した"モーレツからビューティフルへ（富士ゼロックス）"や"のんびり行こうよ（モービル石油）"といった，心のゆとりの萌芽が登場し始めた。

石油ショックにより，対前年比成長への疑問が投げかけられ，"安定成長"が求められるようになった。生活も一応モノがそろって，生活の質的向上と豊かさが「差別化，DOING」，"人と違うライフスタイル"を求めるかたちになってきた。この「10人10色」の時代はまた70年代の「差別化，DOING」から，80年代の自分なりの生活を求める「個人化，BEING」のめばえた時代といえよう。

この時代は「消費者」より広い「生活者」としてとらえられ，各自の"アイデンティティ"が求められるようになった。したがって"市場の異質性"に対し，生活者を分類する「セグメンテーション戦略」が重複され，企業も「多品種少量」へと向かった。

ヒット商品をみても70年代は"他人と違うかっこよさ"が求められたのでファースト・フード，ウォークマン，50ccバイクといったファッション性の加味される商品が人気を呼んだ。メディアも「アンアン」，「ノンノ」といったクラスマガジンがヤングの生活指針になった。

80年代になると"自分らしい生活"が求められたので，"高級志向"として上級車，大型テレビ，スポーツクラブ，リゾートマンションなどが伸びると同時に，テレホンカード，宅急便，レンズ付きフィルム，コンビニエンスストアなど"利便性"もさらに進展した。

③ 90年代から21世紀に向け，「10人100色」の時代へ

89年のベルリンの壁の崩壊，91年のソ連体制の崩壊と続き，"パラダイムシフト"が現実化してきた。技術や情報，金融などの"ボーダーレス化"と，文化や宗教など"ボーダーフル化"とのバランスという大変難しい課題の中で，企業のあり方，個人の生き方が問われることになった。新しい目標やモデルを求める「新しい価値創造への挑戦の時代」の到来である。

これらの社会は国，民族，地域，企業，家族，個人などの構成主体が単体のみ，1つの価値で存在できない時代になってくる。「情報化」や「国際化」という時代のトレンドも異なる価値基準が入ってくる。1人の人間の中にいくつ

154 第Ⅶ章 インターネット時代の消費者行動

表Ⅶ-1 21世紀に向けての社会,

	1945～1950年代	1960年代	1970年代
年代	1945～46 終戦 日本国憲法発布 / 1956 戦争は終わった / 1960 所得倍増計画	1962 安保闘争 / 1964 東京オリンピック / 1968 学園紛争 / 1970 大阪万博	1972 列島改造論 / 1973 石油ショック / 1979 東京サミット
1. 社会テーマ	欠乏から回復へ時代	高度成長	安定成長
・時代ニーズ	充足ニーズ	所有ニーズ	差別化ニーズ
2. 生活テーマ	同一化（HAVING）	差別化（DOING）	
・生活パターン	10人1色	10人1色	10人10色
・生活イメージ	生きていく生活	人並みの生活	人と違う生活
3. 消費テーマ	戦前レベルへの回復	米国中流家庭モデルの追求	ライフスタイルの模索
・商品価値	機 能 性	ライフスタイル	
・市場	マス市場		セグメント市場
・ヒット商品	・スーパーマーケット・白黒テレビ ・インスタントラーメン・化繊 ・缶ビール・台所用中性洗剤 ・トランジスタラジオ	・インスタント時代・マイカー激増 ・3種の神器・東海道新幹線 ・コカコーラ・クレジットカード登場 ・ティッシュペーパー, パンスト	・ファーストフード・50ccバイク ・カップヌードル・ウォークマン ・使いすてライター・OA機器 ・男性用かつら
・情報環境	マス・コミュニケーションの準備段階	マス・コミュニケーションの時代	中間情報メディアの台頭
	映画・総合誌, 街頭テレビ	カラーテレビ	クラスマガジン
・ヒットCM	（告知型） ・ミツワ石鹸・ワワワが3つ ・文明堂・カステラ一番 ・トリス・アンクルトリス ・桃屋・のり平アニメーション ・三洋・消費者こそ王様 ・キスミー・セクシーピンク ・花王・男だって使うべきよシャンプー	（イメージ型） ・コカコーラ・スカッとさわやか ・レナウン・イエイエ ・森永エールチョコ ・大きいことはいいことだ ・丸善ガソリン・オーモーレツ ・トヨタ・ファミリーカーのトヨタと呼んでください ・丸井・丸井はみんな駅のそば	（生活提案型） ・ゼロックス・モーレツからビューティフルへ ・国鉄・Discover Japan ・サニー・隣の車が小さく見えます ・サントリー・金曜日はワインの日 ・伊勢丹・今日は土曜日くん ・キリンビール・中位もいいさ ・レナウン・シンプルライフ ・クイントリックス・あんた外人だろ
4. 企業テーマ	大量生産・大量販売		多品種少量（戦略的マーケティング）

（出所）河邊匡一郎,「10人100色時代の企業対応」, 学研『21世紀の日本・全予兆』より加筆。

生活，消費，企業の変遷と展望

1980年代				1990年代					21C	
1981	1985	1988	1989	1990	1991	1992	1993	1995	2001	
空き缶 公害	科学博 円高進行	青函トンネル 瀬戸大橋	ベルリンの 壁崩壊 ペレストロイカ	花博 地球 環境問題	ソ連邦崩壊 バブル崩壊	EC統合	米国クリントン大統領 細川非自民政権 平成大不況(93)	阪神大震災 オウム事件	米国テロ事件 小泉改革内閣 ワールドカップサッカー 環境サミット	
成熟化				新しい価値への挑戦						1. 社会テーマ
自己表現ニーズ				自己開発・創造ニーズ						・時代ニーズ
個性化（BEING）				自己成長（GROWING）					経験価値（EXPRENCE）	2. 生活テーマ
10人10色				10人100色						・生活パターン
自分らしい生活				多彩な生活						・生活イメージ
個性消費				関係消費（選択性）						3. 消費テーマ
感性（形態・デザイン）				文化性（生活文化価値）						・商品価値
セグメント市場				コンセプト市場						・市　場
・省エネ商品・東京ディズニーランド ・ワープロ,パソコン・ハイグレード商品 ・テレホンカード・ハイテク家電 ・貸レコード,宅配便,ニューサービス				・ファジー家電・RV・携帯電話 ・ナチュラル＆ヘルシー商品・Jリーグ・パソコン ・おいしい水, 自然水, 格安紳士服・ブランド商品 ・エコマーク商品・PB商品・中国製品						・ヒット商品
ニューメディアの台頭				マルチメディアの時代へ						・情報提供
コンピュータ,CATV,AV,マチコミ,クチコミ				パソコン，衛生放送，ネットワーク，インターネット，携帯電話						
（個性提案型） ・フジカラー・それなりに ・サントリー・トリス ・子犬, とりあえずげんきで ・西武・おいしい生活 ・丸井・好きだからあげる ・国鉄・フルムーン旅行 ・大日本除虫菊・亭主元気で留守がいい ・JR東日本・私たちは変ります				（読み手対応型） ・リゲイン・24時間戦えますか ・住友金属・やわらか頭してます ・JR東海・日本を休もう ・日産セフィーロ・くうねるあそぶ ・豊島園・史上最低の遊園地 ・ボルボ・廃棄物を生み出しています ・富士フィルム・ディモンの写るんです ・サントリー・ボス	・東芝・セキュリティが経営のカギになる ・プロミス・黄色い看板プロミス ・公文研究所・勉強はなぜするのですか ・SSK・さあ野球しませんか ・KDDI・ねがさがってる ・ライオン・環境にやさしい ・サントリー・あしたがあるさ, ジョージア						・ヒットCM
多品種少量（戦略的マーケティング）				価値創造（共同成長）						4. 企業テーマ

もの顔がある「10人100色」という時代認識である。複数の商品とサービスと情報とを生活のある時間，空間に位置づけながら，より質の高い場面を演出しようとする。企業は人々の生活情景，場面にどう"かかわる"かという「コンセプト」を明確に示せるか否かが鍵になる。同業種やブランドで競い合う時代から，「コンセプト」で競い合う時代なのである。このように「10人100色時代」には個人が「自己成長，GROWING」を目指すに対応して，企業は「共同成長，CO-GROWING」を目指すことになる。

（2）21世紀は効率化と人間味の両立が求められる
①インターネットが経験価値を加速する

21世紀に入ってもわが国は不況を脱出できず，デフレスパイラルという閉塞感が国中に広まっている。一方，IT革命も急速に進行しつつあり，インターネットの普及がその中核を担いつつある。

米国では経済価値の進化を差別化の進展によって「コモデティ（抽出）」，「商品（製造）」，「サービス（提供）」，「経験（流出）」，と高い「付加価値」を求めて進化するという説が支持されてきた。ここでいう「経験」は"過去の経験"ではなく，"いま，感じていること"，"いま，時を過ごしていること"であるという[1]。「10人100色時代」はいいかえれば「物語型」社会であり，同じ人がそのときの気分，場などの文脈によって価値がみいだせる経験，物語が異なることにほかならない。「経験価値」を高め，「高付加価値」を実現するには人々の個別的ニーズにいかに対応していけるかが鍵になる。こうした課題に応えて，「経験価値」を高めるインターフェースとして期待されているのがインターネットである。この「経験価値」を企業が提供するに際し，生活者の評価は究極的には「世界観の共有」にもとづいた"差別化"が起きると考えられる。要は生活者にとってIT時代はすべてが機械任せではなく，自分にとって大事なことは何か，本質を見直すことが求められる時代といえよう。"個人の選択眼"，"自己成長"が求められるゆえんである。

②2001年ヒット商品から

2001年におけるヒット商品，話題商品をみても，電通のキャッチフレーズ「スロースロークイック」[2]も日経の「安本単（安さ・安全，本物志向，単純

明解)」[3]も"デジタル化"の急速な進展と同時に"人間味"を求める両極の同時進行が読み取れるのである。

インターネットの急速な普及が追い風になり，携帯電話，デジカメ，携帯音楽プレーヤーなどさまざまなデジタル機器が登場してきている。これらの特徴は，1つの機器が複数の機能を備えているということである。近い将来，固定電話でインターネットができたり，パソコンでないモノでインターネット接続ができたりするようになり，インターネットへのハードルがますます低くなると予想される。

一方，急速なデジタル化の反動で，"バーチャル"で手に入らない"人にやさしい"，"つながりたい"，"豊かな時間を楽しみたい"といった「経験価値」が重視されてきている。スターバックスコーヒー，スローフード，アジア旅行などが典型であろう。

消費に関しても"低価格化"と"こだわり"の二極化と同時に，"デジタル化"と"人間味"の共存が今後の基本潮流になると考えられる。

2 インターネットの利用実態

(1) インターネットの利用実態

この章では各社の調査結果を中心にインターネットがどのように利用されているかを紹介していきたい。

①インターネットの利用率は生活者の半数を超えた

インターネットの世帯普及率は総務省の平成13年「通信利用動向調査」(2002年5月)によれば平成13年に50％を超えている。世帯構成員の個人属性でみると20～30代は8割以上で高いが，65歳以上は1割強と少ない。男性は53％，女性は41％で20代までは女性の方が若干多いのに比し，30代以上は男性が多くなる。

一方，非利用者の利用しない理由を東京都「インターネットと消費生活」(2000年1月調査)によれば，"インターネットに接続できる端末を持っていないから"(45.1％)が断トツで"重要性を感じないから"(21.3％)がつづいている。今後は中高年，とくに主婦の動機づけが普及の鍵になろう。

158　第Ⅶ章　インターネット時代の消費者行動

〈世帯主のインターネット利用率の推移〉(%)

区分	平成11年	平成12年	平成13年
全世帯主	31.6	41.4	50.1
20代	54.5	68.7	82.5
30代	57.9	70.5	84.1
40代	47	56.7	68.8
50代	35	38.9	47.9
60～64才	20.4	22.8	24.1
65才以上	10	12.3	11.3

〈世帯構成員(個人)のインターネット利用率〉(%)

区分	男性	女性
全世帯主	53	40.6
6～12才	49.2	50.3
13～19才	72.4	73.3
20代	68.1	68.9
30代	74.8	61.9
40代	68.2	49.7
50代	48.9	24.8
60～64才	26.4	14.2
65～69才	16.8	8.4
70代	8.5	3.8
80才以上	5.8	4.6

図Ⅶ-1　インターネットの利用率

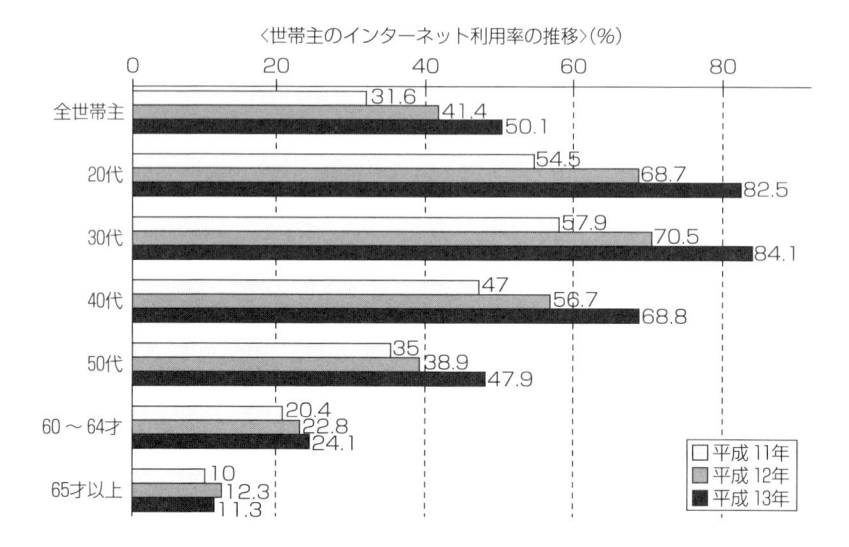

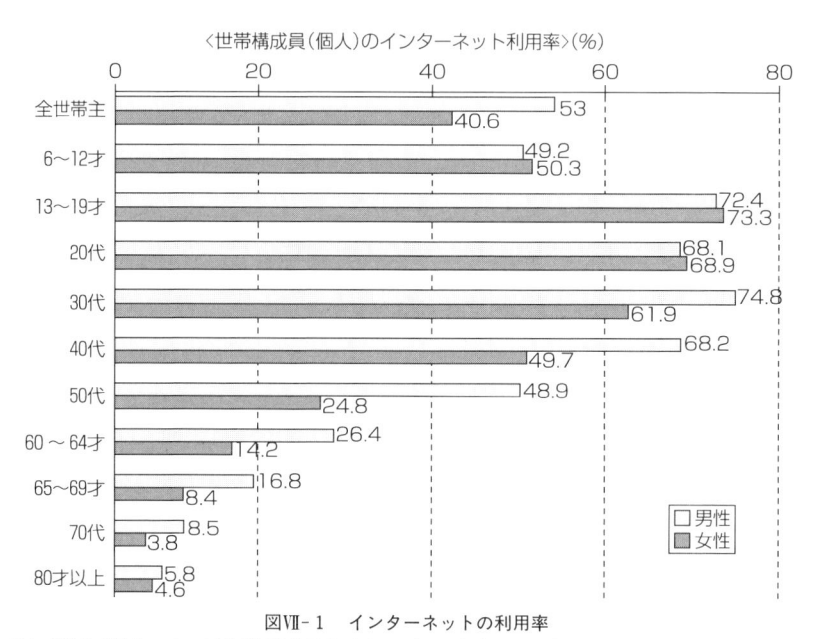

(注)　総務省「平成13年〈通信利用動向調査〉」(2002年5月)より。01年11月，世帯調査は全国の成人世帯主のいる3845世帯，事業所調査は全国の従業員5人以上の3537事業所，企業調査は全国の従業員100人以上の1783企業（いずれも有効回答）を対象。

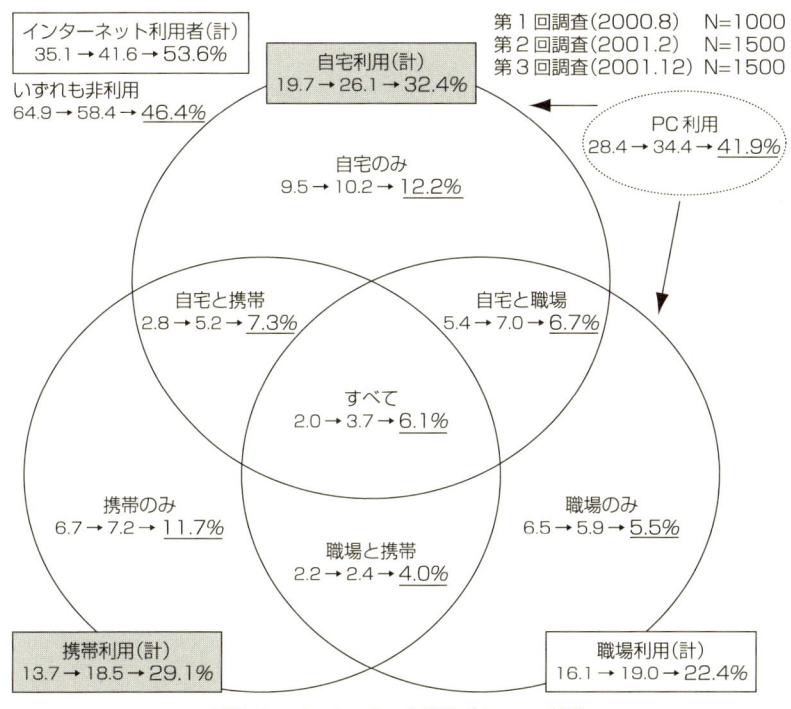

図Ⅶ-2 インターネット利用パターンの推移

インターネット利用者(計)
35.1→41.6→53.6%

いずれも非利用
64.9→58.4→46.4%

自宅利用(計)
19.7→26.1→32.4%

第1回調査(2000.8)　N=1000
第2回調査(2001.2)　N=1500
第3回調査(2001.12) N=1500

PC利用
28.4→34.4→41.9%

自宅のみ
9.5→10.2→12.2%

自宅と携帯
2.8→5.2→7.3%

自宅と職場
5.4→7.0→6.7%

すべて
2.0→3.7→6.1%

携帯のみ
6.7→7.2→11.7%

職場のみ
6.5→5.9→5.5%

職場と携帯
2.2→2.4→4.0%

携帯利用(計)
13.7→18.5→29.1%

職場利用(計)
16.1→19.0→22.4%

(注) 電通「全国デジタルライフスタイル調査」
　　調査対象者：　　全国の15歳~69歳までの男女個人
　　抽出方法：　　　層化二段無作為抽出法（全国150地点）
　　対象者選定方法：住民基本台帳による無作為抽出
　　調査方法：　　　訪問留め置き法
　　回収サンプル数：1,500サンプル
　　調査期間：　　　平成13年11月23日~12月9日

②利用場所によるネット利用

　(株)電通の「全国デジタルライフスタイル調査」(2001年11~12月実施)によれば、過去1年半でインターネットユーザーは3分の1から2分の1に増え、中でも自宅、携帯など「自発的利用」が急増している。この調査によれば、自宅からのインターネット利用は32.4％、携帯電話／PHSからのインターネット利用29.1％、さらに職場や学校からのインターネット利用22.4％、PCからのインターネット利用は41.9％となり、自宅、職場、携帯のいずれかでのインターネット利用者はトータルで53.6％になっている。

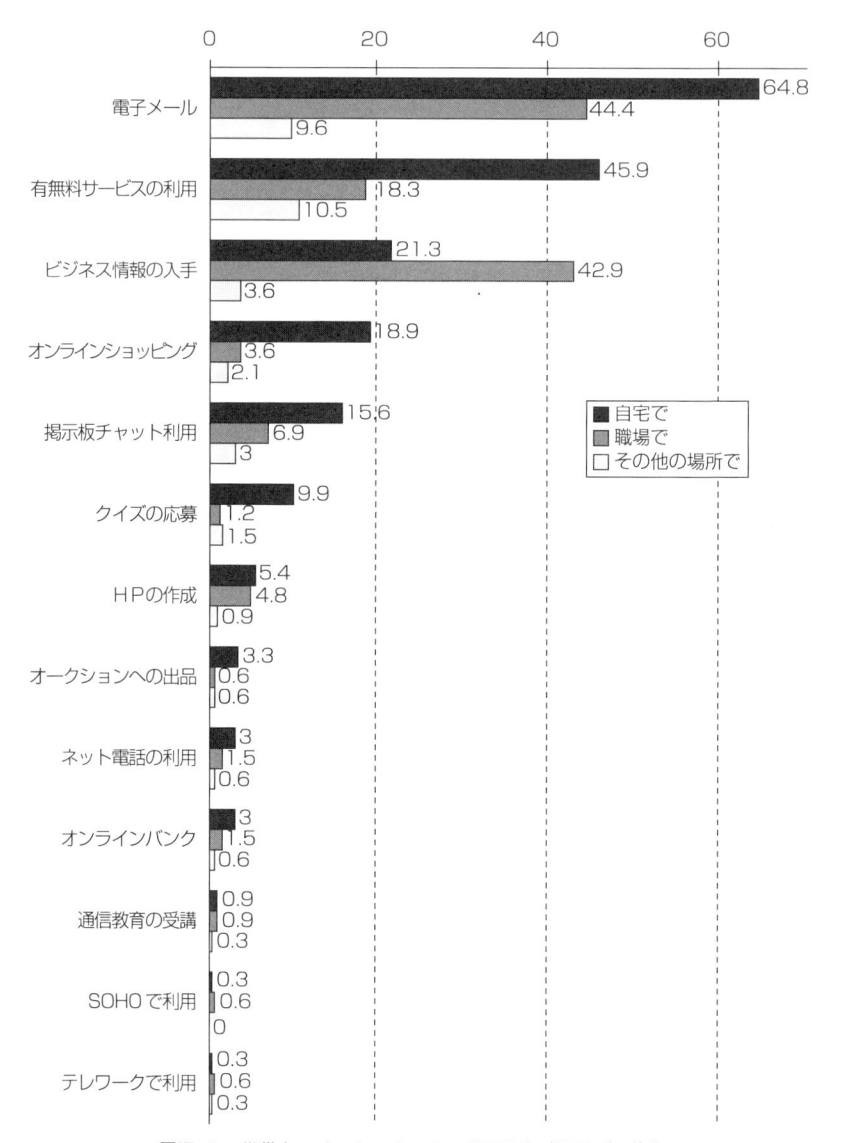

160 第Ⅶ章 インターネット時代の消費者行動

用途	自宅で	職場で	その他の場所で
電子メール	64.8	44.4	9.6
有無料サービスの利用	45.9	18.3	10.5
ビジネス情報の入手	21.3	42.9	3.6
オンラインショッピング	18.9	3.6	2.1
掲示板チャット利用	15.6	6.9	3
クイズの応募	9.9	1.2	1.5
HPの作成	5.4	4.8	0.9
オークションへの出品	3.3	0.6	0.6
ネット電話の利用	3	1.5	0.6
オンラインバンク	3	1.5	0.6
通信教育の受講	0.9	0.9	0.3
SOHOで利用	0.3	0.6	0
テレワークで利用	0.3	0.6	0.3

図Ⅶ-3 世帯主のインターネットの利用用途（場所別）（％）

（出所）図Ⅶ-1と同じ

③インターネットの自宅利用が浸透

　前記総務省調査によれば，利用内容として"電子メール""有無料サービスの利用""オンラインショッピング""掲示板チャットの利用""クイズの応募""HPの作成""オークションへの出品""ネット電話の利用"など大半の用途が自宅で利用されており，職場では"ビジネス情報の入手"のみという結果になっている。この面からも生活者の「自発的利用」が裏づけられよう。

（2）自宅でのネット利用の実態
①利用頻度・時間の状況

　前項と同様，電通の調査データをみると，自宅でのインターネットユーザーは生活者全体の32.4％で，そのうち，週5日以上利用のヘビーユーザーは11.3％，週1～4日利用のミドルユーザーは12.3％，月に2～3日以下のライトユーザーは8.8％となっている。

　さらに同調査から利用時間をみると，自宅でのネット利用時間は1日平均40分弱で，うち男性の自宅ネットユーザーは週平均5.1時間，女性は週3.6時間となっている。

②メール利用は急速の伸び

　同じく電通の調査結果をみると，受信の内訳は「メールマガジン」「DM」「迷惑メール」等が2.9通，これを除く私信が2.2通。メール利用者の保有アドレス数は平均3.7と複数アカウントが浸透しつつある。

　メール相手の人数は平均5.7人，メール相手を特にもたない人が22.8％いる一方で"10人以上いる"人も23.5％いる。また実際に面識のない人とバーチャルなコミュニケーションをしている人が9.1％，同様，面識のない人と掲示板やチャットでやりとりしている人が12.8％いる。

③ホームページの利用実態

　同様，電通の調査によれば，男女とも"検索サイト"がトップで，これに続いて男性は，"スポーツ情報""旅行関連情報""天気予報""個人のHP"など，女性では"旅行関連情報""時刻表・乗り換え情報"などがよく見られている。

（3）携帯電話利用のインターネット

　携帯電話の普及のスピードはめざましいものがあるが，前記電通の調査によれば所有率は生活者全体の67.6％で，まだ持っていない人も約3割（全体ベースでは10％）も今後の所有意向がある。携帯電話でのメール機能（Eメールおよびショートメール）を利用している人は携帯所有者の約7割。若年層の利用が多いが，男性平均62.8％，女性は平均77.3％で，女性の方がメール好きのようである。

　携帯電話のインターネット機能の利用率をみると，"サイト閲覧"や"データのダウンロード"が可能なインターネット機能（Eメールの利用は除く）を利用している人は所有者の4割強。利用コンテンツは"着メロ""待ちうけ画面"，"ニュース・スポーツニュース・天気予報"が上位を占めている。

　携帯メール／ネットに関する不満としては，1）通信料金が高い（40.5％），2）不要なメールを受信しても課金される（31.7％），3）知らない人からメールが来る（23.8％）などで迷惑メールの蔓延が根強い不満理由になりつつある。

（4）インターネットに対する不満や不安

　つぎにインターネット全般への不満，不安をみてみよう。

　日経の「インターネット・アクティブユーザー調査」（第13回）でのシングルアンサー結果をみると，1）プライバシーにかかわる情報の漏えいなどのセキュリティ面（22.3％）2）ダイヤルアップ接触などのデータ転送速度が遅い（20.8％）3）コンピュータウィルスの感染（18.9％），4）通信・電話料金が高い（14.5％）が上位を占めている。

　一方，電通の調査でも自宅ネット利用者の不満点として，1）画面表示が遅い，2）通信料金が高い，3）ウィルス感染の恐れがある，が上位にあがっている。

　プライバシー問題はユーザーが成熟化するに従って醸成される不安といえよう。

①ブロードバンド利用度

　同様，電通の調査によれば，自宅ユーザーのブロードバンド認知率は8割を

超えるが，実際の接続手段はアナログモデムや ISDN が依然として主流であり，ADSL や CATV などによるブロードバンド利用率は自宅ユーザーの 15.6％（全体ベースでは 5.1％）にすぎない。

今後の利用については，自宅ネットユーザーの半数であるが，非利用者でも 2 割が利用意向を示しており，両者をあわせると生活者全体で 4 人に 1 人がブロードバンド利用意向があるとしている。

なお，ブロードバンドへ移行したユーザーの 7 割のネット利用時間が増加し，その分，情報収集やコミュニケーション活動が活発化している。

②将来受けたい情報通信サービス

総務省「平成 13 年・通信利用動向調査」によれば自宅でのニーズは"健康相談や診断"がずばぬけて高く，高齢化が進むだけにこの面の対応が今後官・民の視点から重視されよう。ついで，"ビデオ・オン・デマンド"，"行政サービスや公的施設の予約"，"ＴＶ電話サービス"，"銀行や郵便局の残高照会や振り込み"などが多い。

外出先では"場所特有の情報（交通情報，お店情報など）"について"ＴＶ電話サービス"，"行政サービス"，"銀行や郵便局サービス"などがあげられている。"ネットショッピング"については 10 ％程度である。

③バナー広告とメール広告へのクリック状況

「日経・インターネット・アクティブユーザー調査」（第 13 回）によるバナー広告や電子メールマガジンの広告のクリック状況をみてみよう。バナー広告ヘクリックしたことのない回答者は 19.7 ％で利用歴が長くなるにつれてクリック経験者が当然ながら大きく増えている。と同時に"以前と比べてクリックする頻度が増した"という回答も減少している。バナーを手当たり次第にクリックするようなことが少なくなり，自分なりのペースができ上がっていくものと思われる。

一方，電子メールマガジンに関してはメールマガジンを購読していないユーザーは 5.9 ％で，初心者ユーザーでも 9 割近くがメールマガジンを購読していることがわかる。

「インターネット広告」自体に関してはプロモーションの章に委ねたい。

(5) インターネットへの意識・イメージ

ここで改めてインターネットへの意識・イメージを考えてみると，先の電通調査によれば，生活者全般から「インターネット」の連想イメージとして"便利""情報の宝庫""生活に役立つ""面白い"など肯定的イメージが抱かれている。とくにネットユーザーがノンユーザーに比較して強いのは"面白い""好奇心を満たす""気軽""簡単"といった側面である。逆にノンユーザーでは"とっつきにくい"が高く，"便利"で"時代の先端を行くもの"と思いつつも距離を置いている。とくに高齢者にこの傾向が高いことから，今後は利用者のとっての容易さへの改善がインターネットのさらなる普及への鍵といえよう。

さらに普及の重要な問題点として"プライバシー"の問題がある。社会全体としても住民基本台帳に関し，プライバシー法の制定以前になされたこともあって物議をかもしているし，国民の中でプライバシーの問題に関心が高まりつつある。この面では欧米人に比し弱いとされていたが，インターネットの普及とも重なって国民的テーマになってこよう。

3　ネットショッピング

(1) ネットショッピングの実態

①ネットショッピングの実体験

まず，ここでも前節と同様(株)電通の調査結果からみてみよう。

ネットショッピングの経験をもつものは生活者全体の11.8％で，PCネットユーザー（自宅，職場）では28.1％，自宅ユーザーに限ると34.4％である。男女比では男性が61％に対し女性が39％で男性の比率がかなり高く，年代ごとにみても男性30代が最も多い。本来，ショッピングは女性の比率が高いことから，この市場の開拓余地が大きいと考えられる。

②利用サイトと商品サービス

よく利用するサイトとしては，①ネット書店（25.4％），②旅行関連サイト（23.2％），③パソコン，家電販売サイト（22.6％），④ネットオークション（22.6％）があり，購入経験のある商品サービスとしては①書籍，雑誌（31.6

3 ネットショッピング

●過去一年間のネットショッピングの利用状況（ネットショッピング利用者を100とする）

項目	%
各種チケット	40.3
書籍・CD	36.9
パソコン関連商品	32.6
趣味雑貨	29.1
服飾雑貨・貴金属	24.6
食料品	16
パック旅行	12.7
家具・家電・家庭用品	9.7
ギフト商品	8
金融商品	7.6
美容・健康・医療器具	4.5
不動産・自動車	0.8
その他	4.5

●過去一年間のネットショッピングの購入額

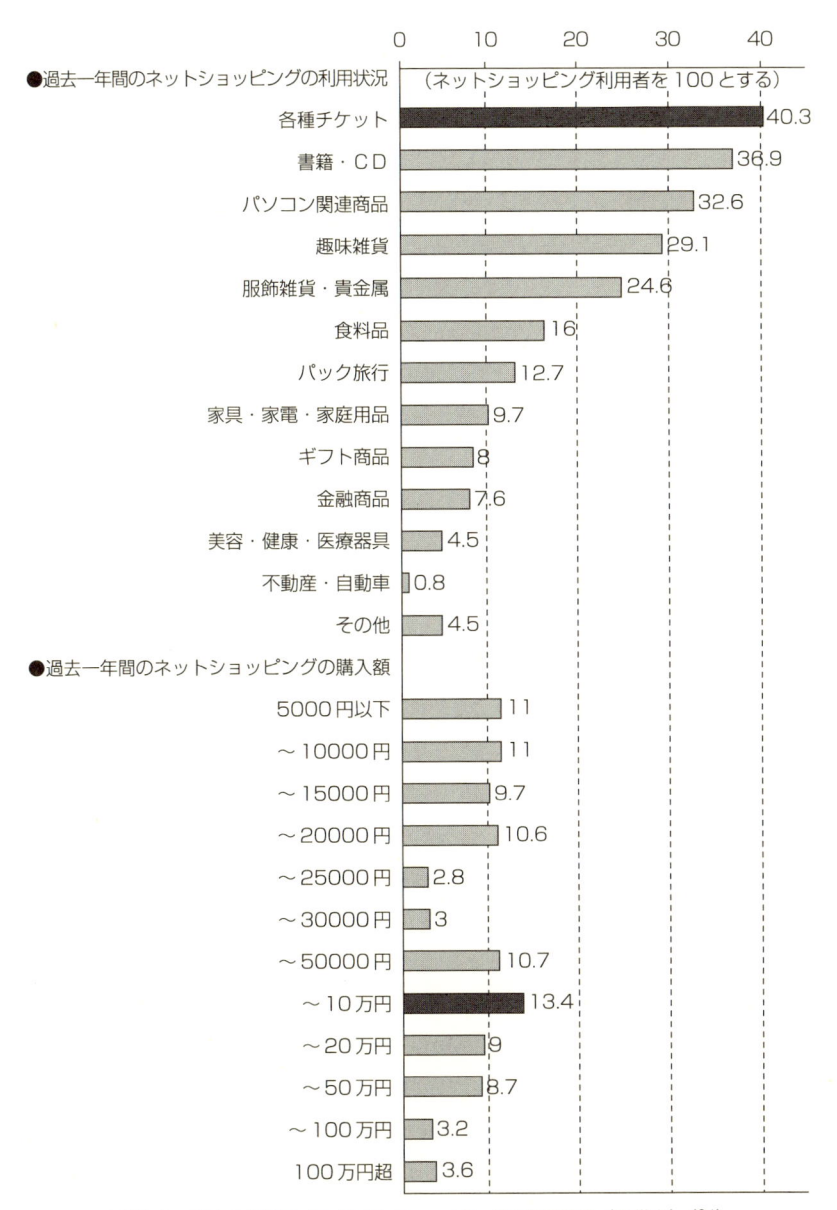

項目	%
5000円以下	11
～10000円	11
～15000円	9.7
～20000円	10.6
～25000円	2.8
～30000円	3
～50000円	10.7
～10万円	13.4
～20万円	9
～50万円	8.7
～100万円	3.2
100万円超	3.6

図VII-4　過去1年間のオンラインショッピングの利用状況（世帯主）（％）
（出所）図VII-1と同じ。

%），②旅行関連商品（23.2％），③衣料品・ファッション用品（23.2％），④パソコン関連機器（22.0％）となっていて，基本的に多品種または，指名買い商品の人気が高いようである。

一方，総理府「平成13年通信利用動向調査」（2002年5月）による購入品目は，"各種チケット"，"書籍・CD"，"パソコン関連商品"，"趣味雑貨"，"服飾雑貨，貴金属"がベスト5となっていて，ほぼ同様の傾向がでている。さらに，過去1年間の購入金額ではバラつきがあるが，約半数が3万円以下で，24％が3万超～10万以下となっている。中では年間10万円以上が25％もいるのは注目される。

③ネットショッピングのイメージ・評価

電通調査によると，生活者全体のネットショッピングに対するイメージ・評価ではポジティブなものとして，1）わざわざ出かける必要がない（41.4％），2）24時間いつでも利用できる（32.7％），3）買い物の手間を省いてくれる（24.4％）と続くが，そのほか"多くから選択できる"，"安く手に入る"などがある。

さらに，"企業への提案ができる"といった「双方向性」が垣間見られる。

一方，ネガティブな点としては，1）商品の質感が伝わりにくい（47.7％），2）個人情報がもれる恐れ（28.0％），3）店員の詳しい説明が聞けない（19.1％），4）通信費や送料がかかる（高い）（14.0％）となっている。

④消費者自体の今後の利用意向

一方，前記電通調査での，生活者全体の今後のネットショッピングの利用志向は"利用したい"が31.4％で，自宅ネットユーザーに限れば53.1％が今後の利用志向を示している。したがって，ネット人口の増加とともに徐々にネットショッピングは定着しつつあると考えられる。これらの今後の利用志向のある者に"今後買いたいもの"をきくと，1）イベントチケット（43.3％），2）旅行関連商品（42.0％），3）書籍・雑誌（36.9％），4）音楽・CD・ビデオ（27.8％），5）生活雑誌・インテリア（27.0％）と続く。

（2）ネットオークションによる C to C の進展

これまではいわゆる B to C について述べてきたが，静かに進展しているの

が消費者同士で個人輸入や中古品，不用品を売買するインターネットオークションである。ADSL（非対称デジタル加入者線）などブロードバンド通信環境の普及が追い風になっている。常時接続のブロードバンドならば出品商品を何度チェックしても通信費は定額である。最大大手のヤフーが年間取扱高は2,3年で現在の3倍の1兆円に達する（井上雅博社長）とみるほど市場は盛り上がりをみせているという。競売にならないものはないほど品揃えは充実していて，割安だし，値段がせり上がるのでゲーム性もある。広告まがいの商品を消すために行ったヤフーの手数料値上げを契機に楽天やビッダーズなどが競争しあい，ブロードバンドの普及もあいまって今後も各方面への広がりがみられそうである。

（3）ネットショッピングの将来
①今後の市場規模

　電子商取引推進協議会，アクセンチュア，経済産業省は共同でネット事業者へアンケート調査を行い，今後5年間のネットショッピングの市場規模予測を公表した。それによると2000年度で8240億円と推定される消費者向けネット通販の市場規模は5年後の2005年には13兆3000億円の規模に達するという。5年間で年平均成長率176％という驚異的な成長率であり，市場は実に16億にふくれあがることになる。百貨店やスーパーなど各種商品小売業の1999年度の年間販売額は21兆217億円であるからその63％を占めることになる。もしこの数字が信頼できるならこれは大変な事業機会である。逆に日本の小売店舗数は減少の一途をたどっており，ネット通販の急速な発展は小売店業界すべてがこれに適応していかせざるをえない環境になっているともいえる。

②商品別ネット通販の可能性

　前述の電子商取引推進協議会などの共同調査から導き出された市場規模の予測数値はあまりにも楽観的なようである。その理由は事業者調査をベースにしており，消費者の反応をとり入れていないことにもよっている。そこでここでは流通科学大学の田村正紀教授の消費者調査・「神戸調査」による予測結果を紹介したい[4]。

　前提として潜在市場が現実市場となって実現するにはインターネットの普及

第Ⅶ章　インターネット時代の消費者行動

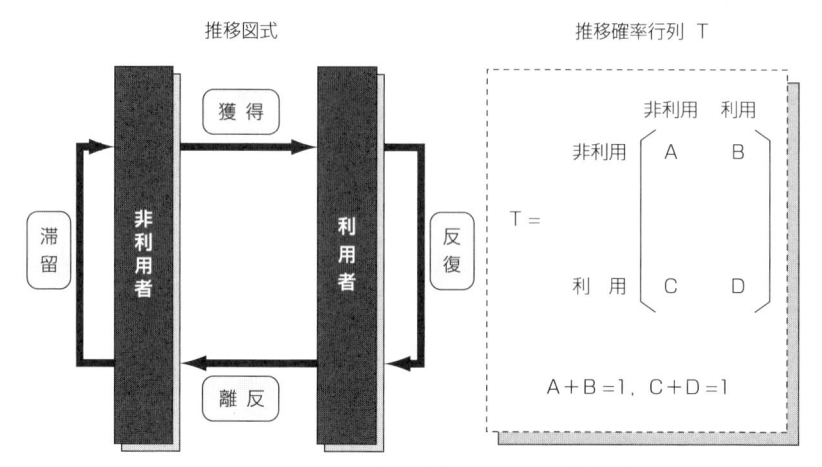

図Ⅶ-5　ネット通販の利用者状態と非利用者状態間の推移

推移図式

推移確率行列 T

$$T = \begin{pmatrix} & 非利用 & 利用 \\ 非利用 & A & B \\ 利用 & C & D \end{pmatrix}$$

$A+B=1, C+D=1$

（注）非利用滞留確率A　＝滞留者数/非利用者数
　　　獲得確率B　　　　＝非利用者から利用者への推移者数/非利用者数
　　　離反確率C　　　　＝利用者から非利用者への推移者数/利用者数
　　　利用反復確率D　　＝反復者数/利用者数

以外にもいくつかの条件がある。それは，1）多くの消費者が電子商取引に参入してくること，2）経験した人が満足して反復利用するようになること，3）多くの品種に拡大していくことなどである。そこで経験率と利用志向率をみると，品種間での分散は大きい。そこからネット通販への適合商品の特徴は，1）商品がデジタル化できる，2）商品タイプによって品質上の相違があまりない，3）商品の安全性に不安がない，4）広告による知覚品質の差別化が行われていないといった点をあげている。

　ネット通販の利用者と非利用者という2つの状態間を消費者がどのように推移しようとしているかの様子を示しているのが図Ⅶ-5である。表Ⅶ-2の（4）～（7）は図5の4種の確率をパーセント表示したものである。均衡利用率が現在のような消費者行動（推移行列）が続けば，将来はどうなるかということを示している。これをみると，書籍，レコード，CD，趣味・ホビー用品，ソフト，ビデオ，DVDなどは高い均衡利用率を達成する。これらの業界では，ネット通販を起爆剤にした流通革命が起こりうるとしている。また，パソコン関連商品，文房具，事務用品，玩具・ゲーム類，カジュアル衣料，医療・化粧

表Ⅶ-2　ネット通販をめぐる消費者行動（標本数=1969）

品　種	ネット通販の 経験率 (1)	ネット通販の 利用意向率 (2)	マルコフ均衡利用率 (3)	ネット通販利用状態間の推移 非利用滞留率 (4)	新規獲得率 (5)	離反率 (6)	反復利用率 (7)
書籍・レコード・CD	4.06	17.56	30.1	84.8	15.6	36.3	63.8
パソコン・関連商品	2.44	6.65	9.0	94.9	5.8	58.3	41.7
ソフト・ビデオ・DVD	1.68	8.88	14.5	91.9	8.2	48.5	51.5
婦人服	1.57	4.92	6.9	95.9	4.3	58.1	41.9
加工食品・酒類	1.57	3.91	6.4	96.9	3.1	45.2	54.8
医療・化粧品	1.32	4.21	7.0	96.9	3.5	46.2	53.8
カジュアル衣料	1.27	5.79	7.1	94.9	5.5	72.0	28.0
玩具・ゲーム類	1.07	5.63	7.4	94.9	5.3	66.7	33.3
時計・貴金属	0.96	1.83	2.1	98.9	1.5	68.4	31.6
文房具・事務用品	0.91	5.89	7.7	94.9	5.6	66.7	33.3
バッグ・鞄	0.71	5.08	5.5	95.9	5.0	85.7	14.3
子供服	0.71	3.05	3.9	97.9	2.3	57.1	42.9
趣味・ホビー用品	0.66	7.51	18.7	92.9	7.1	30.8	69.2
レジャー用品	0.51	4.77	6.2	95.9	4.6	70.0	30.0
紳士服	0.51	1.57	2.0	98.9	1.4	70.0	30.0
家具・食器	0.46	3.91	4.7	97.9	3.9	88.9	11.1
家事用家電	0.36	2.44	3.9	97.9	2.3	57.1	42.9

（注）1．（1）～（3）は，全標本数を100とする比率であり，（4）と（5）は各品種のネット通販の非利用経験者を100とする比率，（6）と（7）は各品種のネット通販の利用経験者を100とする比率である。
　　　2．その他の品種についての経験率と利用意向率は，つぎのようになっている。各品種名の後のカッコ内の前数字は経験率，後数字は利用意向率である。スポーツ用品（0.36, 4.47），カジュアル靴（0.36, 1.83），自動車部品（0.30, 1.37），カメラ（0.25, 1.88），台所・トイレタリー用品（0.25, 3.10），電話・ファックス類（0.20, 1.12），大工・園芸用品（0.10, 3.40），テレビ・情報家電（0.10, 2.08），傘・帽子（0.05, 1.42），美術・工芸（0.05, 0.71），自動車（0.05, 0.51），メガネ（0.05, 0.20），呉服（0.05, 0.05），フォーマル靴（0.00, 0.76）。
（出所）田村正紀，「岐路に立つ電子小売業」，一橋ビジネスレビュー，2001年，AUT より

品，婦人服，加工食品，酒類，レジャー用品などの領域でもネット通販利用客はその業界で無視できない市場セグメントになると予想している。

　この調査によるネット通販の業種別成長率（マルコフ均衡利用率／経験率）の成長率ベスト5は，1）趣味・ホビー（28.3％），2）ソフトビデオ・

DVD（8.7％），3）文房具・事務用品（8.4％），4）書籍・レコード・CD（7.4％），5）玩具・ゲーム類（6.9％）となっている。マルコフ過程は，均衡値へ比較的短期間で接近するから，それらを2005年までの近似的な成長率と考えてもよいとしている。

　ネット通販の経験者を反復利用者と離反者に振り分ける要因は確かに魅力的な商品，サービス，魅力的な販売促進，買い物時間の節約，注文の容易さなどが効くことは確かだが，ネット通販の鍵をにぎるのが"売り手の信頼性"や"買い物リスク"，"種々のセキュリティの問題"である。かつて行商人の取引では売り手の信頼性が重要な問題であったが店舗を構える定住商店が多くなりこの問題の多くは解決されてきた。それがネット通販ではこの古典的問題が復活しているといえよう。

4　インターネットのライフスタイルへの影響

（1）消費低迷は打破できるか

　不況がいわれ，消費不振がいわれて長い年月が経過している。デフレスパイラルという言葉も聞き慣れてしまっている。消費低迷の裏づけデータも数多い。ではなぜ消費不況なのか。この理由について考えてみたい。

　一般的には「将来不安」がその最大理由だとされている。すなわち，高齢者にとっては介護，医療などの老後の不安，中高齢層は雇用，所得など，若年層も雇用や年金への不安などである。土居丈朗慶応大助教授の最近の実証研究は，雇用リスクの増大により将来所得が不確実になったために予備的な貯蓄が増加したことを明らかにしている。リストラされるかもしれない，次の職がみつからないかもしれないという不安から消費は抑制されたというものである。内閣府の『2001年度・経済財政白書』によれば，家計が消費を減らした理由として"仕事，所得の将来不安，不確実性の強まり"が50％でトップ，あと"今後も所得減少の見込み""今後増税，社会保証負担引き上げの見込み""今後の，年金，社会保障給付引き下げの見込み"と続いている。終身雇用制の解体，護送船団方式の終わりの印象が雇用不安を定着させてきたといえる。

　一方で，この章の冒頭で述べたように消費トレンドは「10人100色時代」

となり，消費に占める"選択的消費"つまり，必需品への出費を削り，その人なりにこだわりをもつ商品に出費する消費の割合が増え，これがいわゆる「ラチェット効果」（不況期には所得減退とともに消費性向が上昇する）が弱まる背景を生み出したという説もある。また90年代以降，画期的な技術革命が減って欲しいものがなくなったという説もある。携帯電話も通信費ともどもその分ほかの消費を抑制してマクロ経済にプラスに作用しなかったようである。新製品が売れたとしても家計が予算を増額しない限り，景気は上向がないのである。パソコンや携帯電話の普及によるインターネットの普及が経済全体を浮揚させる力をもつとは思えない。

国税庁が9月末に発表した民間給与実態統計調査によると，民間企業に勤める人の2001年1年間に受けた1人当たりの平均給与は450万円で前年比7万円減少したことがわかった。これで4年連続前年を下回り，下げ率，下げ巾とも過去最大である。リストラなどで高額所得額者が減り，企業業績に左右される賞与だけでなく，給与の落ち込みが影響したとしている。平成15年度以降には厚生年金や健康保険料の家計負担が増えるなど個人消費の下押し材料は多い。このようにインターネットはあくまでツールであって目的ではない。したがってインターネットが従来行動の便利な代替財である限りは消費の拡大は望めない。いかに新たな価値を作り出していけるかが今後の課題であろう。

(2) ネットコミュニティの進展

これからの「10人100色時代」は仕事のみに生きがいを感じるのではなく，趣味や地域コミュニティなど幅広い多面的なライフスタイルが求められている。したがって仕事以外の人々とのかかわりあい，関係作りも生活のテーマになりつつある。こんな時代背景の中でインターネット上のコミュニティ（掲示板，フォーラム，チャット等）が注目されてきている。前述の電通調査によれば，ネットコミュニティ参加率は生活者全体で7.2％になっている。年齢別にみると，10代女性のPCネットユーザーでは3人に1人が参加経験をもっているという。ネットコミュニティの利用場所では自宅が89.9％と圧倒的に多いが，職場，学校からも22.9％の人が利用したことがあるとしている。

参加コミュニティ数は平均7.1個だが，その参加コミュニティの種類として

は，1）趣味サイト，つまり，同好の士の集まりが72.3％と断トツに高く，2）Q＆Aサイト（19.3％），3）地域型サイト（17.4％），4）アングラ系サイト（12.8％），5）ファンサイト（11.0％）と続いている。

ネットコミュニティ参加理由としても，①興味・関心のある情報が得られる（71.6％）が圧倒的に高く，情報収集の手段としての利用が多いが，情報発信や出会いの場としても活用されている。

一方，ネットユーザーでネットコミュニティへの参加をしない理由として，1）あまり興味がない，面倒くさい（68.7％）が断トツで，あとは，2）登録情報の流出の恐れ（16.9％），3）ネットコミュニティ独特の雰囲気（オタクっぽい，白々しい）（14.6％）となっている。未経験者の今後の参加意向では10.6％で，生活者全体ベースでは3.7％となっている。未経験者にとってネットコミュニティは"何だかよくわからないし，面倒くさい"として今後も参加意向はあまりないということになっている。このようにわが国のネットコミュニティに関してはいまのところ話題先行のようだが，生活者のライフスタイルが，「個別化」に進むにしたがい，「自己表現の場」として活用されてくるように思える。

1980年に「第3の波」を発表し，「高度情報化社会」を予言した未来学者・アルビン・トフラーは21世紀について"インターネットの普及によって個人と組織，消費者と企業の関係はまったく逆転するだろう"としている。

NHKのスペシャル番組「ネットワーク市民が世界を変える」の中でもその事例をあげていた。ロサンゼルスのホームページで玩具を売っている"イートイズ社"がその2年前に発足していた芸術家団体"イートイ"の名前をはずすよう訴訟を起こしたところ，力で支配しようとする大企業に対する抗議の電子メールがインターネット上に終結し，これが，不買のアピールや，株主のためのホームページに書き込みがはじまり，株の売却，株価の急速な下落（67＄が28＄に）となり，経営を圧迫し，1ヵ月間で訴訟をとりさげるという事例を紹介していた。トフラーも"買った車の調子が悪いとき，従来は腹を立てているだけだったのが，インターネットで同じ車を買った人で同じ故障した人はいませんかと呼びかけ，力を結集し，メーカーに改善をせまるというように，個人が政府や企業に力をもつ時代になる"と予言している。インターネットは個人

の消費や生活に力を与えていくに違いない。

(3) ネット普及によるインターネットの役割と他メディアへの影響

先の電通の調査によれば"欲しい情報をすぐ手に入れる"手段としてノンユーザーの4.5割が「テレビ」と「新聞」をあげているに比し，ネットワークユーザーの7割が「インターネット」を挙げており，このインターネットのメリットが既存メディアへの影響が大きいことを物語っている。

つぎに"人と話題を共有できる情報が得られる"ではユーザー，ノンユーザーとも「テレビ」，「新聞」をあげているが，その中ではネットユーザーの「雑誌」での共通情報としての評価の高いのが注目される。"信頼できる情報"としてはいずれも「新聞」があげられ，とくにネットユーザーの方がさらに強く評価しているのが興味深い。

いずれにせよ，"欲しい情報を早く入手するにはネット"，"共通の話題はテレビ"，"信頼できるのは新聞"というように使い分けられており，とくにネットユーザーはこの使い分け能力が高いことがわかる。

成熟化にともない，最近のマーケティングのセオリーとして，従来のマス・マーケティングにおける新規顧客の獲得以上に既存顧客の維持が重要という考えが重視されている。それは「リレーションシップ・マーケティング」，「ワン・トゥー・ワン・マーケティング」，「パーミッション・マーケティング」といった考え方である。その基本的考え方としては"新規顧客の獲得コストは既存顧客維持の5倍必要"（アクイジションの1：5効率），"上位20％の上顧客が売上全体の80％を占める"（パレートの法則）といった考え方にもとづくCRM (Custom Relationship Management) の経営手法といえる。つまり，顧客の満足感を充実させ続けることで，顧客との関係を形成し，維持し続ける経営手法ということである。ここでは"市場シェア"より"顧客シェア"，つまり，1人の顧客に多く売ることを目指し，そのためには"ライフタイムバリュー（顧客の生涯価値）"を重視する考えである。

このCRMでは，冒頭に述べたように，"購入客に満足する経験をさせる"ことが重要であるとする。なぜなら，ブランドイメージはブランド経験で強化しないと失われてしまうし，一般的に一度の購入では顧客への投資費用が回収

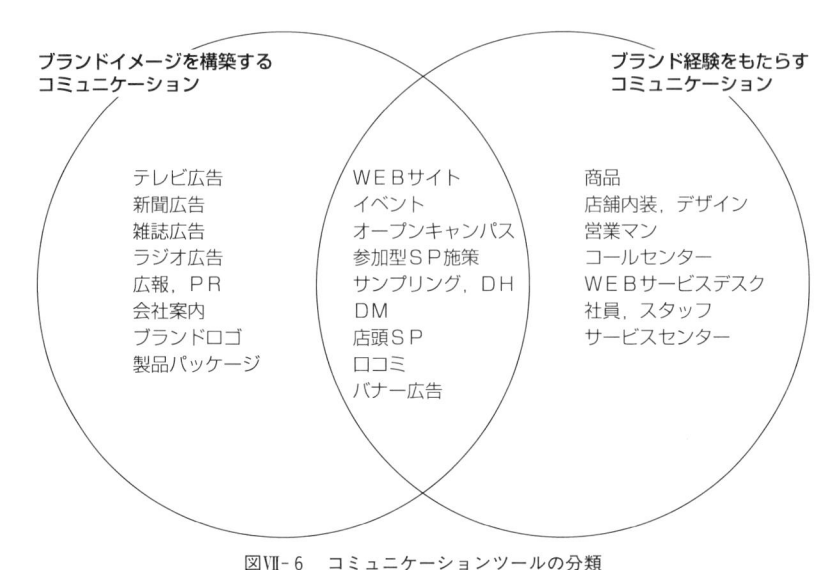

174　第Ⅶ章　インターネット時代の消費者行動

```
   ブランドイメージを構築する              ブランド経験をもたらす
   コミュニケーション                     コミュニケーション

    テレビ広告         WEBサイト          商品
    新聞広告          イベント            店舗内装，デザイン
    雑誌広告          オープンキャンパス    営業マン
    ラジオ広告        参加型ＳＰ施策       コールセンター
    広報，ＰＲ        サンプリング，ＤＨ    ＷＥＢサービスデスク
    会社案内          ＤＭ               社員，スタッフ
    ブランドロゴ       店頭ＳＰ           サービスセンター
    製品パッケージ     口コミ
                     バナー広告
```

図Ⅶ-6　コミュニケーションツールの分類
（出所）藤田憲一『図解よくわかる CRM』，日刊工業新聞社，2001 年

されないからである。

　このように考えてくると，コンサルタントの藤田憲一氏が[5]で述べているように，「ブランドイメージを構築するコミュニケーション」と「ブランド経験をもたらすコミュニケーション」に大別して考えることができる。こうしてみるとブランド経験オリエンテッドなツールは，IT の進化の影響を受けるものが多いのが特徴となる。例えば営業マンは「SFA」，コールセンターは「CTI」，WEB サービスデスクは「インターネット，モバイル端末」，社員，スタッフによる顧客への対応も「データウエアハウス」の進化で顧客識別による個対応が可能になったわけである。

　これに対し，既存メディアも CS，BS デジタルなど新たなメディアや多チャンネル化など変化の波が押し寄せている。

　いずれにせよ，顧客にブランドを認知させ，ブランドイメージを形成するには，テレビや新聞は WEB などのサイバーメディアに比較し圧倒的なボリューム面で優位性がある。しかし，ブランド経験を起こさせる魅力的なブランド

イメージを効果的に訴求するような中間の SP 系ツールについては，IT 活用が重要になってきている。これらの適確なコミュニケーションミックスの使用方法がユビキタス社会に向かってのマーケティングマンの腕のみせどころといえよう。

(河邊匡一郎)

注
1) 小高尚子「エクスペリエンスが動かす&エコノミー」,『Human STUDIES』26 号「生活 IT 王国をめざして」, 電通総研, 2001 年 3 月より。
2) (株)電通Ｐ＆Ｄ局デジタル・ライフスタイル研究部,「2001 年の話題商品・ヒット商品」, 2001 年 12 月。
3) 「2001 年ヒット商品番付」, 日経流通新聞 2001 年 12 月 13 日号。
4) 田村正紀「岐路に立つ電子小売業」,『一橋ビジネスレビュー』2001 年 8 月号。
5) 藤田憲一『図解よくわかる CRM』, 日刊工業新聞社, 2001 年。

【参考文献】
野村総合研究所『日本の構造改革』, 野村総合研究所, 2001 年。
田内幸一他『ゼミナールマーケティング 理論と実際』, TBS ブリタニカ, 1995 年。
清水公一『共生マーケティング戦略論』, 創成社, 1996 年。
高橋純平他『コミュニケーションとこれからの社会』, ナカニシヤ出版, 1995 年。
近藤隆雄『サービスマーケティング』, 生産性出版, 2000 年。
有馬賢治他『バリュー・クリエーション・マーケティング』, 税務経理協会, 1998 年。
木村静江他『情報社会と生活経営』, 酒井書店・育英堂, 1994 年。
北野大他『環境くらし学』, 研成社, 2001 年。
ポール・グリーンバーグ著, 齋藤英孝訳『CRM 実践顧客戦略』, ダイヤモンド社, 2000 年。

第Ⅷ章
インターネット時代と法規制

1　インターネット時代の消費者保護

（1）はじめに
　インターネットが社会のインフラとして定着したことは消費者にとって大きな変化をもたらした。時間的制約，場所的制約そして物理的制約を越えて消費者と事業者が接することが可能になったことである。人類の歴史の中で自給自足時代がそうであった。物々交換では自分の責任においてモノを交換しそれに欠陥があれば相手を責め二度と彼とは交換取引をしないことであった。しかし，今は相手がどこにいるかわからない。ネット社会では消費者と事業者が直接的に接することが可能になったがお互いの所在がわからなくなっている。「自己責任時代」が到来したといえる。自給自足時代では相手と顔を見合わせ，言葉を交わし，取引をした。個人と個人との相対取引では相手の顔を見て契約を締結していた。今は相手が見えない。ネット上では情報の格差が大きい（情報の非対称性）。デジタル機器を駆使する能力差デジタル・ディバイド（情報機器格差）もある。情報がどこまで信用できるのか，何が危険かを判断し，行動する前に起こり得るリスクを考えるというプロセスが消費者に要求される。まさに賢い消費者が求められる時代である。消費者保護の問題は先進国であるアメリカ合衆国でケネディ大統領が『消費者の利益保護に関する大統領特別教書』を1962年3月15日に報告した。ここで，1）安全を求める権利（The right to be safety），2）知らされる権利（The right to be informed），3）選ぶ権

利（The right to choose），4）意見を聞いてもらう権利（The right to be heard）の4つの権利が示された。この原点に戻って消費者保護を検討しなければならない。インターネット時代であればこそ消費者を保護する数々の法規制を企業，消費者ともに理解しなければならない。賢い消費者なくしてマーケティングは成り立たないといっても過言ではない。マーケティングを担当する者は「いかに賢い消費者を育てる能力があるか」「消費者教育ができるか」にかかっている。規制緩和がどんどんと進む。消費者に自己責任が求められている。自己責任の水準は消費者の教育水準で決まる。したがってマーケティング担当者の果たす役割は消費者の教育といっても過言ではない。以下に記述する内容を理解して能力開発に努めてほしい。

（2）消費者保護基本法

1968年（昭和43年）に消費者保護基本法が制定された。基本法では「消費者の利益の擁護及び増進に関する対策の総合的推進を図り，もって国民の消費生活の安定及び向上を確保することを目的」としている。その目的を達成するために，消費者問題解決の当事者である行政，事業者，消費者の三者の責務や役割を定めている。すなわち，

1) 行政の責務として，経済社会の発展に即応して，消費者の保護に関する総合的な施策を制定し実現すること。
2) 事業者の責務として，その提供する商品について，危害の防止，適正な表示など必要な措置を講ずるとともに，行政の施策に協力すること。また，商品・役務の品質の向上，消費者苦情の適切な処理に努めること。
3) 消費者の役割として，自ら進んで知識を習得し，自主的かつ合理的に行動することによって，積極的な役割を果たすこと。

が定められている。3つの主体のうち，行政と事業者については「責務」を定めているが，消費者については「責務」ではなく「役割」としている。この基本法の制定によって，日本の消費者行政は体系づけられた。基本法では弱者である消費者を保護するために，2つの分野から政策が用意されている。それは，第1に相対的に強い立場になっている事業者に対する規制であり，第2に弱い

立場にある消費者に対する支援である[1]。前者としては，①危害の防止（7条），②規格の適正化（9条），③表示の適正化（10条），④公正自由な競争の確保（11条）があげられる。後者については，①消費者啓発・教育（12条），②消費者意見の反映（13条），③商品テスト（14条），④消費者苦情処理（15条），⑤消費者の組織化（17条）などがあげられる。この国の責務に対し，地方公共団体は国の施策に準じて施策を講ずるとともに，地域の社会的・経済的状況に応じた消費者保護に関する施策の策定・実施の責務を有する（3条）。苦情処理体制の整備に関しては都道府県，市町村において施策，苦情処理のあっせん等に努めることになっている（15条）。事業者は国・地方公共団体が実施する消費者保護に関する施策に協力する責務を有する（4条）。消費者の役割は，経済社会の発展に即応して，自らすすんで消費生活に関する必要な知識を習得するとともに，自主的かつ合理的に行動するように努めることによって，消費生活の安定・向上に積極的な役割を果たすものとしている（5条）。

この消費者保護基本法はわが国の消費者法の基本的枠組みを示すもので消費者法の憲法である。しかし制定後30年余を経過して経済社会環境の変化は弱者である消費者の保護よりも，賢い自立した消費者を育成する方向を目指さなければならなくなっている。この基本法の存在は大きいが新しい環境にあった基本法の改定が必要である[2]。

（3）情報化と消費者問題

経済社会システムが大きく転換している。情報化の進展は消費者に大きな力を与えた。消費者の情報発信力も大きくなった。インターネットの急速な普及は消費者にとっても情報収集の場が拡大された。従来は業法による業者を規制することが消費者保護であり事前規制が中心であったが，規制緩和が推進され消費者の自己責任による選択がなされるようになった。何か事があれば事後に保護することになる。それよりも消費者教育を行い賢い消費者を育成することが大きな課題になっている。事前規制を行うことで市場取引を規制し，消費者は高い商品・サービスの提供を受けてきた。規制することで消費者を保護するのであれば公法ルールだけで取引ルールを決めればよかった。しかし，規制緩和は消費者の自由な取引を行う環境の整備が求められるようになり私法ルール

の整備が進んでいる。取引の形態も多様化していている。インターネットの普及は国内に限らず世界各国の事業者と取引する消費者も増加している。情報もボーダーレスで世界から入ってくるし，消費者が発信することも可能である。まさにわが国の中だけの法規制で消費者を保護できる時代ではなくなってしまった。消費者の自己責任時代である。自己責任時代というと無責任な言葉と受けとめられるかもしれないがそうではない。自分で意思決定できる能力を開発することは行政だけでなく，事業者，学校，家庭で行わねばならない。多種多様な情報に接する機会は増加している。どこでも簡単に情報が手に入る時代になった。まさにユビキタスな時代（いつでもどこでも誰でも情報にアクセスできる時代）であるといえる。ここでは消費者がどのような情報を選択するかにかかっている。消費者が自分の行う取引に関する必要な情報を入手して適確な意思決定がなされれば消費者被害は生じない。すなわち情報の問題としては，消費者の選択肢に関する情報の入手と入手した情報の処理の両方が考慮される必要がある。消費者が商品・サービスについて必要な情報をもっていなければ，適切な選択判断は不可能である。また，その情報をもっていてもその情報の意味を正しく理解できなければ適切な判断はできない。また，消費者被害にあったときにどのように対応するかも消費者に必要な情報である。裁判をしてみなければわからないような情報では意味がない。インターネット時代の消費者保護を検討するとき，これはきわめて大きな問題である。個々の消費者が個々の取引において現実にいかなる情報を保有し，また具体的にその処理能力がどの程度かを検討するよりも定型的に存在する消費者と事業者間の情報偏在が消費者の意思決定にどの程度影響しているかが問題である[3]。ミクロに目を移せば個々の取引における具体的な消費者の情報量・情報処理能力に着目してその影響を検討することである。例えば消費者契約法の規定する消費者契約の取消をこの消費者に認めるか，電子契約法によりこのインターネット取引は保護されるかなどである。具体的な知識・情報を消費者が知ることによって事業者との取引において賢い意思決定がなされるのである。

2　インターネット取引と契約

（1）民法における契約法

われわれの生活における物を所有したり，売買契約をするという財産関係を規律する法律が民法である。民法は具体的に次の三原則から定立されている。

①私有財産尊重の原則

所有権不可侵の原則ともいわれる（憲法29条，民法206条）。

②私的自治の原則

個人が権利義務を取得するには，原則として個人の意思にもとづくものであり，個人意思の行動は自由であるという原則である。私的自治は普通法律行為，契約によって行われるので法律行為または契約自由の原則といわれる。

③自己責任の原則

個人は自己の故意または過失にもとづく加害行為についてのみ損害賠償の責任を負うという原則である。過失責任の原則といわれ，不法行為上の原則である（709条）。しかし，個人主義思想を基調とする民法においても公の利益を考慮する観点も必要であった。公共の福祉の原則，公序良俗の原則（90条），取引安全の原則（109条〜112条）および無過失責任理論（717条）なども対応している。私権は公共の福祉に遵う（1条1）という大原則である。取引の観点から民法にアプローチしてみたい。大量生産，大量販売が進むなかで事業者はいろいろな販売形態を模索してきた。大量に商品を作ったとしても売れなければ何にもならない。流通経路もスーパー，コンビニ，通信販売そしてここ数年，インターネット通信販売が普及してきた。新しい販売形態が生ずれば新たな法律問題が生じてくる。しかし，まず取引には民法の基本を押さえておくことが必要である。われわれ消費者が必要なモノやサービスを事業者から購入する場合，事業者と契約を結ぶことになる。いちいち契約書を取り交わす場合もあるが多くは口頭で売買契約を行うことが多い。すでに述べたように，契約自由の原則が認められていて，契約当事者の意思が合致すれば原則としてどのような契約でも法律上有効になる。民法の規定は当事者の合意がなされていなかったり，はっきりしていなかった場合に適用される。これを任意規定という。

ところが当事者の合意よりも法律が優先する場合がある。物権法に多くみられるが，これを強行規定という。事業者と消費者が対等な関係にある限り双方の意思を重視することは必要であるが双方に情報の格差が大きい場合，事業者によって一方的に消費者が不利な契約をさせられることも多くなる。そこで消費者取引で消費者を保護する立場で消費者契約法，電子契約法，特定商取引法（訪問販売法から法律名称変更）などが制定されてきた。基本は民法にある。このようにみていくと消費者の権利としてまず民法，とくに債権法を理解することがマーケティング法律を学ぶ基本であるといえる。

民法の構造（第一編総則，第二編物権，第三編債権，第四編親族，第五編相続）の中で債権編の構造をみてみよう。

総則　債権の目的　債権の効力　多数当事者の債権　債権の譲渡　債権の消滅

契約　総則　贈与　売買　交換　消費貸借　使用貸借　賃貸借　雇傭　請負　委任　寄託　組合　終身定期金　和解

事務管理

不当利得

不法行為

この民法債権法の特別法が多く制定されている。ここではこの後の記述に関係する条文を掲載する。

民法（抄）
第1条（基本原則）①私権ハ公共ノ福祉ニ遵フ②権利ノ行使及ヒ義務ノ履行ハ信義ニ従ヒ誠実ニ之ヲ為スコトヲ要ス③権利ノ濫用ハ之ヲ許サス
第90条（公序良俗違反）公ノ秩序又ハ善良ノ風俗ニ反スル事項ヲ目的トスル法律行為ハ無効トス
第709条（不法行為の一般要件・効果）故意又ハ過失ニ因リテ他人ノ権利ヲ侵害シタル者ハ之ニ因リテ生シタル損害ヲ賠償スル責ニ任ス
第717条（土地の工作物等の占有者及び所有者の責任＝無過失責任）①土地ノ工作物ノ設置又ハ保存ニ瑕疵アルニ因リテ他人ニ損害ヲ生シタルトキハ其工作物ノ占有者ハ被害者ニ対シテ損害賠償ノ責ニ任ス但占有者カ損害

ノ発生ヲ防止スルニ必要ナル注意ヲナシタルトキハ其損害ハ所有者之ヲ賠償スルコトヲ要ス②前項ノ規定ハ竹木ノ栽植又ハ支持ニ瑕疵アル場合ニ之ヲ準用ス③前二項ノ場合ニ於テ他ニ損害ノ原因ニ付キ其責ニ任スヘキ者アルトキハ占有者又ハ所有者ハ之ニ対シテ求償権ヲ行使スルコトヲ得

（2）消費者契約法

　2001年4月から消費者契約法が施行された。われわれの生活は商品・サービスの購入によって成り立っている。これらはすべて契約を通して行われている。したがって民法の契約はわれわれに最も身近な法律である。ところがこの民法は契約者が対等な情報力，交渉力があるものとして作られている。当然契約は当事者間の任意な合意で成立するので民法の適用は厳格である。消費者契約のトラブルは合意が形式的にあるにすぎず，実質的には消費者の真意と一致していない場合に生ずる。このような状況の中で，消費者契約の新たな基本法として消費者契約法が成立した。消費者のかかわる商品販売や，契約のトラブルで各消費生活センターが受付け，PIO NET に入力された件数は1992年度19万1200件であったが2001年度には62万4762件に増加している[4]。この理由は，1）消費者行政や消費者教育の積み重ねの中で，消費者の権利意識が高まったこと，2）消費者相談のシステムが確立したこと，3）消費者と事業者間の情報量や交渉力の格差が構造的になり，トラブルの解決が消費者個人の力では難しくなったこと等があげられる[5]。とくに，3）の格差を利用した事業者の契約支配によるものが多くなっている。これは事業者が十分な説明をせずに勧誘を行い，消費者の意思形成がないままに契約がなされたり，事業者の契約支配にもとづく不当な契約条項が押し付けられたりしていることによるものである。規制緩和が進展し，消費者の自立が叫ばれる中でこのような問題にかんがみ消費者契約法は成立した。マーケティングを学ぶ者にとって本法を理解することは必修すべきものである。

消費者契約法（抄）

　第1条（目的）　　この法律は，消費者と事業者との間の情報の質及び量並びに交渉力の格差にかんがみ，事業者の一定の行為により消費者が誤認し，

または困惑した場合について契約の申込み又はその承諾の意思表示を取り消すことができることとするとともに，事業者の損害賠償の責任を免除する条項その他の消費者の利益を不当に害することとなる条項の全部又は一部を無効とすることにより，消費者の利益の擁護を図り，もって国民生活の安定向上と国民経済の健全な発展に寄与することを目的とする。

第2条（定義） ①この法律において「消費者」とは，個人（事業として又は事業のために契約の当事者となる場合におけるものを除く。）をいう。

②この法律において「事業者」とは，法人その他の団体及び事業として又は事業のために契約の当事者となる場合における個人をいう。

③この法律において「消費者契約」とは，消費者と事業者との間で締結される契約をいう。

第3条（事業者及び消費者の努力） ①事業者は，消費者契約の条項を定めるに当たっては，消費者の権利義務その他の消費者契約の内容が消費者にとって明確かつ平易なものになるよう配慮するとともに，消費者契約の締結について勧誘をするに際しては，消費者の理解を深めるために，消費者の権利義務その他の消費者契約の内容についての必要な情報を提供するように努めなければならない。

②消費者は，消費者契約を締結するに際しては，事業者から提供された情報を活用し，消費者の権利義務その他の消費者契約の内容について理解するように努めるものとする。

第4条（申込み・承諾の意思表示の取消し） ①消費者は，事業者が消費者契約の締結について勧誘をするに際し，当該消費者に対してつぎの各号に掲げる行為をしたことにより当該各号に定める誤認をし，それによって当該消費者契約の申込み又はその承諾の意思表示をしたときは，これを取り消すことができる。

一，重要事項について事実と異なることを告げること。当該告げられた内容が事実であるとの誤認

二，物品，権利，役務その他の当該消費者契約の目的となるものに関し，将来におけるその価額，将来において当該消費者が受け取るべき金額その他の将来における変動が不確実な事項につき断定的判断を提供すること。

当該提供された断定的判断の内容が確実であることの誤認

②消費者は，事業者が消費者契約の締結について勧誘をするに際し，当該消費者に対してある重要事項又は当該重要事項に関連する事項について当該消費者の利益となる旨を告げ，かつ，当該重要事項について当該消費者の不利益となる事実（当該告知により当該事実が存在しないと消費者が通常考えるべきものに限る。）を故意に告げなかったことにより，当該事実が存在しないとの誤認をし，それによって当該消費者契約の申込み又はその承諾の意思表示をしたときは，これを取り消すことができる。ただし，当該事業者が当該消費者に対し当該事実を告げようとしたにもかかわらず，当該消費者がこれを拒んだときは，この限りでない。

③消費者は，事業者が消費者契約の締結について勧誘をするに際し，当該消費者に対して次に掲げる行為をしたことにより困惑し，それによって当該消費者契約の申込み又はその承諾の意思表示をしたときは，これを取り消すことができる。

一，当該事業者に対し，当該消費者が，その住居又は業務を行なっている場所から退去すべき旨の意思表示を示したにもかかわらず，それらの場所から退去しないこと。

二，当該事業者が当該消費者契約の締結について勧誘をしている場所から当該消費者が退去する旨の意思を示したにもかかわらず，その場所から当該消費者を退去させないこと。

④第1項第1号及び第2項の「重要事項」とは，消費者契約に係る次に掲げる事項であって消費者の当該消費者契約を締結するか否かについての判断に通常影響を及ぼすべきものをいう。

一，物品，権利，役務その他の当該消費者契約の目的となるものの質，用途その他の内容

二，物品，権利，役務その他の当該消費者契約の目的となるものの対価その他の取引条件

⑤第1項から第3項までの規定による消費者契約の申込み又はその承諾の意思表示の取消しは，これをもって善意の第三者に対抗することができない。

（3）電子契約法

この法律は〈電子消費者契約及び電子承諾通知に関する民法の特例に関する法律〉といい、平成13年12月25日に施行された。インターネット取引の普及に対応するため、取引ルールの明確化と消費者トラブルへの救済措置の整備等を目的に、民法の特例を定めたものである。内容は次の2つからなっている。

①電子商取引などにおける消費者の操作ミスの救済

インターネットを通じた契約締結に当たり、消費者がパソコンの操作ミスによって誤った申込みをしたり商品等の入力・選択ミスをしたまま申込みをしてしまう場合がある。この電子的手法による契約締結の特殊性に対応するため民法の95条但し書きの規定を適用しない措置を講じた。すなわち、民法の95条に規定する錯誤無効が成立するためには「表意者ニ重大ナル過失」がないことが求められる。このために消費者が操作ミスを重大な錯誤無効と主張しても、事業者からは重大な過失であるという主張になり、争いになる。そこで電子契約法第3条では、電子契約は一般の消費者にとって操作ミスをしやすいことにかんがみて事業者に確認措置の提供を義務づけたものである（第3条）。

②電子商取引などにおける契約の成立時期の転換

民法97条1項では、隔地者間の意思表示は、その通知が相手方に到達したときからその効力が発生するとしている（到達主義）。しかし、民法526条第1項では、隔地者間の契約は承諾の通知を発したときに成立するとして迅速な取引の成立を認めている。ところが今日のIT社会では承諾の通知は瞬間的に到達することになる。あえて契約のスピード化を図る必然性はなくなったといってよい。したがって発信主義を採用した民法526条第1項を適用しないこととした。電子契約では、承諾の通知が申込者に到達したときに成立することになった（第4条）。

この2つは従来の民法から大きな修正である。インターネットの登場は電子商取引をはじめとした多くの新たな経済行為を生み出している。民法の規定はこのようなスピードの時代を想定したものではなかった。消費者の保護の観点からも新たな準則が今後とも必要になってくると思われる。本法はその皮切りであるといえる。法律家だけでなくマーケティング担当者、消費者も積極的に電子商取引にかかわるさまざまな法的問題点について検討しなければならない。

電子消費者契約及び電子承諾通知に関する民法の特例に関する法律
(平成十三年六月二十九日法律第九十五号)

第一条（趣旨） この法律は，消費者が行う電子消費者契約の要素に特定の錯誤があった場合及び隔地者間の契約において電子承諾通知を発する場合に関し民法（明治二十九年法律第八十九号）の特例を定めるものとする。

第二条（定義） ①この法律において「電子消費者契約」とは，消費者と事業者との間で電磁的方法により電子計算機の映像面を介して締結される契約であって，事業者又はその委託を受けた者が当該映像面に表示する手続に従って消費者がその使用する電子計算機を用いて送信することによってその申込み又はその承諾の意思表示を行うものをいう。

②この法律において「消費者」とは，個人（事業として又は事業のために契約の当事者となる場合におけるものを除く。）をいい，「事業者」とは，法人その他の団体及び事業として又は事業のために契約の当事者となる場合における個人をいう。

③この法律において「電磁的方法」とは，電子情報処理組織を使用する方法その他の情報通信の技術を利用する方法をいう。

④この法律において「電子承諾通知」とは，契約の申込みに対する承諾の通知であって，電磁的方法のうち契約の申込みに対する承諾をしようとする者が使用する電子計算機等（電子計算機，ファクシミリ装置，テレックス又は電話機をいう。以下同じ。）と当該契約の申込みをした者が使用する電子計算機等とを接続する電気通信回線を通じて送信する方法により行うものをいう。

第三条（電子消費者契約に関する民法の特例） 民法第九十五条ただし書の規定は，消費者が行う電子消費者契約の申込み又はその承諾の意思表示について，その電子消費者契約の要素に錯誤があった場合であって，当該錯誤が次のいずれかに該当するときは，適用しない。ただし，当該電子消費者契約の相手方である事業者（その委託を受けた者を含む。以下同じ。）が，当該申込み又はその承諾の意思表示に際して，電磁的方法によりその映像面を介して，その消費者の申込み若しくはその承諾の意思表示を行う意思の有無について確認を求める措置を講じた場合又はその消費者から当

該事業者に対して当該措置を講ずる必要がない旨の意思の表明があった場合は，この限りでない。

　一，消費者がその使用する電子計算機を用いて送信した時に当該事業者との間で電子消費者契約の申込み又はその承諾の意思表示を行う意思がなかったとき。

　二，消費者がその使用する電子計算機を用いて送信した時に当該電子消費者契約の申込み又はその承諾の意思表示と異なる内容の意思表示を行う意思があったとき。

第四条（電子承諾通知に関する民法の特例）　民法第五百二十六条第一項及び第五百二十七条 の規定は，隔地者間の契約において電子承諾通知を発する場合については，適用しない。

（4）特定商取引法

　訪問販売等に関する法律が 2000 年の法律改正で「特定商取引に関する法律」と名称変更され，2001 年 6 月 1 日から施行された。改正法では訪問販売，通信販売，特定継続的役務提供，業務提供誘引販売についての規制が設けられている。若者を対象とするキャッチセールスやアポイントメントセールスも訪問販売として規制対象にしている。特定継続的役務提供とはエステティック・サロンや外国語会話教室，学習塾，家庭教師の 4 種類のサービス契約を対象としている。アポイントメントセールスに対する規制内容は，広告規制，契約締結までに概要書面を交付すべき義務，契約締結後すみやかに契約書面を交付すべき義務，クーリング・オフ制度，クーリング・オフ期間経過後にも中途解約が自由にできること，中途解約後の損害賠償等の額の制限などである。概要書面には前受金保全措置の有無とその内容を記載することと定められているが，前受金保全措置を設けること自体は義務ではない（平成 13 年度消費生活専門相談員資格認定試験問題 13 より引用[6]）。

　平成 14 年 6 月には携帯電話迷惑メールに対応するため一部改正が行われた。以下，この概要を掲載する。

　　特定商取引に関する法律の一部を改正する法律について

1．法律改正の目的

（1）電子メールによる一方的な商業広告については，昨年春以降，特に携帯電話に送信されるメールの問題が急拡大していることもあり，急速に社会問題化しているため，消費者団体等から早急な対応が求められている。このため，商取引の適正化及び消費者保護の強化を図る観点から，従来からこうした商業広告を規制の対象としている特定商取引法により，所要の対応を行うことが必要である。

（2）このような状況を踏まえ，現行の特定商取引法の下で対応可能な事項から早急に対応するという方針の下，同法にもとづき，必要な省令改正を行い，通信販売等に係る広告について，以下のような新たな表示義務を追加した（1月10日公布，2月1日施行）。

①通信販売事業者等の電子メールアドレスの表示
②商業広告である旨の表示（メールの件名欄に「！広告！」と表示）
③消費者が電子メールの受け取りを希望しない場合に，その連絡を行う方法の表示（連絡方法を設定しない場合には，件名欄に「！連絡方法無！」と表示）

（3）さらに，本問題への十全な対応を行うため，つぎのような特定商取引法の改正を行った。

2．法律改正の概要

通信販売等に係る規制として以下の事項を追加。
・消費者が電子メールによる商業広告の受け取りを希望しない旨の連絡を通信販売事業者等に行った場合には，その消費者に対する商業広告の再送信を禁止する。
・そのため，消費者が通信販売事業者等に対して連絡する方法の表示を義務づける。

3．その他

OECD電子商取引消費者保護ガイドライン（99年12月採択）において，「一方的に送られる商業広告メール（unsolicited commercial e-mailmessages）」についての対応が勧告されているところである。

欧米各国でも，商業広告を行う販売事業者に対して，商取引の適正化

（消費者保護）にかかわる規制の枠組みの中で，一定の規制を課す方向にある。

3 インターネット取引と安全

（1）民法における安全

　安全については取引の安全性と取引する製品の安全性の問題がある。大量生産，大量販売で販売競争は激化する一方である。企業は大量販売のために流通経路を系列化したり，訪問販売・通信販売をはじめ，メディアを使った販売方法あるいはインターネットを使ったEコマースなど新しい販売方法を開発している。また，製品の安全についても製品の安全性が十分に確認された後に販売されていないため問題が生じているケースも目立つ。ここではインターネット取引が普及する中，商品の安全性について民法での対応について考察をしたい。

　民法の基本原則に契約自由の原則がある。契約する双方が自由に契約内容を決めることができ，自分の意思で決めた約束は守るというものである。ところが自分の意思で決めたといえないようなケースも出てくる。意思決定する過程において瑕疵（キズ）があった場合である。訪問販売でセールストークに勘違いしてしまったとか，金融商品のように複雑な仕組みでよく理解しないで契約してしまったとか，とくに最近はインターネットで操作ミスあるいは商品をよくわからないまま注文してしまったなど多くの問題が発生してきている。商品欠陥による被害は，商品価値が下がることによる損害と商品欠陥により，消費者の生命，身体，財産が侵害されることによって生ずる損害に分けることができる。前者は不完全履行による債務不履行責任（民法415条），売買契約にもとづいたものであれば売主の瑕疵担保責任（民法570条）である。売主の瑕疵担保責任が認められるには商品に隠れたる瑕疵があることが必要である。インターネット取引で商品を手にしてみることはできない。映像で見たり説明を読んで理解するしかない。商品の瑕疵といっても商品が壊れているとか，傷がついているという物理的にはっきりしているものは客観的瑕疵という。問題は主観的瑕疵である。サプリメント（栄養補助食品）を買って，血圧が下がると信じて飲んだがまったく効かないとか体重が減量できるというドリンク剤を飲ん

だが減らないという主観的瑕疵が問題になる。売主瑕疵担保責任については消費者が商品に瑕疵があるために目的が達成できないときは契約を解除できる。損害賠償の請求も可能である。引き渡された商品に瑕疵があることを発見してから1年以内である。

　債務不履行責任も瑕疵担保責任も契約関係にある当事者間だけで責任が追求できる。このため，商品が製造業者から流通業者を経て消費者に渡った場合，消費者は自分が購入した業者にしか責任を求めることができない。有名なメーカーの商品だから信頼してネットで購入した場合はどうなるか。直接の取引相手でない製造業者には不法行為責任によらねばならなくなる。不法行為責任は契約関係がなくても被害者，加害者という関係で損害賠償が可能となる。不法行為責任の要件はつぎの通りである。1）事業者に故意または過失があること，2）欠陥商品を製造し，販売することが違法な行為であること，3）消費者に損害が発生していること，4）事業者の行為と消費者の損害に因果関係があること。この因果関係を被害者である消費者が立証しなければならない。しかし，この立証責任を軽減するため因果関係の推定とか統計的因果関係とかが主張されてきた。被害者である消費者は事業者に対して損害賠償を請求できる。この場合，消費者に落ち度があれば過失相殺として賠償額が減額される。不法行為責任によって救済される期間は，不法行為が行われたときから20年，損害の発生と加害者を知ったときから3年以内でいずれか早くする時期とされる。しかし，この不法行為因果関係の立証が消費者にはきわめて困難であり，つぎの製造物責任法の制定が待たれた。

民法415条（債務不履行による損害賠償責任）　債務者カ其債務ノ本旨ニ従ヒタル履行ヲ為ササルトキハ債権者ハ其損害ノ賠償ヲ請求スルコトヲ得債務者ノ責ニ帰スヘキ事由ニ因リテ履行ヲ為スコト能ハサルニ至リタルトキ亦同シ

民法570条（瑕疵担保責任）　売買ノ目的物ニ隠レタル瑕疵アリタルトキハ第566条ノ規定ヲ準用ス但強制競売ノ場合ハ此限ニ在ラス

（2）製造物責任法

　製造物責任法は1995年7月から施行された。この法律は製品の欠陥により消費者が生命，身体，財産上の被害を被ったときに，事業者に対して賠償責任を負わすことを目的とした民法の特別法である。昭和30年代，40年代にかけ森永砒素ミルク事件，キノホルム事件，カネミ油症事件などが相次いで発生したことから昭和50年頃から制定の動きはあったが事業者の反対があり成立に至らなかった。1985年にはEC閣僚理事会指令でEC加盟各国へ製造物責任法の立法化を義務づけたことから，わが国でも関心が高まった。

　製品の欠陥によって消費者が被害を被る事故は昔からあったが，そのような場合，その製品を購入した販売店へ苦情をいうのが一般的であった。消費者は販売業者へ債務不履行責任（民法第415条），瑕疵担保責任（民法第570条）で解決しようとしてきた。しかし，製造業者の責任を追及しようとすると民法709条の不法行為責任しかなかった。この不法行為責任については製造業者の過失を責任要件にしているので消費者が製造業者の不法行為責任を追及するには製造業者の過失を立証しなければならなかった。そしてこの製造業者の過失による加害行為と損害の間に因果関係が存在しなければならない。これらを立証することは消費者にとってきわめて困難なことであった。このような中で製造物責任法の制定が待たれたが企業の反発は大きく，なかなか制定までに至らなかった。このように難産の末，1994年6月に可決し翌1995年7月1日から施行された。折りしもインターネットの普及時期に当たり，海外からの製品が流通業者の名のもとで輸入販売されたり，電子商取引で海外から直接製品購入したり，流通のボーダーレス化が進み，製品の安全問題が一層と注目されることとなった。

　製造物責任法（略称PL法）は不法行為責任の特則として規定され，責任原理を民法上の「製造業者等の過失」から「製造物の欠陥」に変更したことである。このため製造業者等の製品欠陥について故意や過失を問題にしないで事故の原因になった欠陥があれば製造業者等に損害賠償責任が生ずることになる。過失責任から欠陥責任へ責任要件が変更された。この結果，製造物責任が認められるのは，1）製造物による被害であること，2）製造物に欠陥があったこと（欠陥とは製造上の欠陥，設計上の欠陥，指示・警告上の欠陥が挙げられ

る），3）生命・身体・財産が侵害されたこと，4）欠陥の存在と損害に因果関係があること，などである。

製造物責任法（抄）
第1条（目的）　この法律は，製造物の欠陥により人の生命，身体又は財産に係る被害が生じた場合における製造業者等の損害賠償の責任について定めることにより，被害者の保護を図り，もって国民経済の健全な発展に寄与することを目的とする。
第2条第1項（製造物の定義）　この法律において「製造物」とは，製造又は加工された動産をいう。
　第2項（欠陥の定義）　この法律において「欠陥」とは，当該製造物の特性，通常予見される使用形態，その製造業者等が当該製造物を引き渡した時期その他の当該製造物に係る事情を考慮して，当該製造物が通常有すべき安全性を欠いていることをいう。
　第3項（製造業者等の定義）　この法律において「製造業者等」とは，次のいずれかに該当する者をいう。
　一，当該製造物を業として製造，加工又は輸入した者
　二，自ら当該製造物の製造業者として当該製造物にその氏名，商号，商標その他の表示をした者又は当該製造物にその製造業者と誤認させるような氏名等の表示をした者
　三，前号に掲げる者のほか，当該製造物の製造，加工，輸入又は販売に係る形態その他の事情からみて，当該製造物にその実質的な製造業者と認めることができる氏名等の表示をした者
第3条（製造物責任）　製造業者等は，その製造，加工，輸入又は前条第三項第二号若しくは第三号の氏名等の表示をした製造物であって，その引き渡したものの欠陥により他人の生命，身体又は財産を侵害したときは，これによって生じた損害を賠償する責めに任ずる。ただし，その損害が当該製造物についてのみ生じたときは，この限りでない。

4　電子商取引と消費者

（1）規制緩和とEコマース

　Eコマース（電子商取引）はとくに進歩の著しい技術を活用した経済行為であるため迅速なルール整備が求められる。同時にわが国では規制緩和が進みグローバルな経済行為が進展している。すでにみてきた，1）取引ルールの問題や，2）知的財産権保護の問題，すなわちドメイン名の不正取得等の防止を図るために不正競争防止法の一部が改正された。また，3）刑事ルールとして支払用カードの偽造等の犯罪に関する罰則を整備するため，刑法の一部が改正された。4）規制改革としてはIT化に対応するために「書面の交付等に関する情報通信の技術の利用のための関係法律の整備に関する法律（IT書面一括法）」や株主総会における議決権の行使等を電磁的方法により行うことを可能にするため，商法の一部改正が行われた。このように規制が緩和されると同時に新たな対応が生まれてきているが流通業競争激化の中で消費者志向の新たなサービスも生まれている。その1つがネットスーパーである。国民生活センターの調査によると次の通りである。ネットスーパーはインターネットで生鮮食品や日用品等の注文を受け短時間で宅配するオンライン版スーパーマーケットでインターネット通販の一種である。この調査で満足な点として7点があげられている。1）登録や注文の操作が簡単，2）ホームページが見やすい，3）注文確認がきちんと行われる，4）時間どおりに配達される，5）商品（とくに生鮮食品）の品質が良い，6）配達の状態（温度管理・商品保護）が良い，7）買物に出にくい人に便利。

　また，不満な点も7点あげられている。1）規約がわかりにくい，2）品揃えが少ない，3）配達料が高い，4）商品（とくに食品）に関する情報が不十分，5）注文に時間がかかる，6）梱包財等のゴミが出る，7）通信コストがかかる。

　ここで消費者へのアドバイスが書かれている[7]。

①基本的留意事項

　　1）事業者名，所在地，電話番号等を確認する。2）サービスエリア等を確

認する。3）ホームページ上でウインドウショッピング（見学）をしてみる。4）サービス内容（配達料，配達時間，返品条件等）を確認する。5）パスワードの扱いに気をつける。6）クレジットカード利用はセキュリティを確認してから。7）「注文内容確認画面」をよく確認してから注文し，念のため保存しておく。8）配達された商品と請求額を確認する。

②上手な利用法

1）買物に出にくいときや，重い物やかさばる物を買いたいときなどに利用する。2）特売・キャンペーン等を利用する。3）よく買う商品を登録しておく。4）通信料金の安い時間内に利用するなど，通信環境に合わせて活用する。

技術の発展と規制緩和が進み，新しいビジネスがつぎつぎと生まれている。消費者を保護する規定はどうしても後手に回ることになる。とくにここに掲載したようなネットスーパーは高齢社会に対応しているため利便性が高く，利用者に高齢者，障害者も多く見込まれる。IT 技術は進展し簡単な操作で申し込みもできるようになっている。したがって消費者は保護を期待するよりも賢くなることが先決である。マーケティングを担当する者は IT のもつ利便性を活かし，弱者である消費者が使いやすいツール開発を心がけなければならない。その根底には消費者志向の理念を忘れてはならない。

（2）新しい消費者教育

わが国の経済は大きな転換期にある。消費者をとりまく環境もその例外ではない。マーケティングを担当する者にとってもこの環境の変化を無視することは不可能である。とくに事業者と消費者の距離は近くなっている。良いにつけ悪いにつけこのことはマーケティング担当者の行動が事業者を代表する行動として理解され公表されることになる。従来以上にマーケティング担当者は学習しなければならない。その中で大きなウエイトを占めるのが消費者教育である。わが国の経済社会は高齢化，IT 化，サービス化，グローバル化が進んでいる。並行して規制緩和が進行している。規制緩和は消費者に自己責任を求める。金融問題ではとくに目ざましい変化が起こっている。預金，保険と高齢者に必要な資産管理の仕組みも大きく変わった。どうしたらよいの戸惑いも大きい。IT の導入もあらゆる場面で行われている。自己責任という名のもとでいまま

でまったく使ったことのないインフラが生まれている。消費者を対象とするのがマーケティング担当者である。ここにかかわる者はいかに消費者教育に関心を高めるかが重要である。消費者教育とは消費者運動のことではない。賢い消費者を育成することである。賢い消費者は良い事業者の商品・サービスを選択する。その情報は瞬時に公開される。変化の激しい経済社会においては商品・サービスの購入・使用方法など身近な生活行動力を時代に適応するように誰が教育するかである。この役割を果たすのは学校であり、社会であり、事業者である。もちろん家庭の果たす役割も大きいが、商品・サービスを開発する事業者が最も早く近い位置にある。彼らがマーケティング倫理をもち、とくに法規制を消費者に知らせると同時に消費者教育を展開する役割が大きい。若年者も高齢者も生涯消費者である。事業者、マーケティング担当者も消費者である。事業者と消費者は情報格差が大きいのは当然であるが、マーケティング倫理観をもって消費者教育の推進者になってほしい。彼らが21世紀のマーケティング推進の原動力になることを確信する。

(堀田友三郎)

注
1) 及川昭伍・森島昭夫監修『消費社会の暮らしとルール』、中央法規、2000年、8頁。
2) 落合誠一・及川昭伍監修『新しい時代の消費者法』、中央法規、2001年、22頁。
3) 同上書10-11頁。
4) 国民生活センター『国民生活平成14年8月号』、2002年、54-55頁。
5) 山口康夫著『消費者契約法の解説』、一橋出版、2001年、6-7頁。
6) 国民生活センター『国民生活平成14年6月号』、2002年、30頁。
7) 同上書44-47頁。

第 3 部
マーケティングのニュートレンド事例

第IX章

福祉マーケティング
――主として在宅介護サービス企業の
　　　　ビジネス展開に関連して――

1　はじめに

　高齢者（65歳以上）の対人口比である高齢化率はますます高くなり（2000年ベースで約17％, 2020年ベースで約27％など），また虚弱・要介護などの高齢者も300万人，390万人と増加の一途をたどり，高齢者の介護ニーズは一般に増大しつつある。一方，このニーズに対応すべく介護サービスの供給側も施設介護や在宅介護等の普及が一層活発化している。

　このような状況で2000年4月より公的介護保険制度が実施され，従来の措置制度から契約にもとづいてサービス提供と対価の授受が行われるシステムとなった。しかもサービスは一応利用者側が選び，供給者側は選ばれるという制度になった。それゆえ，サービス提供側も選ばれる，あるいはもっと積極的に働きかけ，顧客となり得る要介護高齢者を獲得するという必要性がでてきた。

　ところで介護保険制度の1つの眼目は自宅で自立を目指すという在宅介護の社会化，普及化の推進であった。同制度の導入前後には企業やNPO法人（民間非営利組織）などが一挙にこの在宅福祉分野に進出し，もはや在宅福祉が，社会福祉法人等によるわが国の伝統的な福祉システムである従来の施設福祉を凌駕する勢いである。そしてその大きな担い手ないし原動力となっているのが在宅介護の中でもとくに訪問介護サービスを中心に事業展開している介護関連企業である。とくにベンチャー精神のもと成長意欲の高い，全国レベルで事業展開しようとする大手の介護関連企業は注目される。まさに「福祉ベンチャー

企業」とも呼び得る革新的企業がわが国の「福祉革命」あるいは「介護革命」の大きな原動力となっている[1]。われわれはこの種の企業による介護ビジネスの動向に注目し、主としてそのマーケティング戦略について検討する。なおこの場合、介護を含む福祉事業のマーケティングの検討ということで一応「福祉マーケティング」[2]として考察してみよう。

2　在宅介護とそのビジネスの発展

公的介護保険制度導入後、最も活発な展開を示したのは訪問介護等の利用者の自宅で個別的にサービス提供する在宅介護サービスの分野である。とくにこの種の事業をビジネスとして全国展開している企業において顕著である。在宅系には企業の他にNPO法人、協同組合、社会福祉法人なども進出しているが、やはり企業、とくに全国的に事業展開している福祉ベンチャー企業の動向が注目を集めている。一方の介護施設において多数の入居者を家族と分断し、集団的に介護をしようとする、いわばわが国の伝統的かつ代表的な介護事業である施設介護は、例えばその代表的施設である特別養護老人ホームの設置者として株式会社には門戸開放されず、社会福祉法人と行政しか開設者となれないのが現状である[3]。しかも定員以上の待機者がいることもあり、競争市場化していないので経営的感覚ないしマーケティング的進展はそれほどみられない。

在宅介護サービスの利用者は着実に増えており、表IX-1に示すように2002年の10月には約200万人弱に達している（この点、施設系は約70万人）。

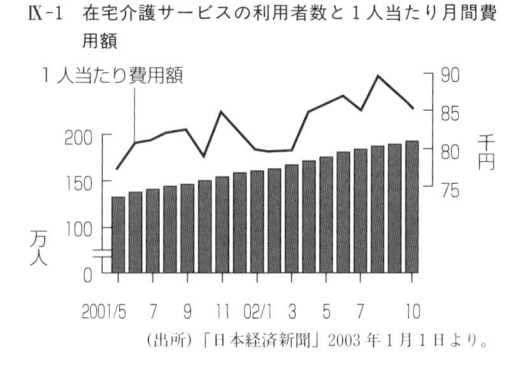

IX-1　在宅介護サービスの利用者数と1人当たり月間費用額

(出所)『日本経済新聞』2003年1月1日より。

2　在宅介護とそのビジネスの発展

表Ⅸ-2　介護費用額の推移

単位：百万円

サービス提供月 サービス種類	平成12年度 上半期 4月～9月計	1カ月平均	下半期 10月～3月計	1カ月平均	通期 4月～3月計	1カ月平均	平成13年度 上半期 4月～9月計	1カ月平均	下半期 10月～3月計	1カ月平均	通期 4月～3月計	1カ月平均	年度 通期比
介護費用額合計	1,890,977	315,163	2,062,528	343,755	3,953,505	329,459	2,233,209	372,201	2,331,959	388,660	4,565,168	380,431	115.5%
居宅介護サービス計	598,234	99,706	695,891	115,982	1,294,125	107,844	816,775	136,129	893,986	148,998	1,710,761	142,563	132.2%
訪問通所サービス（小計）	478,191	79,698	551,376	91,896	1,029,567	85,797	642,939	107,157	689,325	114,888	1,332,265	111,022	129.4%
訪問介護	125,679	20,947	164,399	27,400	290,078	24,173	199,904	33,317	223,693	37,282	423,597	35,300	146.0%
訪問入浴介護	19,742	3,290	20,954	3,492	40,696	3,391	23,455	3,909	23,425	3,904	46,880	3,907	115.2%
訪問看護	49,022	8,170	52,235	8,706	101,257	8,438	55,440	9,240	55,609	9,268	111,049	9,254	109.7%
訪問リハビリテーション	1,648	275	2,006	334	3,654	304	2,209	368	2,299	383	4,507	376	123.4%
通所介護	148,475	24,746	162,545	27,091	311,020	25,918	191,381	31,897	203,346	33,891	394,727	32,894	126.9%
通所リハビリテーション	121,955	20,326	127,396	21,233	249,350	20,779	138,734	23,122	140,535	23,423	279,269	23,272	112.0%
福祉用具貸与	11,671	1,945	21,843	3,640	33,513	2,793	31,817	5,303	40,418	6,736	72,236	6,020	215.5%
短期入所サービス（小計）	44,359	7,393	55,140	9,190	99,499	8,292	68,549	11,425	84,855	14,143	153,404	12,784	154.2%
短期入所生活介護	33,229	5,538	42,027	7,005	75,256	6,271	51,356	8,559	65,712	10,952	117,068	9,756	155.6%
短期入所療養介護（老健）	10,182	1,697	11,659	1,943	21,842	1,820	15,169	2,528	16,822	2,804	31,992	2,666	146.5%
短期入所療養介護（病院等）	947	158	1,453	242	2,401	200	2,023	372	2,321	387	4,344	362	180.9%
その他の単品サービス（小計）	22,598	3,766	29,407	4,901	52,005	4,334	38,969	6,495	48,065	8,011	87,035	7,253	167.4%
居宅療養管理指導	7,648	1,275	8,793	1,466	16,441	1,370	9,274	1,546	9,754	1,626	19,028	1,586	115.7%
痴呆対応型共同生活介護	6,109	1,018	9,713	1,619	15,822	1,319	16,247	2,708	22,504	3,751	38,750	3,229	244.9%
特定施設入所者生活介護	8,841	1,473	10,901	1,817	19,742	1,645	13,449	2,241	15,808	2,635	29,257	2,438	148.2%
居宅介護支援	53,086	8,848	59,968	9,995	113,054	9,421	66,318	11,053	71,740	11,957	138,058	11,505	122.1%
施設介護サービス計	1,292,743	215,457	1,366,637	227,773	2,659,380	221,615	1,416,434	236,072	1,437,973	239,662	2,854,407	237,867	107.3%
介護老人福祉施設	572,114	95,352	595,089	99,182	1,167,203	97,267	621,496	103,583	630,293	105,049	1,251,789	104,316	107.2%
介護老人保健施設	448,971	74,829	479,816	79,969	928,787	77,399	496,343	82,724	504,872	84,145	1,001,215	83,435	107.8%
介護療養型医療施設	271,658	45,276	291,732	48,622	563,390	46,949	298,595	49,766	302,808	50,468	601,402	50,117	106.7%
食事提供費用（再掲）	220,681	36,780	233,469	38,912	454,150	37,846	242,380	40,397	246,279	41,047	488,659	40,722	107.6%
介護老人福祉施設	103,557	17,259	107,838	17,973	211,395	17,616	112,953	18,825	114,651	19,109	227,604	18,967	107.7%
介護老人保健施設	77,892	12,982	83,649	13,942	161,542	13,462	86,598	14,433	88,165	14,694	174,763	14,564	108.2%
介護療養型医療施設	39,232	6,539	41,981	6,997	81,214	6,768	42,830	7,138	43,463	7,244	86,293	7,191	106.3%

（資料）国民健康保険中央会「平成12年度集計分・平成13年度集計分〜ヤマヤワラシニングが再集計。
（注1）各国保連の支払実績としての各項目を集計したもの。
（注2）平成12年度の支払特例分を除く。
（注3）福祉用具購入費、住宅改修費などの市町村が直接支払う分は除く。
（注4）数値はそれぞれの単位未満での四捨五入のため、計に一致しない場合がある。
（注5）介護費用額は、介護保険給付額に利用者負担額等を加えた額。
（出所）日本医療企画「介護事業の最新動向に経営展望」H14.12.101頁の表Ⅳ-1より。

表Ⅸ-3　ニチイ学館 2003 年 3 月中間期連結決算主要部門実績

(単位：億円)

( )内伸長率	中間期実績		通期予想	
	売上高	営業利益	売上高	営業利益
医事業務受託事業	441(8 %)	47(▲2 %)	905(9 %)	112(10 %)
ヘルスケア事業	294(70 %)	15(—)	621(43 %)	36(—)
教育事業	80(26 %)	20(—)	160(21 %)	32(822 %)
合　計	826(26 %)	55(—)	1715(20 %)	128(283 %)

(出所)「シルバー産業新聞」2002 年 12 月 10 日より。

　介護費用額についてみると（表Ⅸ-2 参照），2001 年度の施設系の介護保険制度での費用額は約 2 兆 8500 億円（通期 4 月〜3 月計）で前年度より約 7 ％の伸びであったが，一方の在宅系は前年度より 7000 億円増えて，1 兆 7000 億円で，伸び率は 32 ％であった。施設系の方が金額的にはまだ 4 対 6 で多いが，伸び率に関しては在宅系が施設系よりもおよそ 5 倍弱程上回っており，在宅系の成長度が高いことを示している。

　ところで在宅系の伸びはそのまま在宅サービス事業を展開するこの種の大手企業の業績を反映している。公的介護保険制度が実施された 2000 年ならびに 2001 年度は需要の見込み違いによる先行投資分が影響し，各社はおおむね赤字決算となった。しかし 2002 年の 9 月頃から 2003 年には 6 割から 7 割の民間事業者が黒字に転換したといわれている[4]。それは企業努力もあるが，介護保険制度が普及・定着し，同保険を利用する人が増えてきたという背景もある。

　最大手の「ニチイ学館」は表Ⅸ-3 に示すように，2003 年 3 月期中間決算（連動）で過去最高の売上高 826 億円を記録した。同社の介護部門であるヘルスケア事業の売上高は 294 億円で，営業利益は 15 億円であった。通期予想では売上高は 621 億円で，営業利益は 36 億円を見込んでいる。

　そして同社の介護事業の拠点数は地域管理拠点 101 支店，訪問介護事業所が 628，通所介護 178 事業所，福祉用具・配食サービス事業所 143 ヵ所となっている（2002 年 9 月末）[5]。訪問介護利用者数も 34 ％増の約 4 万 8000 人で，その他の介護事業利用者を含めると 50 ％増の約 9 万人に達し，またヘルパーの数も 2002 年 11 月現在で 1 年前より倍増し，2 万 1000 人いるとのことである[6]。

3 在宅介護サービス事業の特色　203

まさに需要に人手が追いつかないというのが実状である。

同じく大手の株式会社「コムスン」もＶ字回復を果たした。介護保険導入期には，1200ヵ所のヘルパーステーションを開設したり，多額なテレビ等の宣伝など先行投資をしたにもかかわらず顧客である利用者数は伸びなかった。したがって売上も伸びず赤字を計上していた。その後規模の縮小（ヘルパーステーションを1200から300ヵ所に統合閉鎖）や経営努力，そして介護保険制度の定着化により利用者数も増え，2003年6月期第1四半期の売上高は対前年同期比44.8％増の48億6000万円，計上利益3億2,600万円にまで回復してきた[7]。

かくして在宅介護サービスを主力として事業を展開している大手介護関連企業は最近業績好調期にあり，今後ともビジネスの成長・発展が期待されている。

3　在宅介護サービス事業の特色

介護事業は本来的に公益性を有し，たとえ企業が営利目的のために在宅介護サービスを展開する場合でも大きな責任を有する。すなわち，介護という特殊な分野の事業にはビジネスとして幾多の特色がある。いかなる性格ないし形態のビジネスなのかみてみよう。

（1）労働力集約型ビジネス

介護サービスは基本的には人手のかかる，すなわち労働力集約型のビジネスである。したがって機械的大量生産は不可能であり，直接介護に従事するヘルパーなどの介護労働者を多数雇用しなければならない。事業コストに占める人件費の割合が高くなるのは必然的である。しかも一定水準の資格や技術あるいは教育を受けている者でないと戦力にならない。それゆえ，経営的には介護労働者の量的確保と質的向上（研修などにより）が大きな課題となる。逆に経営の効率化を図ろうとすればこの人件費を低く押さえようとするが，この場合サービスの質の低下を招く恐れがある。いずれにしても介護サービス・ビジネスは他のサービス・ビジネス以上に大きく人的労働に依存している。

（2）低収益性ビジネス

　介護サービス・ビジネスは低収益性事業に属している。公的介護保険制度下ではサービスの時間単価の上限が決められているので1人当たりの価格引き上げによる売上増大策は限界があり，回数を増やすか，顧客の数を増やすことしか売上増大の方法はない。前述のように，確かに利用者の数は着実に増えてきており，その限り安定成長しているが，価格が低く抑えられている分，基本的あるいは構造的に収益性は低い。しかも介護サービス市場での価格変動にともなう利益増大の機会は今のところほとんど考えられない。したがって利用者である顧客の数的拡大が経営上の大きな課題となり，顧客獲得としてのマーケティング戦略が重要となる。

（3）地域密着型ビジネス

　在宅介護，とくに訪問介護サービスは地域密着型のビジネスでもある。すなわち顧客である要介護高齢者の生活空間である自宅に出張してサービス提供するので，高齢者の住む地域に密着したきめの細かい，温かいサービスを提供する事業展開をする必要がある。それゆえ，地域事情に精通している地元の企業やNPO法人などがコミュニティ・ビジネスとして介護事業を行う場合も多い。また全国展開型の大手企業の場合も地域拠点となる事業所を設置してビジネスの地域展開を行うこととなる。いずれにしても地域生活に密着したビジネスという点に特色がある。それはコンビニエンスストアーの事業展開と似ているといえよう。

（4）リスキー・ビジネス

　一般的に介護ビジネスは対象者が要介護状態にあることから，本来的にリスクの高い人を対象としてビジネスを行っている。例えば高齢者は一般に転倒しやすく転倒事故が起因して死に至るケースもある。また介護の途中でちょっとした不手際や不可抗力があっても事故を起こしやすい。利用者本人の思いちがいや誤解なども多い。健常者相手とは異なる意味で介護は本来的にリスクが高いビジネスである。そして訪問介護の場合，顧客の自宅で密室状態でケアを行うケースも多い点，ヘルパーによる盗難事件など介護従事者本人による不祥事

もあり得る。この点介護の対象者だけでなく介護の従事者によるリスクも考慮しなければならない。ここに各社ともリスクマネジメントの高い重要性認識がある。

4　地域拠点戦略と顧客獲得

　「特定顧客層を満足させ，射止めるべく，マーケティング諸活動を最適に選択し，組み合せる[8]」ことをマーケティング・ミックスと呼んでいるが，その構成要素は，①製品，②価格，③場所，および，④プロモーションである。そしてこれら構成要素の4つの英語の頭文字をとって一般に4Pと呼んでいる。

　マーケティング・ミックスの4Pのうちの1つである「Place」に相当する戦略として，大手の介護サービス企業は地理的・空間的になるべく多くの自治体地域にビジネスの核となる事業所を開設するという戦略をとっている。いうまでもなくこの戦略は地域密着性にもとづく多くの高齢利用者を顧客として確保しようとする顧客獲得戦略そして事業拡大戦略の一環である。介護保険制度導入年の2000年には全国展開型の企業は他社に先がけて競争優位戦略としての地盤確保策として，すなわち一種の顧客の囲い込み戦略として多数の地域拠点事業所を開設した。この動きは陣取り合戦としてコンビニやスーパーマーケットなどによる出店競争と同じ様相を呈した。内には1600拠点を目指す企業もあらわれ，先行投資的にその資金力を背景に全国的な拡大を図った。

　前述のように介護単価が低く押さえられている以上多数の顧客を獲得することこそ在宅介護ビジネスの命題であるから，事業戦略としては拠点数を多く設け，地域の高齢者に接近するしか方法がない。地域に密着した営業拠点を全国各地に多く配置し，一元管理のもとでビジネス展開するこのやり方は，おおむね1平方キロの範囲内に立地されているコンビニエンス・ストアや郵便局と同様，水平的拡大経営が行われ，いわゆる範囲の経済のメリットを獲得しようとしている。今日，成長意欲の強い業界最大手の「ニチイ学館」は訪問介護事業所として1社では最大の628ヵ所を有している。また同じく「コムスン」は413ヵ所のヘルパーステーションを配置している。各社とも拠点の数を一層増やす戦略を採用し，事業拡大化を強めている。それゆえ，顧客獲得が見込める

大都市圏などの有望な地域では他社あるいは他の業態との顧客獲得競争が激しくなっている。

5 サービスの質の向上と顧客獲得

　介護の場合，マーケティング・ミックスの構成要素4Pのうちの「Product」に相当するのが「サービス」である。介護サービスの「量」ならびに「質」の問題は同業他社との差別化を図り，顧客を獲得する重要なポイントであるから各社ともその開発・提供については絶えず努力している。量的側面については前述の拠点数とも関係し，また後述のプロモーションならびに人材確保戦略とも関連するので本節では取り上げず，もっぱら質の問題（向上）について検討する。

（1）介護サービスと顧客満足化戦略

　介護サービスが福祉経済財として取引の対象となっている以上，供給側の企業は顧客が満足するサービスを提供しなければならない。顧客としての要介護高齢者は一般に，1）安全な介護はもとより，2）安心と3）安定した介護を受けたいと思っており，供給側もこれらに対応する必要がある。
　在宅介護サービスを全国的に展開している会社の顧客満足調査[9]によれば，満足の高いサービス内容は次の通りであった。すなわち，1）身体介護の場合，「会話・挨拶」が全体の満足度に最も影響したとのことである。ついで「排泄介助」，「食事介助」の順であった。これら3種のサービスが全体の約80％の満足度を決定するといわれている。すなわち，身体介護の場合，とくに会話や挨拶が最も重要なポイントだとわかった。つぎに，2）訪問入浴の場合，「羞恥心配慮」が最も全体の満足度に影響を与えている。ついで「身体移動」，「挨拶・会話」の順番となっている。これら3種の内容で全体の満足度の65％を決定するとのことである。すなわち，高齢者といえどもまだ羞恥心があり，この点の配慮は欠かせないのである。また身体介護の場合と同様，挨拶や会話も重要なポイントである。そして，(3)顧客が会社を選ぶ際の判断基準として，①「介護の上手さ」，②「訪問時間の柔軟性」，③「スタッフのマナー」，および④

「苦情対応・緊急対応」などを重視しているとのことである。すなわち，その対応として①と③は介護従事者であるヘルパーの資質や能力あるいは人格・人柄的なものにも関連する。また，②と④は主として介護システムに関連する事項である。

（2）サービスの質の向上と介護労働者

　介護サービスは本来的に属人性を有し，サービスの質の向上や顧客満足は直接介護の利用者と接触するヘルパーによって左右されやすい。すなわちヘルパーの質がポイントとなる。前述のように介護を受けたい高齢者が事業者を選ぶ場合の人的側面として，ヘルパーの介護技術や人的資質が大きなポイントであった。まさに顧客に直接介護サービスを提供するヘルパーが顧客満足戦略として重要である。それゆえ，ヘルパーの雇用・採用条件の設定，その後の研修や教育が重要となる。各社ともヘルパーの能力やマナーの向上に力を入れている。会社によっては航空会社とタイアップしてスチュワーデスの研修プログラムをヘルパー研修にとり入れているところもある[10]。

　ところでヘルパー職の仕事は実際には肉体的にも精神的にも大変重労働である。それゆえ，サービスの質の向上を望むのであればヘルパーのケアー，すなわち介護労働者の労務管理も重要である。最近ではヘルパーの組合もあり，ヘルパーの労働者としての権利意識と社会的認識が高まりつつある。ヘルパーのパート形態や労働条件の改善などが重要な課題となってきた。

（3）介護サービスの質とリスクマネジメント

　前述のように介護サービスビジネスは要介護高齢者という弱者を相手とするために介護上の失敗は命にかかわるというリスキーな仕事を業としている。しかも何かトラブルが起きるとすべてヘルパーが悪いということにもなりかねないし，顧客の思い込みや誤解も生じやすい。すなわち，介護にともなうリスク発生環境は他のサービス事業より大きい。それゆえ，顧客に安全と安心を与え，その結果として顧客獲得にも好影響をもたらすべく介護上のリスクマネジメントや苦情の対応策を講じることは重要である。

　サービス提供企業はあらゆる事態の発生を予測し，そのスムーズな対応策を

とる必要がある。トラブルが生じた場合の責任関係をはじめ，リスクマネジメントとしてマニュアルを作り，契約書にも明記しておく必要がある。また絶えず顧客の苦情や情報を集約するシステムも重要である。この場合，訪問したヘルパーを介して行う方法もあるが，ヘルパーには話しにくいという場合も多いので，会社によっては直接会社に話ができるようなシステムを採用しているケースもある[11]。この種の体制をとることによりサービスの質的向上を図り，顧客やその家族に安全と安心をアピールできる。そして社会的信用を高め，つぎの顧客獲得につなげる契機とすることもできる。

6　プロモーションと顧客獲得

次に4P'sのうちのPromotionについてである。顧客を獲得するためのプロモーションには，1）広告・宣伝活動と，2）人的販売促進としての営業活動がみられる。またいかなる顧客をターゲットにするのか，ここでは，3）特定顧客の確保についてもみてみよう。

（1）広告・宣伝

介護サービスの利用者である顧客やその家族あるいは潜在的な利用者等は介護保険制度になっても事業者の名称や内容を知らない者も多い。また仮に知っていても自社を選択するとは限らない。そこでまずテレビや新聞等のマスメディアを活用し，広く宣伝広告する会社もあらわれた。ただこの場合，内容的には顧客獲得というよりは意見広告ないし制度的広告といった色彩が濃く，「サービス」そのものより社名を1つのブランドとして周知させたいとする意図があった。すなわち，いますぐでなくとも後々の効果をねらった，一種の先行投資として行われたのである。「コムスン」の担当者によれば，当初の約50億円の投資効果は直接的な営業努力には及ばないが，ブランドを高めるという効果はあったとのことである[12]。これまで介護サービスの分野ではこの種の商業ベースでの広告はなじみが薄かったので画期的なことであった。人的販売促進と併用すればもっと有効なものとなるだろう。今後このような一種の商業ベースに乗った「福祉広告」ともいうべきものが顧客獲得競争において大きな役割を

果たすものと思われる。

　なお，介護サービスを全国展開する大手の会社の中には，ヘルパーの養成講座を開設したり，介護セミナーを開催し，二次的にヘルパーの雇用と宣伝効果を狙うという場合もある。

（2）人的販売促進

　顧客獲得活動において最も有効な手段はマスメディアを利用した広告・宣伝活動ではない。「コムスン」によればテレビ・新聞等による効果は約1割でしかなく，ほとんどが各拠点地域において営業担当者やヘルパーがケアマネージャー，自社の顧客，あるいは病院その他からの情報を基に直接販売促進活動を行うやり方が効果があるとのことであった[13]。時には紹介を受ける場合もあり，一種の個別的普及である，いわゆる「口コミ」による場合も一段と信頼性が高いものとして大きな役割を果たしている。とはいえその背景には自社のヘルパーによる質の高いサービスにもとづく「顧客満足」という信用がなければならない。いうなれば，質の高いサービスに基づく「顧客満足」という信用が次の顧客を獲得（紹介）することにつながるということである。それゆえ，事業の性格上，介護事業におけるプロモーションは実は日常的に行われているサービス活動，とくに顧客満足度の高いサービス活動の中にあるといってもよい。

（3）特定顧客の獲得戦略

　前述のように個別的に顧客を獲得する場合と同時に特定の顧客層をターゲットにしてその一部を獲得ないし囲い込むような方法もとっている。これには大別して2つのタイプがある。

　すなわち，1）高級志向の手厚いサービスを期待している顧客層にワンランクアップした高品質の特別仕立てのサービスを提供する場合である。いわゆる介護保険下のサービスに上乗せあるいは横出しのサービスを提供するというもので，価格も通常のサービスよりも高い。これはいうなれば一種の差別化戦略である。中にはこの種のサービス提供を専門に行う子会社を設立して行うケースもある[14]。また会員制度として高級化路線をとる会社もみられる[14]。裕福な高齢者もいることから高品質なサービスを望む顧客も多いのでこのようなマー

ケティング戦略は当然とられるべきである。

　次に2）として，特定の顧客層を優先的にサービス提供する場合がある。例えば生命保険会社と介護サービス会社が提携し[16]，その保険会社の保険口座に加入している契約者に対して優先的に介護サービスを受けられるようにしようとするものである。介護サービスの会社にとっては顧客の安定的な確保が可能となり，これも一種の特定顧客獲得策である。

7　介護報酬と価格戦略

　4 P's の1つの Price についてみてみよう。公的介護保険制度の適用にもとづき事業展開をする場合，そのサービス事業に対する報酬はあらかじめ決められている各サービスの時間単位価格により決定される。例えば訪問介護の場合，身体介護は30分以上1時間未満ならば4020円，1時間以上1時間半未満なら5840円となっている[17]。それゆえ，この時間単価に回数（例えば月に5回とか）を乗ずれば，サービス報酬が算出される。この種の介護報酬単価は在宅ならびに施設サービスの中の各サービス種類ごとに決められている。

　ところでこの介護報酬単価は各サービスに対する上限価格であるが，その決定は政府により行われる。それゆえ，一種の統制価格的色彩を有し，公定性と一律性を有する。また介護サービス市場の基準価格として機能している。介護市場では公益性の高い市場ということもあり，まだ需給にもとづく自由な価格決定方法はとられず，いわゆる市場価格の形成は行われていないのが現状である。したがってこの種の市場では顧客獲得戦略において価格を1つの戦略手段とすることは意味がなく，価格上の戦略的動きはほとんどみられない。ただ政府による単価見直しについての議論は活発であり，これを見守るしかない。それゆえ，前述のような専ら利用者（顧客）数の拡大とサービスの質的向上にもとづく顧客満足ならびに立地やプロモーションがマーケティング戦略として大きな役割をもつこととなる。ただ今後競争が激しくなり，顧客の奪い合いになれば値引きや割引が行われ競争価格が設定されよう。この場合一種の市場価格の形成となり，価格水準は低くなるので，一方で介護の質が問題となる。これはむしろ社会的信用を落とすことにもなりかねない。価格が低水準で推移する

場合，サービスの質をどれだけ維持できるのかが，まさに経営に大きな影響を及ぼすこととなろう。そして価格決定が市場にまかされ，かつ業界がある程度寡占状態になると，リーディング・カンパニーによる価格先導制（プライスリーダーシップ）にもとづく価格（管理価格）が形成され，他の事業者もこれに追随するという現象も想定されよう。

8　多角化戦略

　要介護高齢者とその家族などの多様なニーズに応えるため，福祉ベンチャー企業各社は主として訪問介護サービス事業を軸としながら，さらに関連する事業にも進出している。すなわちシナジー効果が期待できる事業の多角化を行っている。それは例えば，同じ在宅介護サービスのカテゴリーに属する場合でもデイ・サービス（通所介護）や訪問入浴介護への進出が目立つ。とくにデイ・サービス事業は増える傾向にある[8]。また等しく介護サービスでも在宅ではなく施設介護分野に進出する会社もある。この場合前述のように直接特別養護老人ホームの設置は認められていないので，有料老人ホームや介護付ケアホームなどの施設サービスへの進出である。自らが施設の設置者になりまた経営も行うのである。この分野は成長が見込めるということで在宅介護サービスの会社以外の業種からも異業種参入してきている。在宅介護の会社が施設介護に進出する場合，在宅介護事業とは異なりかなりの初期投資が必要であるから，大手の企業しか進出できないし，施設福祉に進出することは業界の大手企業の証しでもある。

　ところで，会社によってはサービス市場ばかりでなく介護関連の商品市場にも進出している。介護用具・機器などの耐久消費財は介護用オムツやパンツなどの消耗品と異なり，かなり価格も高い。それゆえ，利用者は購入するよりもレンタル利用ニーズが高くなっており，業者も販売するというよりもレンタルサービス事業者の色彩が濃い。とはいえ，業者は福祉用具等の商品市場への進出といってもメーカーとなるわけではなく，流通業への進出である。それは直接消費者と接触する小売もあれば，小売業と取引する卸売機能をもつ業者となる場合もある。しかも前述のように販売というよりレンタルサービス事業者と

して事業展開する場合もある。また福祉用具等の物流面にも進出している会社もある。在宅介護サービス大手の「ニチイ学館」は全国に物流拠点を9ヵ所設置し，物流事業にも進出している[19]。同社の福祉用具レンタル利用者数は2003年の中間決算期で約2万2000人で，前年同期比約230％増となり，売上高も150％増の44億円であった[20]。

誰でもが使いやすいというコンセプトの供用品も含めると福祉用具・機器の市場規模は約3兆円に達しており，今後ともその成長性は高い。それゆえ，外国企業の進出も活発化し[21]，業界の動きも早くなってきている。また一方で，元気高齢者などの健康や生きがいあるいは介護予防などをテーマとする商品開発も活発となり，まさにこれらのサービスと商品が高齢者の生活全般にかかわりをもつようになり，産業としては「生活融合事業」と化している。

9 合併・提携戦略

全国展開型の大手介護サービス企業は最近の市場拡大にともなって強い事業拡大意欲と経営の黒字転換などを背景として，ますます事業の戦略的拡大化を

表IX-4 介護業界の主なM＆A

ニチイ学館 (2002年3月)	シロヤバリガン(熊本市)の福祉用具レンタル事業を継承
ジャパンケアサービス (2002年2月)	シルバーシステム(東京都三鷹市)の訪問介護事業継承
松下電工 (2001年11月)	サニーフレンド(東京都世田谷区)を買収
メデカジャパン (2002年6月)	有料老人ホームのメープルヴィラ(埼玉県新座市)を買収
アースサポート (2002年11月)	シシド(宮城県古川市)を買収
ツクイ (2003年2月)	大和福祉産業(横浜市)を買収

(出所)「日本経済新聞」2002年11月16日より。

強めている。前述の地域拠点づくりもその1つであるが，戦略的動きの中で福祉関連の中小・零細企業との株式の交換や取得による買収・合併（M&A)，または業務提携や資本提携も盛んになってきた。共同出資により新会社を設立するケースもみられる。ちなみに表IX-4は介護業界の最近の主なM&Aを示したものである。

　介護事業を全国展開する過程で各自治体別地域進出を行う場合，すでに地元において地盤をもっている中小会社と業務提携あるいは合併をして地域進出を図るやり方は新たに地域開拓するよりも手っ取り早い拡大策である。これは同種事業の水平的横の経営拡大化にともなう進出策として有効な戦略である。

　一方新しい関連分野に進出し，多角化戦略を推進する場合にもM&Aならびに提携関係を結ぶ手法がとられるケースも多い。最近ではむしろ多角化推進上の手段として，この方法がよく活用されている。ところで介護サービスを展開している企業の多角化はほとんどが介護に関連するサービス（施設も含む）や製品販売事業への進出であり，M&Aはその1つの手段であるが，今後はまったく異なる異業種への合併行動（コングロマリット合併）も出てこよう。また株式会社形態をとり，しかも急成長意欲も高いという場合，敵対的な株式の公開買い付け（Take-Over-Bid）の手法をとるケースも今後あり得るだろう。

10　人材確保戦略

　介護サービス事業は前述のように典型的な労働力集約型事業であるから，現場で働くヘルパー等の介護労働者の確保は会社経営の成否を左右する重要な決め手となる。すなわち，有能な人材を多く確保することが大きな経営的課題である。

　福祉マンパワーは介護市場の拡大とともに不足し，ニーズに人手が追いつかない状態であり，各社ともヘルパーの数を増やしている。中にはこの1年間で倍増したという会社もある[22]。1人が支える要介護高齢者数は2.6人と言われているが，実際はヘルパー不足によりもっと多くの利用者をかかえている。大都市圏を中心に，ヘルパーやケア・マネジャーなどの人手不足解消のために人材確保ニーズは旺盛であり，ここに人材確保戦略が実施されることとなる。先

ずは量的に頭数を確保しないと安定的なサービス提供ができない。

　政府も人材確保支援策を行っているが，人員確保の最大の障害は，一度就業してもきつい労働の割には報酬が安いため，1ないし2年で退職する者が多いということである。介護業界の8割以上がパートタイマーに頼っており[23]，サービスの質の向上のためには常勤者雇用を増やしたいところである。しかしこの点が経営的に難しいところであり，政府の介護報酬単価の引き上げを期待されているところである。

　介護サービス各社は高校，専門学校，大学生などの新卒者採用枠の拡大を図るとともに地域募集も行い，地域事情に明るい人材の確保もねらっている。また大手有力会社のほとんどは自社においてヘルパー養成講座を開設し，その受講者の何％かを採用するという講座に副次的役割をもたせるという戦略もとっている。すなわち，講座人材確保策である。最近は景気の低迷もあって養成講座が花盛りである。ちなみに「ニチイ学館」では昨年約8万人弱の講座参加者があったとのことである[23]。

　なお，最近の介護業界での雇用人数の拡大は，今日厳しい雇用環境下にあって国全体の雇用創出にも十分貢献しているといってよい。

11　結びに代えて　——今後の展望——

　以上，主として在宅介護事業者としての民間企業の実施しているマーケティング戦略や主要ビジネス戦略の動向について検討してきた。いずれも重要かつ緊急性認識のもと，その推進力は一段と強化されるものと思われる。しかもこのことは企業においてばかりでなく，NPO法人や施設介護に力点が置かれ競争認識の低いとされる社会福祉法人などでもマーケティングの重要性認識が高まってきつつある。

　介護市場の拡大とともに競争が一段と激しくなることが予想される。市場では現在約6割のシェアが社会福祉法人によって占められているものの，在宅を主要事業とする企業の勢い（伸び率）も強くなっており，社会福祉法人等の施設介護シェア（前述の表IX-2にみる介護費用を参照）の低下傾向とは逆に，企業等による在宅のシェアが高まっている。とはいえ，一方で民間企業同士の

競争も激化し，前述のように大手企業が中小，零細企業を吸収・合併することにより，また自然淘汰により業界の再編が進み，小規模事業者の数的減少とともに少数の大手企業のシェアはますます拡大するだろう。趨勢としては少数の全国展開型企業の寡占状態が形成されつつあるのが現状である。したがってこれら大手企業同士の競争が激しく展開されよう。

前述のように，介護大手企業のビジネス戦略は4Pのマーケティングミックスとしてのマーケティング戦略だけを実施しているわけではない。それ以外にも重要な経営戦略的動きがあることは前述の通りである。ただ，今後とも顧客獲得競争に勝ち残るには，新しいサービスシステムやメニューの開発，プロモーションの充実化が欠かせない。その中には例えば高齢者がインターネットでサービスメニューを選べたり，さまざまな注文を出すことができたり，あるいはコミュニケーションをとることができるような，いわばインターネット介護システムも考えられよう[25]。

ところで今日，65歳以上の要介護者は約300万人であり，約90％に相当する2000万人強の高齢者は元気高齢者である。要介護時期をなるべく遅らせ，自立した生活期間を長くするという発想のもと，元気高齢者向けの健康，生きがい，あるいは予防福祉をテーマとするサービスおよび製品その他の開発や事業展開が今後市場が大きいだけに一層求められよう。自立支援を目指す今日，この方向性は今後時代の要請となるだろう[26]。けだし健康，生きがい，予防福祉といった市場分野への進出も介護事業者にとって今後十分検討に値しよう。

（江尻行男）

注
1) 「福祉革命」は福祉分野で革新的な事業展開をする成長意欲の高い起業家等により推進される。この点例えば，「コムスン」の現会長と同社を取り上げた内容の著書もみられる。すなわち，鶴蒔靖夫『福祉革命』（IN通信社，2000年）がある。また，岩渕勝好『介護革命』（中央法規，2001年）では，「介護事業の展望と明暗――介護事業は成長するか」という章を設けて，民間企業の事業展開等について論じている。
2) マーケティング研究において非営利組織のマーケティングや企業マーケティングの社会性を問題とする「ソーシャルマーケティング」が1969年以降みられるが，福祉マーケティングは福祉や介護事業のマーケティング的考察を内容とするマーケテ

ィングと把握し，ソーシャルマーケティングとも関連性がある。「福祉マーケティング」そのものの体系と内容はいまだ定まったわけではなく，むしろ今後の研究課題である。わが国ではこの種の福祉についてのマーケティング研究の文献等はほとんどみられないのが現状である。
3) この度の内閣府の構造改革特区構想においても1つの大きな議論であったが，政府（厚生労働省）見解では株式会社は特養ホームの設置者としては公益性の観点からなじまないとし，見送られた。ただ経営の委託については条件を満たす大企業には開放される見込みであるが，企業側ではほとんど乗り気になっていない。
4) 「日本経済新聞」（2002年12月2日）における「ニチイ学館」の寺田明彦会長による。
5) 「シルバー産業新聞」2002年12月10日。
6) 同上。
7) 同上。
8) 加藤勇夫「マーケティング戦略の意義と展開」，加藤ほか『現代マーケティング戦略』，中部日本教育文化会，1996，15頁。
9) (株)コムスンの「第1回顧客調査報告書」より。
10) (株)コムスンは日本航空とタイアップしてヘルパーの研修を行っている。
11) 例えば(株)コムスンでは直接社長室に苦情が言えるシステムをとっている。
12) 2002年12月24日の(株)コムスンや(株)ジャパンケアサービスなどの担当重役とのヒアリングより。
13) 同上
14) 例えば(株)日本福祉サービスでは高齢化を狙ったサービス提供をする別会社をつくったとの報道もある（「日本経済新聞」，2000年2月19日）。
15) ポピンズ・コーポレーションでは「VIPケア」という会員制サービスを行っている（日本経済新聞社，2000年2月19日）。
16) ニチイ学館と日本生命保険会社との例（日本経済新聞，2000年1月11日）。
17) 3年経過後の単価の見直し作業がまさに行われているところであり，4月からは多少引き上げが予想されている。また「複合タイプ」と「家事援助」を一括して「生活支援」というサービスにまとめるようである。
18) ニチイ学館は現在（2002年9月），訪問介護事業所628ヵ所とともにデイサービス事業所を178ヵ所有している。デイサービスの場合前年より8ヵ所増やしている。
19) 「シルバー産業新聞」2002年12月10日。
20) 同上。
21) 最近ニチイ学館等のグループはドイツのレハテーム社と合弁で「レハテームジャパン」を設立し，福祉用具流通業界に進出して来た。また，例えば仙台市はフィンランドとの国際提携の中で福祉機器の研究にならびにビジネス開発を支援しようとしている。同じくドイツと川崎市も同様の取り組みをし，福祉用具関連業界の国際化も目立ち始めている。
22) 「日本経済新聞」2002年12月2日。
23) 「日本経済新聞」（2002年12月2日）によれば，ニチイ学館のヘルパーは2002年

11月の段階で2万1000人いるとのことである。
24) 「日本経済新聞」(同上)。
25) すでにこの種のインターネットを利用した介護サービスを提供する会社もみられる。
26) 高齢者向けの健康や生きがいをテーマとする事業開発はすでに始まっている。例えば東北経済産業局による「高齢社会対応産業クラスター・プロジェクト」では，1つの分科会として「健康・生きがい・分科会」を設けて，東北地域のこの種の産業開発・育成に力を入れている。

【参考文献】

浅野嶽一『高齢化社会のマーケティング』，住宅新報社，1989年。
加藤勇夫ほか『現代マーケティング戦略論』，中部日本教育文化会，1996年。
後藤芳一『福祉用具の流通ビジネス』，同友館，1998年。
シニアライフプロ21編『高齢者の暮らしを支えるシルバービジネス』，ミネルヴァ書房，1998年。
中小企業庁小規模企業部サービス業振興室監修『在宅福祉サービス市場の現状—与えられる福祉から選ぶ福祉へ—』，1998年。
介護福祉ビジネス研究会『10兆円介護ビジネスの虚と実』，(株)日本医療企画，1999年。
大内俊一，小松浩一『福祉ビジネス—見えてきた巨大マーケット』，日本評論社，1999年。
矢野聡編『介護保険ビジネス総覧』，(株)サイエンスフォーラム，2000年。
グローバルネットワーク編著『介護事業の起こし方・運営の仕方』，日本実業出版社，2000年。
鶴蒔靖夫『福祉革命』，IN通信社，2000年。
岩渕勝好『介護革命』，中央法規出版，2001年。
川渕考一『介護はビジネスになるか』，厚生科学研究所，2001年。
小野瀬由一，小野瀬清江『介護ビジネス2002』，同友館，2002年。
北浦正行『介護サービス労働の現状と課題』，全国勤労者福祉振興協会，2002年。

第 X 章
まちづくりのマーケティング

1　まちの活性化とマーケティング

　まち，とりわけ多くの人を集める中心市街地が，かつての賑わいをなくして疲弊し中心性を失いつつある。中心市街地の担い手は商店街である。商店街は昔から「物を売る」以外にも地域社会の中で重要な役割を担っていた。人と人が触れ合う交流の場，新しい情報がふんだんにある場，地域の伝統を伝える祭りの場，地域の雇用を支える場など，これらは商店街が担ってきた。しかし，時代とともに環境が変化し，車社会，郊外居住，買物環境，買物行動の変化，新たな商業集積間競争，地域間競争などが，伝統的商店街を圧迫してきた。また，商店経営者の高齢化と後継者不足という問題も抱えている。現状ではこれらの衰退要因が輻輳していて再び活性化させる妙案がみえない状況にある。

　98年7月，国は「中心市街地活性化法」を施行した。これは，市町村主導で，疲弊したまちの中心部を再整備し，快適で賑わいのあるまちに変え，ひいては地域全体の活性化を図ろうとするものである。

　ところで，これまで「まちづくり」は行政の仕事とされてきた。日本の自治体が地域経営の観点から，将来の経営方針，方向，具体的な手段などを計画し，明示したものが「総合計画」であるが，その下位計画として「都市計画マスタープラン」「緑のマスタープラン」「市街地整備基本計画」「都市再開発方針」「都市交通体系マスタープラン」「老人保健福祉計画」などが示される。それらは中央官庁の法令や指導が別個にあり，自治体の計画を縦割りにするので，

「総合計画」も個々の要求の寄せ集めで網羅的になりがちである。地域経営とは自治体全体を総合化して、地域の持続的な発展を見通すものであり、単なる地域管理の手段ではない。地域経営においては、まず住民の参加と参画が重要であり、地域の現状の問題や将来の姿について学習を行い、行政職員も明確な問題意識をもって相互に協働して当たることが求められる。つぎに、地域経営においては、戦略的な発想が必要である。戦略的な発想とは目的、目標をはっきり決めて、目標達成のために環境条件を冷静に分析し、持てる資産、資源を総合的に組み合わせ、活用することである。

これらのことは、マーケティングにおける「顧客志向」と「戦略重視」に通じるものである。マーケティングはこれまで、企業活動の理念、方策、手段として発達してきた。マーケティング理論を企業活動だけでなく、国、自治体、学校、病院の分野まで適用しようとしたのは、コトラー (Kotler, P.) 教授であり、著書『非営利組織のマーケティング』(1987)[1]がきっかけとなった。

さらに、1993年には彼は他の共著者とともに「Marketing Places」(『地域のマーケティング』井関利明監訳,東洋経済新聞社,1996) を出版、まちのマーケティング活動に多くの示唆を与えている。

その中で彼らは次のように述べている。「違うまちで問題を乗り越えるために、同じような戦略を立て、資源を使い、提供出来るものを決め、同じような計画を遂行するということはあり得ない。それぞれのまちは、違った歴史や文化、政治的な背景やリーダーを持っているし、行政と市民の在り方も違っている筈である。つまり、すべてのまちに使えるような万能薬や決まった方針や診断というのはあり得ない。代わりに、まちのマーケターは経済理論や人口動向や産業の将来性、政治的傾向やこれまでの事例、実際の経験などの総合・複合的な判断に基づいて、行動を決めて行かなくてはならない。まちの問題を解決するには、この戦略的な地域マーケティングが、最も適応性があり、成果の上がるアプローチだと私たちは信じている」[2]。まちのマーケティングは個々のまちの特性に応じて異なった対応が必要であり、外部要因、内部要因の客観的な分析と他の成功、失敗事例と経験則、これらを総合して判断し決定する能力が必要だということである。また、それができるリーダーが求められる。行政の縦割り機能においては強力で洞察力のある首長か、外部の権威的プロにグラ

ンド・デザインを委託しなければ，持続して発展するまちづくりは望めない。

2　行政とマーケティングの活用

　企業のマーケティングは時代とともに，また，環境の変化とともに柔軟に対応してきた。それは消費者にとって，より質の高い，新しい生活価値を示すモノやサービスを創造し，提供することによって，社会における存在意義を示さなければ生きていけないからである。消費者の信頼や愛顧を失えば，たちどころに倒産となる。一方，消費者は企業に対して単なる受け身ではなく，地域問題や環境問題，健康・福祉問題などの領域で企業に問いかけ，企業のマーケティング活動にも参画してきた。売り手と買い手という関係から社会における共生の意義が問われる時代となった。

　これまでの自治体はコスト感覚に乏しく，事業の成果に対する評価基準があいまいであり，縦割りの壁が厚く，企業のように投資対効果の評価を厳しく行うこともなかったといわれてきた。

　しかしいま，自治体においても，広い視野で新しい問題に挑戦すべき時期となった。市民や企業とのネットワークを緊密にし，地域産業やNPO，NGOなどの地域活動を活性化し，地域に密着したコンパクトな自治体を志向することが求められている。そうなれば，これまでのように国の権限や予算に過度に依存する体質から脱却し，真に自立し，戦略的マーケティング発想が可能になる。『自治体学入門』の著者，田村明氏は，自治体での戦略的発想の条件として，次の6つをあげている[3]。

1) 自治体の自主性にもとづいて打ち出されていること。
2) 地域の将来にとって総合的で長期的に意味があり，地域への波及効果が期待できること。
3) 市民が，その必要性を認識して協力的であること。
4) 自治体内で縦割りを克服し，協働して活動するようになること。
5) 従来型の資金調達や制度を用いる以外に積極的に外部に働きかけ，別途に資金などの資源を得る経営手法をとること。
6) これらを通じて，自治体の職員や組織を活性化させること。

表Ⅺ-1　マーケティング手法の活用（例示）

企業	行政
市場分析	→ 環境分析
市場調査	→ 世論調査
消費者調査	→ 住民調査
流通調査	→ 産業誘致調査
商品化計画	→ 物産育成計画
ブランド政策	→ ブランド化計画
価格政策	→ 事業予算計画
流通政策	→ 流通対策
販売促進政策	→ 宣伝・PR
広告計画	→ 広報計画
パブリシティ	→ 取材協力
CI(Corporate Identity)	→ CI (Community Identity)

　国の補助金や交付金などに大きく依存する大事業も地域経営にとって重要であるが，近年，財政緊縮が続く中では，戦略的発想で小粒でも効果のみえる事業の方が重要である。田村氏は北海道池田町のワイン，帯広市の市民の森，横浜市の6大プロジェクト，掛川市の生涯学習都市，滋賀県の琵琶湖条例，大分県大山町のNPC運動を自治体の戦略プロジェクトの例としてあげている[4]。

　マーケティング発想による戦略はすでに自治体で試みられているのである。

　マーケティングは企業の利潤追及を目的とした活動であるから，公共の政策遂行にはなじまないという考え方もある。しかし，地方行政においても市民，住民の生活意識が高まり，生活向上，生活防衛のために，行政施策に参画しており，マーケティングにおける「顧客満足」という視点を強く意識せざるをえない状況になっている。消費者を生活者と置き換えれば，誰を基点として行動計画を立てなければならないかは明白であり，結局同じことである。

　しかも，すでに行政も部分的ではあるが，企業のマーケティングが開発したさまざまなマーケティング手法を活用している（表Ⅺ-1）。

　調査やPRは伝統的な手法であり，行政でもなじみの深いものであるが，ブランド政策や商品化計画，流通政策などは，個別のアイデアで散発的に実施されており，さらに高度のマーケティング理論を導入することにより実効性を上げる必要がある。また，民間企業で開発されたCI計画は県や市町村という自治体や「町」「中心市街地」というスポットの特徴や努力目標を明確にして，

強い印象を内外に発信する手法であり，多くの自治体が採用している。

　青森県では政策にマーケティングを導入し，行政評価にベンチマーク方式を活用している。県の政策ニーズとその目標値を数値化して評価するものである。

　従来の評価指標は行政が施行した総合計画や政策を前提として設定されてきた。しかし，それは必ずしも住民が求める政策が網羅されたものとは限らず，また，個々の政策も住民の意思を十分に汲み取ったものとは限らないものであった。そこで県はマーケティングリサーチの手法を活用して，住民のニーズをゼロから拾いあげ，これを66の指標にまとめた。青森県の「政策マーケティングブック2000」によると，それぞれの指標には「現状値」と「2005年のめざそう値」が示された。例えば，政策目標「自分の可能性を試すことのできる暮らし」の中の一指標「飲酒をする未成年の割合」では，「現状値」の43.7％を「2005年めざそう値」に20％にしよう，別の指標「高齢者の雇用数」では，現在の1万2801人を2万人にしようという形で示される。さらに画期的な試みは，地域が抱える問題，これが66の指標に当たるが，各指標ごとに「これを誰が分担するか」の役割分担を県民に判断させたことである。

　米国の行政評価は，かつては使った税金の費用対効果に依っていたが，最近は'Shared Outcome'という方式が注目され，実施されてきた。これは何でも行政に頼らず，個人，家庭，NPO，市民団体，コミュニティ，自治会，町内会，企業，商店街，商工会，農協，学校その他を含めて，自治体を構成する全体で分担していこうという考え方である。

　青森県ではこの考え方を採用し，各指標について県民に評価させたところ，多くの指標について，行政に期待するところが半分に満たないことがわかった。

　行政に期待できないところは市民，NPO，企業，団体が担い，その分の税負担を軽くするということで，いわゆるコンパクト・シティへの道が開かれることになる。青森県のこの試みは，行政ができないことは自分たちでということを県民に気づかせた意義が大きい。また，NPOや企業，団体には，どこにマーケット・チャンス（自分の，自分たちの仕事，ビジネス，生きがいなど）があるかを提示することになり，地域の活性化に対しても意義あるものである。

3　中心市街地の活性化とマーケティング

　中心市街地はまちの顔となる所であるが，今は空き地，空店舗の増加，中心部の人口の減少と高齢化，人通りの減少と商業活力の低下などで魅力のないものになっている。その原因として，次のことが指摘される。
　①車社会の進展と対応の遅れ
　　　地価の安い郊外に大駐車場を持つ商業集積ができて，中心部の小スペースの駐車場は対応が遅れている。
　②人口の移動，公共施設の移転
　　　中心部より環境条件のよい郊外に移住し，そこに，生活利便施設，公共施設も移転し中心部への依存度が減少した。
　③高い地価と複雑な権利関係
　　　中心部の地価は高く，土地の権利者が複雑に入り交じり，簡単に参入したり，思い切った再開発ができにくい。
　④消費者の変化と対応の遅れ
　　　情報化時代の消費者は自ら個性的な生活様式を求め，豊富な情報をもつが，既存の個店，商店街は消費者ニーズに対応できない。

　これらの原因のうち，①モータリゼーション，②人口の郊外移住は，欧米の都市でも中心市街地のスラム化，犯罪多発を生み，社会問題となったが，行政と住民が一体となって問題解決に当たり，多くのまちで魅力あるシンボルゾーンとして甦った事例が報告されている。それは，中心市街地の整備改善や商業，ビジネス，文化，創造活動の活性化，交通アクセス，情報化への対応，流通の効率化，環境負荷の改善，安全性の向上などの都市問題を，行政と市民，企業，商店などが役割を分担し，総合的，集中的にまちの再生に取り組んだから可能となった。行政と市民と企業，その三者の協働（コラボレーション）をうまく機能させたところが成功の要因となった。

　まちづくりには多くの行政機関・機能が関与するのであるが，だからといって，すべて行政まかせでは望ましいまちづくりはできない。市民，企業という民間も応分の責任と行動を持って参画することで，難しいまちづくりを一歩で

も実現可能にすることになる。

　まちづくりの主管官庁は経済産業省であり，旧通商産業省である。ここが欧米のまちづくりの制度，組織等を参考に立案し，施行されたのが「中心市街地活性化法」であり，その目玉は TMO (Town Management Organization) まちづくり機関の創設・導入である。これは，従来，店や商店街のハード（店舗やアーケードなどの施設）を中心に補助・貸付したものを，まちの活性化のためのソフト（創業支援，まちの情報提供，空店舗の活用などの事業）にも適用してまち全体をモール化し，これを行政と民間の協働で管理・運営しようとする事業である。

　日本は戦後，人口増加，経済成長とともに人口，産業，情報が都市に集中する都市化社会であった。しかし今日は，若年層の人口は減り続け，少子高齢化社会が進行している。また，情報通信の発達を基盤に，経済・産業の構造も大きく転換しつつある。さらに住民，市民の意識も先述のように大きく変わってきた。都市は人口，産業を無秩序に拡大させるものではなく，それぞれが個性をもち，落ち着いて産業，文化，生活が持続して発展する「成熟型都市社会」へと再構築することが都市政策の主要な課題となっている。

　とくに都市の中心市街地の衰退は都市全体の活力を削ぎ，顔としての個性を失うことになりかねないため，国は平成10年（1998），中心市街地を活性化させるために新たな枠組みを決めた。まず，基本法としての「都市計画法」を改正し，規制法として「大規模小売店舗立地法」，振興法として新たに「中心市街地活性化法」を施行した。いわゆる「街づくり三法」と呼ばれている。

　改正都市計画法は市町村の地域を市街地区域と市街化調整区域に分け，用途を指定するものであるが，今回の改正で，市町村の判断で特別の目的のために建築物の制限を厳しくしたり，緩和することが可能となった。

　大規模小売店舗立地法は地域住民の利便性確保と生活環境の悪化防止を重点として，知事が認可する権利をもつことになった。交通，リサイクル，歩行者の利便性，防災，騒音，廃棄物対策，町並みへの配慮などが認可の判断材料となる。つまり，これらの法律は，これまで国がもっていた権限の自治体への委譲が進んだことをあらわしている。これからは「まちづくり条例」や「まちづくり要項」など地方独自の考え方や活用法が重視される時代がきたといえる。

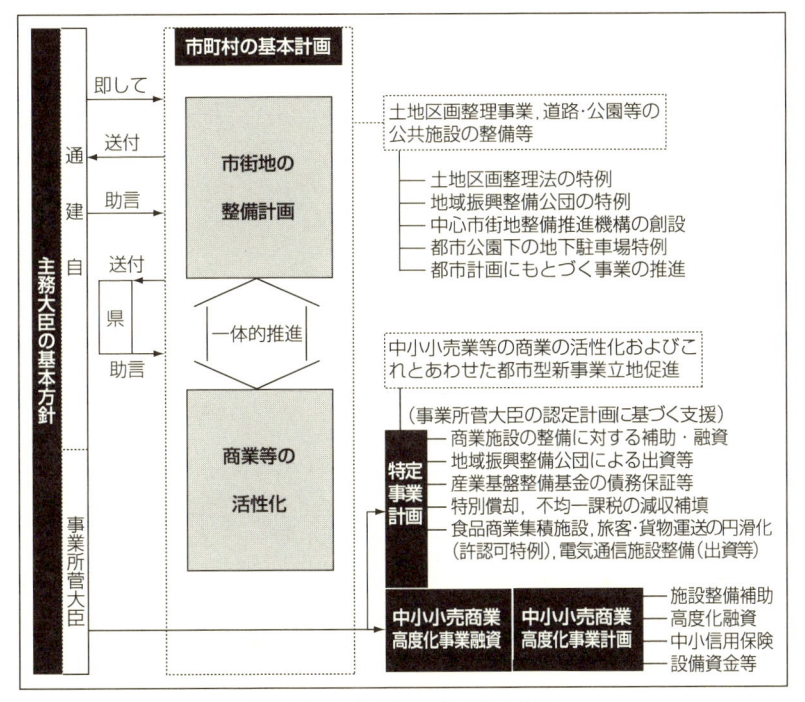

図X-1　中心市街地活性化法の枠組

(出所) 通産省解説資料，1998 年

　中心市街地活性化法は中心市街地を活性化を図るため，市街地の整備改善というハード中心の機能と商業等の活性化というソフト中心の機能からなり，これにかかわる省庁，地方公共団体，民間事業者が連携し，一体となって対策を図ることとしている（図XI-2）。
　このように法律的に整備されたとしても，その運用は新たに創設されたTMO（タウンマネージメント機関）の有効な運用・管理が活性化の決め手となる。TMO は行政と民間が連携して，市街地の資産・資源を生かしながら，活性化と維持を図る機関と位置づけられている。この発想は，欧米の中心市街地活性化の取り組みや成功したショッピングセンターの運営技術である総合的マネージメントから学び，従来のショッピングセンターよりさらに魅力ある中心市街地モールを作ろうとするものであり，その特徴は，高騰し，権利関係の

複雑な不動産問題にも踏み込み，土地・建物の活用や業種・業態の適正配置を行うものである。

アメリカでは長い間，巨額の財政資金を投入して，都市の中心部の活性化に取り組んできたが，これは財政負担が重荷となって失敗したという。そこで，CRM（Centralized Retail Management）という手法が開発されたが，これは地域の小売店が任意に組織し，自治体と協力して集中的・統一的なマーケティングおよびマネージメント活動を行うソフトである。とくに重要な点は専門家としてのタウン・マネージャーが育成され，活躍していることである。

活動内容は次の通り多岐にわたる。

1) 安全性の維持・向上
2) 公共施設（歩道等）の改善・維持・管理
3) 特別なイベント
4) 中心市街地に対するイメージの改善——ホームレスの社会復帰支援など
5) マーケット分析とマーチャンダイジング——店舗ミックス，テナントミックス
6) 共同広告——個店広告の共同化ではなく，商店街そのものの PR 中心
7) テナント誘致
8) 小売店の発展支援・事業支援——露店商の店舗形態化支援
   ——不可欠な業種・業態への支援
9) 共同契約書の作成と遵守——営業時間，店舗外装，サイン，セール
10) 出店計画についての審査・拒否権

CRM の活動を行う主体は，BID（Business Improvement District）あるいは，DID（Downtown Improvement District）という組織で，これは自治体の議会が認め，さらに計画地区総投票権の過半数もしくは3分の2以上の賛成が得られなければ設立できないという厳しいものとなっている。設立されると，関係者は100％強制加入となり，特別税や特別料金を徴収する権限を与えられる。これにより，組織の財政基盤が確立する仕組みとなっている。現在，全米には1300程度の BID 地区があり，各地区とも NPO（特定非営利活動法人）の参加を得て，中心市街地に賑わいを取り戻すことになった[5]。

イギリスの都市に対する考え方は都市を無計画に拡大しないことであり，田園地帯を大切にしながら，都市のスプロール化を阻止し，中心市街地の維持と進行を図ろうというものである。しかし，イギリスの都市においても，モータリゼーションの進行により，中心部の空洞化が起こった。そこで国は都市計画に対する指針，PPG（Planning Policy Guidance）の中で，既存中心市街地重視を確認，持続可能な開発という基本政策を採用した。その目的は次の通りであった。

①集中投資による中心市街地の活力と成長力の維持
②商業集積，職場，公的機関，病院等へのアクセスの改善
③環境保護の観点から，自動車依存軽減化への対応

この目的を達成させるために，TCM（Town Center Management）という組織を設け，民間と公共の緊密な協議にもとづく NPO 主導の活動を展開した。

活動は，都心のモール整備，駐車場整備，防犯活動，顧客開拓，マーケティング，プロモーション活動などで，公共・民間のパートナーシップによる運営を最大の特徴としている。先に触れたアメリカの BID・DID のような特別の権限はないが，全国の 200 以上の自治体にこの組織があり，実績を上げている。ここでも多くの専門のタウン・マネージャーが活躍する[6]。

アメリカとイギリスの例から学ぶことは，いずれも行政と民間とがお互いに知恵を出し合って協働してことに当たること，まちづくりの専門家タウン・マネージャーが育成されていること，マーケティング・マネージメントの手法を十分に活用していることなどの点である。

日本の市街地活性化法による TMO は始まったばかりであるが，国から TMO 構想が認定され，団体として認められたのは，平成 13 年 11 月現在で 181 団体（市町村）であり，運営母体は商工会議所・商工会が 124 団体，特定会社が 55 団体，財団法人が 2 団体となっており，商工会議所が 68.5％を占めている。

商工会議所をはじめ各運営母体は，まちづくりという総合的な事業計画と実行は不慣れであるであるが，現実に市街地の衰退は進行しており，できることから始めようとスタートした。

4 まちの再生についての考え方

　中心市街地を構成する機能の核となるものは商業集積，つまり商店街である。
　商店街が今後求められる役割と機能とは何であろうか。商店街は商業活動を通して，利益を上げることが第1の役割であり，それによって，地域の経済が発展し，納税，仕入れ，雇用などを通して地域に還元される。このような商業的な役割と機能が中心ではあるが，その他に社会的役割・機能と文化的役割・機能も果たしているが，これから求められる役割と機能について，コーソー戦略研究所所長，後久博氏は表XI-2のようにまとめて，次のように述べている。

　「生活者はアメニティやアミューズメント，エンターテイメントのあるまちに魅力を感じ，度々訪れます。また，コミュニティやエコロジーに配慮のあるまちに，人間的な安らぎや親しみを感じ立ち寄ります。それは，人々が求めているのは単なるモノそのものでなく，モノやサービスが果たす価値であり，その時々の自分の生活課題を解決するモノやサービスが果たすコトにお金を払います。ですから，モノとの出会いの場に，モノの価値を高める驚きや感動や発見をしてもらう仕掛けが必要になります」[7]。つまり，お客の価値観に合った付加価値を「まち」は提供しなければならないとして，社会的機能，文化的機能はその付加価値として存在するのである。

　まちを活性化するということは，簡単にいえば「ひと」を集めることにほか

表Ⅹ-2　求められる商店街の役割と機能

商業的役割と機能	社会的役割と機能	文化的役割と機能
1）個性ある商店街を創る 　秘訣：メインターゲット設定 2）マーケティングで差をつける 　・ターゲット戦略 　・ライフスタイル戦略 　・テナントミックス戦略 　・情報化戦略 3）共同販促事業の見直し 　・顧客創造と顧客維持 4）イベント戦略 　・まちを売り出すイベント	1）コミュニティー対応 　・地域社会への貢献 2）アメニティ対応 　・快適空間，高齢社会対応等 3）コンビニエンス対応 　・交通，買い物の利便性の向上 4）エコロジー対応 　・リサイクル，ゼロミッション 5）コンプレックス対応 　・住宅，病院，文化・コミュニティ施設，公共施設の複合化	1）エンターテインメント対応 　・芸術・文化の提供 　・パサージュの賑わい 2）情報発信対応 　・機関誌，FM放送，インターネット，FAX等 3）アミューズメント対応 4）歴史・伝統文化対応 　・地域の歴史的資源等の活用 5）生涯学習対応 　・カルチャーセンター等

ならない．どのようにして中心市街地に人を集め，賑わいを生み出すか，いろいろな工夫，努力があるが，中心市街地活性化法を成立させた国は基本的には次の4つの検討が必要であるとしている[8]．

　1) まちへの吸引力を高める．
　2) 文化，交流，福祉などの中心地での活動を強化する．
　3) イベントの場づくりとイベント開催．
　4) 域外からの来街者を増やす．

そこで，これらの検討要因が具体的にどのように具体化されているかを，事例で示す．

(1) まちへの吸引力を高める
① 商業などの魅力を高める

それぞれの店舗を経営する商業者自らが，店舗設計，品揃え，価格設定，接客態度などに創意工夫をすることは当然として，店の個性をどこに求めるか，顧客に合った情報をどう伝えるか，顧客満足を最大化する方策を絶えず吟味しなければならない．同業他店との間ではっきりとしたポジショニング（客がはっきりと認識できる魅力，個性としての位置付け）を確立することが求められる．

つぎに，商店街としては，空き店舗，空きビルなどを活用して，その商店街に不足している業種，業態を補うテナントミックスを実現することが必要．さらに，再開発や大規模な空地の活用による核テナントの誘致や共同店舗の整備，アーケードのや通りに面した建物正面の改修など商店街の環境整備，カード事業や宅配事業の導入による顧客サービスの向上などを，TMOの調整で実施することで中心市街地の魅力を高める．

【ケース1】　岩手県 盛岡市（TMO 盛岡まちづくり株式会社）
　　　　　　アーケードの架け替えや交差点にアーケード新設，路面の整備，情報表示装置の設置というハード面の整備で集客力が高まった．

【ケース2】　神奈川県 相模原市（市街地再開発組合）
　　　　　　再開発事業で大規模商業施設と図書館，ホール，駐車場などの公共施設との間にインナーガーデン（室内庭園）を置き，一体化し

た。その結果，集客力，街の魅力向上に効果があった。

都市型新事業として，ファッション関係のデザイン，製作，福祉・関連用具の開発，製作，ソフトウェア開発などは，新しい多様な生活ニーズに対応した商品やサービスを提供できることから，その立地を中心市街地に誘導することも，吸引力を高める上で効果がある。

② 文化，交流，福祉などの中心地での活動を強化する

商業だけでなく，再開発や区画整理とあわせた公共，公益施設の整備，空き店舗や既存の公益施設の活用により，文化，交流，福祉，学習，情報についての活動を支援し，中心市街地を市民にとっての「生活・交流の拠点」とする。また，空店舗，空地，プレーパークなどを利用して，NPO活動としての子育て支援，ミニ図書館，各種創作活動など小グループのための場を提供することも，まちに人を呼ぶ誘因となる。

【ケース1】　富山県　福光町（福光町）
情報化の拠点施設「情報ふれあいセンター」を新設，マルチメディアを活用した展示，研修，交流施設とした。各公共施設とCATV網でネットワーク化し，商店街，観光，地域の情報を提供，人の流れをつくりだした。

【ケース2】　千葉県　市川市（市川市，地域振興整備公団）
「いちかわ情報プラザ」ブロードバンドの最新技術を備えたインテリジェントビルとして，都市型産業の起業支援の場，市民活動の場を提供，地域の活性化，コミュニティビジネスの推進に効果を発揮した。

③ イベントの場づくりとイベント開催

まちや施設の整備，サービスの向上という日常的な買い物環境の改善に加えて，まちに出かける楽しさを演出するため，お祭り，街角コンサート，朝市，ふるさと物産展，大道芸などのイベントを開催する効果は大きい。また，プレイパーク，空地，空店舗などを，随時，任意にイベントの場として利用できるような工夫と改善をすれば，利用度は高まり，賑わいが取り戻せる。

【ケース1】 大阪府 堺市（TMO 堺商工会議所）
　　　　　　市の中心にある幅員12メートルの歩道の中央部分に，幅4メートルのオープンカフェをオープン，来街者が自由に休憩し，利用できるようにした。まちに休憩する場所が少ないという来街者の声に応えるものとして，人気が出た。
【ケース2】 岩手県 江刺市（江刺市，中町関係団体，㈱黒船）
　　　　　　地区内に数多く点在する土蔵を活用して，和風建築の町並みを整備した。また，歩行者の安全性，快適性に配慮した新しい道路環境も併せて整備した結果，イベントにも利用されるようになり，賑わいを取り戻した。

④　域外からの来街者を増やす

　中心市街地の賑わいづくりには，そのまちの住民だけではなく，国内外から観光やビジネス，その他私用で訪問する人もいる。これら域外からの来街者を意識したまちづくりも，国際化が進展する中で，まちの重要な課題となる。このためには，まちの観光資源の有効活用や新たな観光資源の開発，宿泊施設，文化施設，エンターテイメント施設などの充実，地域情報の提供によるサービスの向上などを配慮しなければならないが，とくに重要な点はまちの伝統的な産業，文化，自然などの歴史を背景とした個性と魅力を表現することである。

（2）快適に過ごせる環境をつくる。

　来街者が安心して気持ちよく時間が過ごせるように，コミュニティ道路といわれる車道の屈曲などにより，車のスピードを抑え，車と歩行者との共存を図る道の設置，歩道の拡幅，回遊ルートの設定，街路灯の設置など，歩きやすい環境を整えたり，公園や広場，カフェテラス，公衆トイレなどを適切に配置して，憩いの場を設けることも必要である。その際，高齢者や障害者が安心して移動できるバリアフリーへの配慮，個性的な町並み，電線類の地中化，街路樹，水路，噴水など美しい景観形成への配慮も必要である。

【ケース1】 石川県 金沢市（金沢市）
　　　　　　町並みと調和し，人々が集い憩う広場として，コンクリート張り

で現代的デザインの屋外ステージ，時計塔，くぐれる噴水トンネルを設置，公園を中心とした市街地の賑わいが増加した。

【ケース2】 福岡県 北九州市（福岡県）
マイタウン・マイリバーのネーミングで，都心部に流れる紫川を市民に親しまれる水辺空間として整備した。整備計画は学識者，地域代表，住民が参画し，住民の意見，アイデアを採用。

（3）アクセス——まちに来やすくする

中心市街地と郊外の住宅地や近郊とを結ぶ道路やバイパス・環状道路の整備，市街地内の自動車交通の円滑化による渋滞解消，適切な場所への駐車場の配置や案内システムなどの整備，これでマイカーによる買い物客の足を中心部に向ける。中心部へのアクセスおよび駐車場の問題は車中心の地方都市ほど深刻な問題となっている。広大な駐車場を持つ郊外の大型ショッピング・センターなどに客を奪われ，まちなかに大型立体駐車場，駐輪場を整備しても，絶対数が不足したり，使い勝手が悪い，料金が高いなどの不満が残る。駐車場問題は都市の，とくに地方都市のアキレス腱になりかねない。

高齢者や子供など自家用車に頼れない人たちが，中心部に来やすくするとともに，中心部への車の乗り入れを減らして，環境を改善するために，100円循環バス，郊外の大駐車場に止めて，電車，バスなどで中心部に入るパークアンドライド方式，路面電車の導入，復活，まちなかの移動に放置自転車を活用した無料自転車貸出などのアイデアが検討されたり，試行されているが，まだ決め手とはなっていない。

（4）中心市街地の居住者を増やす

中心市街地から，より環境がよく，地価の安い郊外へと人が移動し，夜間は人口が激減するという現象が起きてから久しい。商店主まで自宅は郊外に快適な住宅を構え，通勤者と同じライフスタイルをとるようになった。まちが空洞化することを避けるために，まちの居住環境を根本的に見直し，郊外へ移って高齢化した人々，新たなチャンスを求めて移住する人々，商店関係者などを中心に，カム・バック・タウンと呼びかける運動が必要となった。

高騰したままの土地・家賃，複雑に輻輳した権利関係，汚染，騒音，犯罪，高い生活費，薄い人情など，都市生活の負の部分をすべてクリアすることは困難でも，できることから時間をかけて，都心居住の方法を，考えるべきである。中心市街地の持続的な維持と発展は，根本的には中心市街地に必要な数の定住者の確保にあるといえよう。

5　インターネット時代のまちづくり

　インターネット，パソコン通信，CD-ROM，DVDなどの，新しいメディアが登場し，これからのビジネスのインフラや手段として注目されている。
　まちづくり，中心市街地の活性化においても，このようなマルチ・メディアを活用した取り組みが始まっている。
　かつての消費者は，テレビや新聞などのマスメディアから，一方的に流される大量情報に受け身であった。しかし，現在の消費者は，膨大な情報の中から自分に必要な情報だけを取り込む能力をもっている。またさらに，自分から情報を発信する能力ももち始めた。例えば，流行なども，これまではファッション雑誌などが「今流行のファッション」として，デザイナーが提案した情報を，消費者がそれぞれの好みで選んでいた。ファッションに関して，消費者は受け身であった。しかし，今はまちなかで，若者たちが自分たちのセンスで新しいファッションを生み出して，それを全国に発信している。それも，既存の伝統的メディアだけでなく，カメラ付き携帯電話やパソコン通信など自前のメディアを使って，情報発信型情報行動をとることが当たり前となっている。
　消費者は膨大な量の情報を日常的に得るため，商品を見極める選択眼はますます厳しくなり，商店街での買物にしても，品揃え，価格，利便性，アメニティなどの点で，客の不満は広がる一方となっている。
　地方都市の中心市街地が衰退する原因の1つに，郊外などの立地条件のよい場所で，品揃え，価格，利便性，アメニティなどを客のニーズを最大限に満足させるショッピング・センター，ディスカウンター，カテゴリー・キラー，最近はファクトリー・アウトレットなどの新業態が進出し，客を奪っていることがあげられる。しかし，これらの郊外店も激しい競争にさらされて，持続して

店舗を維持することは難しくなってきた。消費者の消費能力，情報能力が高まった現在，マーケティングの基本は消費者のニーズを重視し，顧客満足を基点とした，いわゆる「マーケット・イン」の発想を，商店街の活性化においても，また，まちづくりにおいてももつことが求められている。その1つの方法が，中心市街地の情報化対応，個店，商店街の情報化対応である。

（1）情報投資で店舗活性化

　流通の世界で，最初に情報システムの構築に取り組んだのは，スーパーやコンビニエンス・ストアなどのチェーンであった。最初は商品管理の合理化から始まり，店舗支援，顧客サービスと拡大した。最新のコンピュータ・システムを導入，通信衛星やインターネットを活用し，全国に散らばった各店舗で販売動向，仕入動向などの営業情報，また，ポイントカードを利用した顧客情報が共有できる。共有した情報を，自店の地域特性にあわせて分析，発注精度や売場効率の向上，迅速な意思決定が可能となっている。また，これにより，顧客サービスの徹底化が図れる。また，店頭端末を顧客に開放，公共施設やボランティアなどの行政情報の提供，チケット類の予約や販売も扱い，身近なサービスの提供で，店舗の魅力を上げている。

　銀行などのカードを使って，店頭で買物の決済ができるデビットカード・システムが1999年1月からスタートしたが，客へのサービス強化策の1つとして定着してきた。

（2）商店街インターネット接続

　1999年，京都市の14商店街は「きょうと情報カードシステム」を導入，インターネット接続サービスでホームページを活用した通販や広告を各加盟店が自由に行えることにした。このシステムは各種のクレジットカードの決済やデビットカードを商店街で共同化する目的で作られたが，インターネットにも高速で接続できる利点から，一般の観光客からもアクセスがあり，来店することもあるなどの相乗効果もみられた。

　また，各地の商店街がバーチャル・モール（仮想商店街）に本格的に取り組み始めた。これまでは，補助を受け，ホームページ作りのノウハウ蓄積や決済

システムの実験をする程度であったが，最近は，店頭での販売とは違う商品を扱い，客の反応を見たり，個々の店の魅力ある特徴を紹介して，商店街全体の活性化を目指すなど，仮想商店街は実用化の段階に入ってきた．

福井では11店舗を集めた「ビッグ」を開設，激安商店街として市内の大手家具店，菓子店，宅配の惣菜屋などが参加する．インターネット・サービスのビッグ社がホームページ管理から代金回収まで請け負い，顧客への配送と代金回収は大手宅配業者に委託するという方式である．

富山の「きときとネット」は地元の特産品を売る店や雑貨店が81店参加し仮想商店街を構成，インターネットでは各店が個別に対応する．

新潟の加茂商工会議所はインターネット上の「バーチャルタウン加茂」を運用，加茂市内の店の独自商品やサービス内容をホームページに掲載，1店舗2商品を限度とした通販コーナーを設けた．商工会議所の運営という特殊性から，単なる通販活動だけではなく，観光案内や地元の子供たちがなじむように中心商店街の歴史を紹介するなど，中心商店街の活性化を意図した情報発信を心がけている．

これら仮想商店街の試みは，インターネットと店頭売りの客の違いを見極めることが，主眼であるが，将来的には，高齢化や交通弱者への対応，または，多様な商品の品揃え，選択への対応など，中心市街地の情報化による機能拡張へと発展する可能性がある．

富山県魚津市は中心市街地の再生のために，中心市街地に立地する商業，文化，行政など各施設へのアクセスを高め，魚津市の特性を生かして来街者，地域住民に利用しやすいまちづくりを始めた．域内に大型の駐車場は不可能なため，公園の整備，商店街の通行円滑化，歩道の整備，道路拡副など安全性，利便性のためのインフラ整備から手を付け客の回遊性を高めた．ここまでの努力は，他の地域でも積極的に行っている．魚津市はさらに，まちの情報化に取り組み，まず空ビルを活用，インターネットカフェ，常設フリーマーケット，商店街のホームページを開設，商店街情報，商品のネット販売も行い，まちに若者が戻ってきた．さらに，行政と民間がCATV会社を設立，自主枠を利用して商店，商品情報などのほかに，商店街が活性化するための番組を制作し，客や地域住民に提供するという「情報商店街」とした．

まちを情報化するということは，消費者の膨大な情報装備に対応し，まちに出かけること，あるいは，まちにアクセスすることにより，より新しい，より適合した情報や出会いが可能になるということである。
　まちには驚きと感動と安らぎが必要といわれる。それらは，モノや施設だけでなく，コトや情報や地域のココロがあってはじめて，生き生きとした魅力が醸し出され，まちは生まれ変わる。顧客志向のマーケティング発想が，それを実現する。

（3）21世紀の中心市街地

　情報化の飛躍的な発展によって，いながらにしてほとんどの買物ができる時代になると，よほどのことがない限り，買物のためにわざわざ中心市街地に出かけることは少なくなると考えられる。しかし，逆に，専門的なアドバイスを直接会って受けることで，客の満足度を高める専門店や店の人との会話を楽しみながら買物ができるブティックや，趣味，教養などで特化した専門店などは，ますます必要性が高まる。要するに，日常的に必要なものは，近くの店か郊外のショッピング・モールで用が足りるわけであるから，中心市街地の役割は別のことに求めなければならない。いま，中心市街地に求められる機能は，単なる商業集積地区としての成功ではなく，地域社会の受け皿の1つとしての機能である。
　商業集積は消費者の充実した生活課題の解決のために存在するのでなければ，活性化は難しいといえよう。例えば，日本の小売店は売場の効率化と合理化の名のもとに，大切なものを犠牲にしてきた。生産者，供給者任せで専門知識の乏しい売り手，修理，リサイクルなどのサービス，客の個人個人の生活課題を聞き出す，対話の習慣の欠如など，商店街を単なる売場の集合体にしてしまった。客はモノを買う，モノが欲しいのではない。自分や家族の「生活課題」を解決するために，商品やサービスを求めるのである。贈り物1つ選ぶにも，その裏にはいろいろな事情や条件があり，すべて1人1人異なると考えられる。
　ワン・トゥ・ワン・マーケティングやリレーションシップ・マーケティングといわれるものは，個人個人の微妙な要求の違いをわきまえて客に対応するものであり，客の選択に自信をもって支援する態度がなければ，わざわざその店

に行く必要はない。問題は，地域の生活者の生活課題をしっかりととらえ，その課題を解決することである。インターネットの利用やファクス通信，バーチャル・ショップの活用なども，単に販売の効率化，合理化という売り手の論理で構築されるものは，客の離反を招き，無駄な投資に終わる。本来，商店の強みは対面販売であり，ここでの情報のやり取りから，新たな発想が生まれるものである。コミュニケーションがビジネスになるという昔からの知恵を再び活用した温もりのあるまちが，21世紀のまちとしてますます求められるだろう。

(玉木徹志)

注
1) Philip Kotler & Alan R. Andreasen, *Strategic Marketing for Non-profit Organization*, Prentice-Hall, 1987.
2) 井関利明監訳『地域のマーケティング』，東洋経済新聞社，1996年，20頁。
3) 田村明『自治体学入門』，岩波書店，2000年，101頁。
4) 同上書，101頁。
5) 中小企業事業団『中心市街地活性化事例――海外編小冊子』，1999年。
6) 同上冊子。
7) 後久博「中心市街地活性化策の進め方」『CRIATIVE EVENT』No.118，2000年，8頁。
8) 中心市街地活性化関係府省庁連絡協議会編『中心市街地活性化のすすめ2002　小冊子』，2002年。

【参考文献】
地域情報会議編著『地域の価値を創る』，時事通信社，1998年。
嶋口充輝『統合マーケティング』，日本経済新聞社，1996年。
柏木重秋編著『マーケティング・コミュニケーション』，同文館，1998年。
長谷川文雄監修『マルチメディアが地域を変える』，電通，1997年。
上野祐子『地域マーケティングへの挑戦』，日刊工業新聞社，1999年。
五十嵐冨英『地域活性化の発想』学陽書房，1995年。

第XI章

インターネット・マーケティング

1 インターネットによるビジネスの開始

（1）インターネットビジネスの生成

　インターネットが一般的に普及し始めたのは1990年代半ばである。インターネットは，1969年にアメリカ国防総省の高等計画局が出資をして，軍事研究用に構築されたコンピュータネットワークがその始まりだといわれている。そのネットワークに大学や研究機関のコンピュータサイエンスを中心とする研究者が利用者として加わり，FTP[1]やTELNET[2]などに電子メール利用が加わり，研究ベースでの利用が本格化したのである。現在利用されているインターネットの基本的サービスは，多くがこれらの研究で開発されたものである。

　その後，商用利用[3]が始まったのは，WWW[4]のブラウザが開発され飛躍的な発展を遂げたからである。画像や音声，さらには動画までを受発信することが可能となったのである。接続プロバイダーのサービスが始まり，大企業から中小企業までがホームページを競って作り出したのである。

　インターネット以前，すでに主要企業ではLAN[5]といわれる企業内のコンピュータネットワークで結ばれた経営情報システムが組まれていた。それらは主として同一企業内の販売情報，財務情報，在庫情報などの経営情報ネットワークであった。しかしまったく企業の外部との情報交換がなかったわけではない。

　材料・部品の仕入先との専用回線による受発注情報のやり取りや旅行エージェントと各航空会社との航空券の発券機を通した予約，POSシステムを使っ

たコンビニエンスストアやスーパーマーケットの売上記録に対する本社における集中情報管理などが，専用回線を用いて行われたのである。また個人的なネットワーク利用としては，パソコン通信として趣味の世界で電話回線を使って行われていた。

しかしインターネットという新しいネットワークは特定の取引先との情報を交換するための専用回線ではなく，不特定多数間のオープンなネットワークである。これには TCP/IP [6] といわれる共通のプロトコルを使ってインターネット回線に接続しさえすれば，誰でも手持ちのコンピュータを端末として使うことにより世界に繋がるネットワークのユーザーになり得るのである。

これらそれぞれのネットワークが共通のプロトコルを用い，インターネットを通して専用回線，電話線等の相互乗り入れを行って，世界中のコンピュータが接続されるという草の根運動的なムーブメントが目覚しい速さで展開し，世界を覆うものとなってきたのである。

また，企業が経営上でインターネットを積極的に導入しようとするのは次のような理由からである。

1) WWW により画像，音声など魅力的なコンテンツが容易に配信できるようになった。
2) 通信回線料が専用回線に比べて非常に安い。また情報発信のコストパフォーマンスも非常に良い。
3) 世界中の企業，団体，大学などに繋がっている。
4) いままでは繋がっていなかった個人もこのネットワークに加入している，または入りつつある。この人たちは将来，顧客になる可能性がある。

つまり，経営情報システムとされる LAN の場合は自社内のネットワークと取引相手企業とのネットワークであるが，無数の消費者や現在取引のない企業とは繋がっていないのである。このように非常に可能性の広がっているネットワークを利用しない現代企業はない。

それまで情報発信の中心であった大学，行政，企業だけでなく，個人もパソコンを自分で買いそろえ接続プロバイダーを通じてこのネットワークの中に入ってきたわけである。個人も同じボリュームで情報発信できるポジションとしては，企業・団体と対等の立場を獲得したわけである。

(2) インターネットビジネスの展開

インターネットがビジネスに利用されるようになると、各企業はこのニューメディアに乗りおくれまいと争ってウェブを立ち上げ、これにより企業広告的なプロモーションを行い、初期的なものであったがバーチャルショップを設けて直接に顧客を対象とするネット販売（B to C）[7]を行おうとした。

ここに企業向けおよび個人向けにインターネットの利用をめぐる新しいビジネスがぞくぞくと誕生してきた。まずインターネットへの接続プロバイダーである。NIFTY-Serve や AOL（アメリカン・オン・ライン）のようにパソコン通信で多くの会員を集めていたところはいうにおよばず、日本では通信事業の自由化も実施されたこともあり、新たにプロバイダー業界に入ってきたところは非常に多数にのぼった。

インターネットが始まるまでに LAN を構築していた企業は、その接続・構築が比較的たやすくできたであろうが、突如始まったインターネットブームの中で初めてそれを構築する企業も少なくないので、当然それらをサポートする企業が必要になってきた。またウェブの作成を代行する企業も登場してきた。

その他ウェブの検索エンジンを提供する企業や、サイト上でニュースを提供する新聞社を中心とした既存のマスメディアなども、ネット上で情報サービスを開始した。この検索エンジンや新聞社等は一般ユーザーから利用料金を徴収するのでなく、そのウェブページにバナー広告[8]を掲載してその広告収入で経営を成り立たせようとするビジネス・モデルである。このようにたくさんの人がアクセスする人気のあるウェブサイトは、新しい広告メディアとして成立してきた。

2　電子商取引の発展

(1) 電子商取引の実態
①日本の電子商取引市場（B to C）の現状

平成 14 年度版情報通信白書によれば電子商取引最終消費財（B to C）の市場規模は、13 年（2001 年）には 1 兆 2218 億円の取引高で対前年比 96.0％増にもなり、着実に拡大を続けている（図XII-1）。

インターネットの普及やそのブロードバンド化の進展，消費者のインターネットへの習熟度の高まりの結果，日本でも電子商取引の利用が拡大しており，すでにインターネットを導入している企業の4分の1近くの企業が販売業務（B to C）や調達業務（B to B）のいずれかまたは両方において電子商取引を利用している。

また経済産業省の「平成12年度電子商取引に関する市場規模・実態調査」からオンラインショップで扱われる品目別の統計をみてみると，2000年の時点ではパソコン関連（11％）やエンターテインメント（7％）がその中心を占めているが，これから2005年までの間に旅行，衣類，アクセサリーも大きく伸びると予測されている。

②オンラインショッピングモール

日本におけるインターネットコマースの特徴は，独立系のオンラインショッピングモール，すなわちバーチャルモールが成長している点である[9]。代表的なバーチャルモールとして，楽天市場（www.rakuten.co.jp）や逸品.com（www.ipin.com），7ドリーム.com（www.7dreem.com）などがそれぞれの特徴を有し現在のところ成功している。

③アメリカとの比較

Taylor Nelson Sofres [10] 2001のレポートによると，オンラインショッピングの経験者は日本で17％であるが，米国は世界で一番経験者が多く33％に上っている。以下では，インターネット先進国アメリカと日本の「B to C」の現状比較を行うことによって，日本の課題を明らかにしたい。

アメリカでは，広大な国土のため，通信販売が早くから普及しているのはよく知られていることである。これに対して日本では，最近でこそテレビショッピングやカタログ販売などの通信販売が本格化してきているが，歴史は浅く，またそのスケールにおいてもアメリカとは大きな差がある。つまりインターネットショッピングも一種の通信販売であり，今までカタログやテレビを通じて何回も購入経験がある消費者と，初めてインターネット上で通信販売を経験する消費者とでは，そのシステムに対する信頼感において大きな差が生じるのは無理のないところである。

またアメリカでは現金よりもクレジットカードによる買い物が歓迎される。

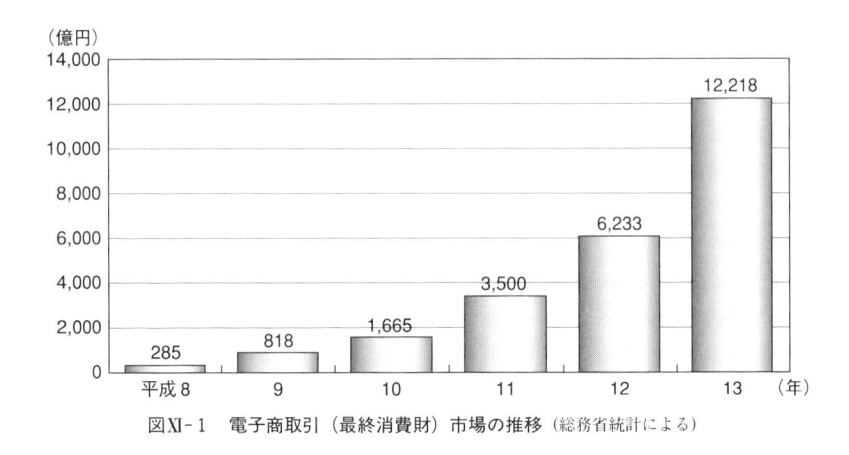

図XI-1 電子商取引（最終消費財）市場の推移 （総務省統計による）

平成8年：285億円
9年：818億円
10年：1,665億円
11年：3,500億円
12年：6,233億円
13年：12,218億円

クレジットカードを認証するカードリーダを通せば，確実に会社はその支払いを保証してくれる。インターネットショッピングにおいては日米ともにクレジットカードによる決済が一般化している。だが，日本の消費者はクレジットカードの番号をショッピングサイトに打ち込んで決済することには不安・不信感をもっている。そこで代金引換や銀行振り込み等，改めてネット以外で決済を行わなければならない。

④ネットオークション（C to C）の展開

このほか最近では，B to CやB to Bといわれる2分割とは別に，ネットオークション（競売）と称されるC to C，つまり消費者同士のインターネット上での取引も認知度が上がり，エスクローサービス[1]や損害補償による取引の安全性向上もあって，2001年には1100億円の取引高をあげ，2006年には約6400億円までの成長が見込まれている。日本ではYahooオークションが人気を集めている。このオークション・サイトは，2001年から事故防止のために本人確認を確実にするために手数料を取り始めた。この手数料が取引の弊害になるのではとも思われたが，現実にはオークションの信頼性が増したのかYahooオークションの1位の座は揺るいでいない。

このオークションは，基本的には最終消費者が一度は購入したりギフトとして送ってもらったりしたものが自分では使用しないとか数回使ったけれど中古品として売り払いたいなど，何らかの理由で売りに出したいとするものの競売

であり，日本では新しい市場といえる。また，ホテルや飛行機の割引券のように手にする人が使いきれない場合などは，わずかな金額ではあるが換金したいなどのニーズに答えていくこともできる。その他にこの市場には業者もかなり出品していて，B to C のバーゲン市場にもなっている。

（2）インターネットショッピングの優位性

それではインターネットを使っての買い物行動は，消費者にこれまでにないどのようなメリットを与えるものであろうか。

1）買い物時間を自由に設定できる。
2）買い物に出かけなくても買い物ができる。
3）買い物の場所を選ばない。
4）ネット上でしか売っていないオリジナルな商品や，近くに売っている店がないような商品も，インターネットであれば検索もでき，探しやすい。
5）インターネットだと比較的価格が安い。

以上のようにリアルショップと比較して有利な条件があるだけでなく，トレーディングスタイルが大きく変化しており，このため企業自体の経営システムの側でも，デジタル信号によるコミュニケーションである利点を活かした，より効率性の高い，あるいは消費者に対する訴求力のある新しいシステムの発見や，そのノウハウをめぐる競争が行われている。開発した新システムやノウハウを「ビジネスモデル」として特許申請し，受理されているものもある。

（3）ビジネス・モデルと電子商取引

インターネットビジネスがブームになるにつれて，いわゆるビジネスモデル特許といわれるものが出現してきた。

アメリカはアイデアを大切にする国である。インターネットビジネスで成功しているウェブ・サイトには，ビジネスのメディアに適応した新しい経営システムが組み込まれている。ビジネスモデル特許は，それらの経営システムを特許申請し，知的財産所有権として確保しようとする動きである。

ビジネスモデル特許は経営手法のモデル化だけでは認められず，コンピュータ・ソフトウエアを使ったものでないと特許とはなりえない。このビジネスモ

デル特許として代表的なものは，amazon.com のワンクリックや NetPrice の逆オークションなどである。これらの特許権を持つ事業者は，これら画期的なビジネスモデルの独占使用によって，他社に対する競争優位を確保している。

　今までの企業社会における競争優位とは資本力の差であったり，技術力の差であったりしたが，サイバースペースでは，ビジネスモデル特許のようにウェブ・サイト上でのアイデアやノウハウがそれをもたらしている。

3　インターネットショッピングにおける決済とセキュリティ

(1) インターネットショッピングにおける決済とセキュリティ

　バーチャルショップでの買い物すなわちインターネットショッピングは，以下のような取引のプロセスで行われる。

1）消費者が目的のウェブ・サイトにたどりつき，購入する商品を選び決定する。
2）ウェブ・サイト上でショップに注文の商品および数量をショップ側に伝える。
3）発注者の住所，氏名，電話番号，E-mail アドレスを知らせる。
4）それとともに決済方法を選択し，伝える。
5）商品の配送方法を選択する。

以上の情報をショップに送ってインターネット上の取引は開始される。

　この中でも4）の決済方法については，ショップ側から自社で取り扱っている決済方法の提示がなされている。

　それには，①代金引換決済，②クレジットカード決済，③先払い銀行・郵便局振り込み，④コンビニエンス決済，⑤デビットカード決済等が考えられる。

　インターネットショッピングを利用しょうとする消費者が実際の買い物を躊躇する最大の理由は，決済の段階でいろいろな不安に襲われることである。たとえば先払いした時に商品は届けられるであろうか，クレジットカードの番号が他に漏れないか，買い物の品目や住所・氏名など個人情報が流出しないか，などである。

　しかし，クレジットカードの番号を送るとき等は基本的に SSL [12] という暗

号システムが働き，それにより，外部から盗聴されることは常識的にはおこり得ない。

4 CRM（顧客関係性管理）の展開

（1） CRM [13] とは何か

インターネットによるインターラクティブ・コミュニケーションを利用して，新たなる顧客管理が可能になる。それは顧客関係性管理と呼ばれ，関係性パラダイムのマーケティングを実践するためにインターネットにデータベース機能を加味したシステムを駆使するかたちで，一度取引を行った顧客をリピータとし，さらにはヘビーユーザーとしていくためにさまざまな囲い込みを実施していくことを可能とする。

それにはCRMとインターネットの相性が非常に良いという点を考慮しなければならない。この2つを組み合わせることによって相乗効果が得られることが大きいといえる。その理由としてはインターネットのもつ特性が考えられる。

1） リアルタイム：24時間いつでも世界に繋がっているネットワークの利用が可能であること。
2） オープン：誰でもユーザになることができること。
3） インタラクティブ：双方向性をもっていること。
4） マルチメディア：画像・音楽・動画など多彩なメディアを利用することが可能であること。
5） ハイパーリンク：ウェブ上では一気に必要なところへ飛んでいくことが可能であること。

以上のことがインターネットの特色であるが，これらがどのようにCRMと関係するのであろうか。まず「いつでも」「誰にでも」アクセスできるインターネットを使って画像や音楽で商品についての情報を確認した後で，ユーザーにはクリック1つで決済が可能な画面が表示され，支払いまでをネット上で完結することができる。一見理想的なEC [14] のようにもみえるが，このような「インターネットによる通信販売」は消費者に容易には受け入れられなかった。ここで新たに顧客のデータベースを加えてみる。データベース自体はインター

ネットだけで実現可能な要素ではないが，サーバーに接続することでデータの入力（収集）・解析などが自動的に確実に行われ，大量の情報を管理・利用することができる。これらによって，CRMのよるさまざまなソリューション[5]が実行可能となっている。

（2）インターネット上で実現したCRMソリューション事例
　さて，ここからはそのCRMソリューションを，いくつかの例をあげて解析してみる[16]。
①パーソナライゼーションサービス
　個々の顧客にあわせた情報を提供して顧客の維持を図る。これにはクッキー[17]を利用してアクセスと同時に個人の名前入りのページが表示されるものと，会員登録を最初にしておいてパスワードの入力などによりマイページなるものが立ち上がるものがある。いずれにしても個人の志向するものに合わせたページの提供を目指している。
②オプトイン（承認）メール
　あらかじめ顧客の欲している情報をデータとして保持しておいて，広告情報を送るときそのデータにもとづいてE-mailを顧客に提供することで，無作為に送る広告よりレスポンスの高い情報提供を行おうとすることを目的としている。
③マッチングサービス
　顧客が要求する商品やサービスを，インターネット上の非常に多くの情報から探し出して情報提供することで，顧客維持を図ろうとする。商品名だけでなく価格帯などを条件として検索すると情報が提案される。
④レコメンデーション（推薦）サービス
　顧客属性と購買履歴にもとづき，顧客が最適と感じるであろう商品やサービスを絞って提供することで，売り上げの増加，リピーターの獲得を目指す。つまり「これを買った人はこれも買うのではないか」という発想のもとに提案がなされる。
⑤サスペンション（買い物カゴ）サービス
　これは買おうかどうしようか迷っているとき，とりあえずとして購入候補ペ

ージにとっておくことで商品をストックさせて次回購入を期待，また，リピーター化への期待ができる。

⑥マスカスタマイズ（顧客仕様）サービス

既存の部品やサービスを組み合わせ，個々の顧客仕様の商品に仕立て上げて提供する。顧客満足策の1つで顧客の要望を最大限充実させるサービスであり，デルコンピュターのオーダーメイドのパソコン販売などが有名ある。

⑦コミュニケーションボード（掲示板）サービス

いわゆる「掲示板」であるこのサービスは，企業が提供した"掲示板"で商品・サービスを利用している（もしくは利用しようと考えている）顧客にそこで"対話"してもらい，第三者にも読んでもらう。この利点としては"生の声（いくらかの非難の声さえも第三者を安心させる効果をもたらすかも知れない）によって商品についてリアルに知ってもらう"ことへの期待というものが主たるものであろう。

⑧ロイヤルティ（ポイント制）プログラム

会員カードによってポイントなどを貯め，それに応じた見返りがあるサービスをネット上で行うのが，ロイヤルティプログラムである。インターネット上での特徴として，カードの所持が不要というのがメリットである。顧客の購買貢献度が自動的に蓄積され，それに応じた景品やサービスを受けることができる。

⑨リマインド（思い出させる）サービス

顧客の個人的な記念日や中元・歳暮などの贈答時期に応じてE-mailなどで知らせる情報サービスのことである。

⑩ジャストインタイム（JIT）サービス

顧客が必要とする時と場所など，顧客の都合に合わせて商品を提供するサービスである。

⑪インビテーションサービス

サイトの来訪者が知人にそのサイトの素晴らしさを主に口コミで集客してもらうことを促すサービスである。このためには，コミュニティとして魅力ある，集客力あるサイトを作ることがまず重要である。

以上のように，各ソリューションはさらに深化するかたちで顧客情報をネッ

トワーク化しデータベース化して顧客関係性マーケティングの確立を図ろうとしている。

5　ウェブ・マーケティング・マネージメントの発展

（1）企業のウエブ発展史
①「会社案内」としてのウエブの立ち上げ
　ウェブのブラウザの開発を起爆剤としてインターネットの商用利用が始まった。インターネットの将来の可能性が大きくマスコミで取り上げられるなか，各企業のウェブが競って作られた。
　当時の新聞には，自社のホームページを作成している上場企業の一覧がアドレスとともに掲載されたこともあった。企業がウェブを立ち上げることがニュースになる時代であったのである。
　この段階では，広告という観点からすれば，これらのウェブは企業広告という位置づけになろう。それらのコンテンツは，印刷物として作られていた「会社案内」のウェブ版である。そのほとんどは広報部や総務部が主導権をもって作ったもので，会社案内の写真をそのまま貼ったような静的なものが多かった。その内容は，社長の写真と挨拶や経営の理念の紹介に始まって会社の沿革，取り扱い主力商品の紹介等，平凡なものであった。
　この時代，伝統的な企業にとっては会社案内としてのウェブの立ち上げであるのであろうが，新しく起こしたインターネット・ビジネスにしてみれば，サーバーにウェブさえ立ち上げれば全世界の数え切れないほどのユーザーに繋がっているということで，大いなる可能性を喧伝されたものである。これらのまだ名もなき小さなベンチャービジネスであろうと，大企業と同じポジションで情報発信することが可能であることが強調された。

②他社との比較・差別化から情報サービスメディアとしての企業ウェブへ
　静的な会社案内をインターネットに移した感があったウェブも，各企業のものが出揃ったところで，自社のウエブと競合他社のものとを比較しこれでは見劣りするのではないかとか，内容的な平凡さや先行している他社のデザインや

部分的に動くホームページなどの技術差を何とか埋めたいという要求が，企業の側から出てきた。

　企業ウェブの第2段階ともいえる，他企業ウエブとの差別化を目指すステージである。実験的なものだけでは満足できない企業は時節ごとの新しいイベント情報などを加え，ユーザーが2回目以上アクセスする毎に，何か新しい情報を得たいという基本的なニーズに応じようとしていた。さらに初歩的な消費者の質問に答えるページを設けたり，景品をつけたりして差別化を図ろうとした。

　このほか，日本におけるウェブの特徴として，大学新卒採用メディアとしての使われ方に触れておかねばならない。90年代後半，求人・採用の基本的ツールとして，インターネットが使われだした。1997年よりいわゆる「就職協定」がなくなり，一流企業も中堅企業もそれぞれ自由な時期に求人活動を始め出した。これに呼応するように各企業のウェブを求人公式メディアとして各企業が使い出した。これはウェブ・サイトの最初の公式サイト化の動きとして注目に値するであろう。

　求人活動以外にもさまざまな種類のページが作られた。たとえば広報機能に対する要求としては，①企業活動に関すること，②新規事業，技術提携各種サービスの提供，③顧客ユーザーのサポート体制の公開，④顧客との質問・返事，などが考えられた。

　アフターサービスとしての情報サービスにとって，企業ウェブというメディアは非常にマッチしたメディアである。一般に昼間の時間に自分の仕事に縛られている人にしてみれば，購入した商品への新たな追加情報や使用方法などをそのメーカーのコールセンターなどから聞き取ることは難しい。しかし顧客は購入した直後こそ自分の購入行動の正当性の確認をしたいと思っているのである。当然疑問点も一番多い時であろう。ここで販売側が良いバックアップができるかどうかが，そのブランドに対する信頼が形成されたり保たれる重要なポイントである。

　ここに単なる企業広告や取り扱い商品のカタログとして始まった企業のウェブも，情報によるアフターサービスのメディアとしてその地位を確立しつつあったのである。

③マーケティング・メッセージ発信メディアとしての企業ウェブ

　企業ウェブはその後さらにデザイン的にも機能的にもレベルを上げてきた。インターネット・ビジネスの驚異的な発展が，既存の伝統的な会社にも本格的に企業ウェブに力を注ぐ方向へと導いていったのである。それまでは企業の側で企業ウェブに対するコンテンツの各要素について任意性が残っていたが，この時期になると企業に選択の余地は少なくなってきた。つまり，企業ウェブの公式化である。企業をとりまく各利害者集団（ステークスフォルダー）[18]に対して，総合性を保ちながら情報発信を本格的に常時行うことが，標準的なことになってきた。企業ウェブは会社の広報活動に始まりマーケティング活動を様々な形で行えるメディアに育ってきたのである。

　例えばパソコンのパッケージソフトを扱っている卸商の営業マンや特定の契約を結んでいる小売店は，インターネット上で実際の商品の在庫確認したその場での注文が可能になる。またリピーターとしてアクセスしてくる顧客には企業からの新しい情報（What's new）を絶え間なく提供することができる。いま使っている商品に対するアフターサービスとしてサポートを受けたいとする顧客は，ウェブから得られる情報提供でさらにそのブランドに対するロイヤリティを高めることになる。

　広報を中心とする時代には企業ウェブの統活を総務部・広報部に任せていた会社も，経営幹部によるウェブ・コンテンツに対する管理が当然必要となっていく。そこから発展してウェブの構成プロジェクトを組む必要もあるだろう。

　事例として日本を代表とする総合家電・電機メーカー6社[19]のウェブの内容を比較検討してみると，共通のコンテンツ要素として以下のものを確認した。

　1）トップページに掲載されるメニュー群
　2）What's new と称される新規情報
　　a）新製品情報
　　b）新しいイベントや news
　3）製品情報
　　a）家庭向け製品の紹介
　　b）企業向け商品の紹介
　4）販売店への情報

5）会社情報
　　a）会社概要
　　b）事業概要
6）採用情報
7）カスタマーサポート
8）環境活動・社会貢献
9）企業グループと組織
10）各種問い合わせの E-mail ページ

④ウェブ上のマーケティング・マネージメントの成立

　マーケティング・メッセージを発信するものとしてはテレビコマーシャル，新聞広告，PR，パブリシティ，セールスマン，各種コールセンター，キャンペーン等があるが，コストパフォーマンスや総合性において企業ウェブに勝るものはない。

　そして企業ウェブの構築にあたっては，当該企業の新しいマーケティング・パラダイムはどのようなものなのか，自社の重要な顧客および利害者集団（ステークスホールダー）は誰なのかまたその中でもどのグループに優先的に情報を伝えなければならないのか，そしてそれぞれのグループに何を伝えるべきなのかと，さまざまな事柄を考慮して進められなければならない。企業ウェブは，総合的なマーケティング・マネージメントのメディアとして，各社必須のものとしてそのポジショニングを急速に高めてきたのである。

　かつて OA 化が進められたときに費用削減と情報化の 2 つの効果を企業にもたらしたように，企業ウェブの発展もその両面からのメリットを提供してきている。ウェブ・コンテンツのそれぞれのページの専門化を図り，それらを適正なマーケティング・ミックスを成立させることによって，ウェブマーケティング・マネージメントという再ポジショニングが必要となってくる。

　つまりウェブマーケティングとは，ここ数年の歴史を経て発展した企業ウェブの双方向コミュニケーションの特性を活かし，各社のマーケティング・コンセプトの提示と顧客とのワン・トゥ・ワンマーケティングの実施ツールとなることを目指して，例えば CRM の手法を駆使して顧客との情報のキャッチボー

ルが展開される過程で新しい価値を作って行くべきものである。そのような企業ウェブの統合的マーケティング・マネージメントの展開は本格的に始まってきている。

6　ウェブ・マーケティング・マネージメントの展開

（1）企業ウェブによるマーケティング

　消費者から企業に寄せられる各種の質問に答えるという情報サービスが，ビジネスウェブに非常にマッチした役割を果たすようになってきた。情報サービスによるアフターサービスのメディアとして地位を確立してきたのである。また，ビジネスウェブは企業と顧客との関係を生み出す情報を蓄積するためのメカニズムともいえる。今後ビジネスウェブによるマーケティングにおいて成功をおさめるであろう企業を想定した場合，それはビジネスウェブを広くマーケティング戦略の中に取り入れ有機的にハイブリッド的に活用する企業であろう。新規に競争優位を創造するようなかたちで，ウェブと従来のマーケティングを融合させるという戦略を展開せねばならないのである。つまりリアルとバーチャル間のマーケティングの統合性・双方向性を発揮させることが必要なのである。

（2）ビジネスウェブとマーケティング・タイムスケジュール

　企業ウェブ上でのマーケティングの展開ということを考察してみるならば，ビジネスウェブにアクセスしてくる顧客との位置づけを時間・空間的に大きく次の3つの場面が想定される。
　第1の場面はそのビジネスウェブに掲載されている商品をまだ明確に購入しようとは明確に思っていない段階（Before Marketing）である。第2は該当企業の商品を購入しようとしてはいるのだけれども，購入意思決定の直前に他社商品との比較やその商品の性能やサービスの内容についてさらに深い情報を真剣に得たいとビジネスウェブにアクセスしてきている状態（Closing Marketing）である。
　そして第3の場面は商品を購入後，その商品の使用方法やさらに豊かに使う

オプショナルなことについての情報を得たいとか，故障した時に修理のサービスを受けたい場合の連絡先等の情報を求めている状態（After Marketing）である（図Ⅻ-1）。

① Before Marketing

　顧客がビジネスウエブを閲覧してそこで告知されている商品を購入を検討することになれば，それは Before Marketing 効果がもたらされているといえる。ビジネスウェブに商品情報を掲げておけば，顧客は自由に時間の制限はつけないで写真入りの情報を見ることができる。マーケティング担当者にとってみれば，ウェブ閲覧者の購買の決定に及ぼす影響が重要である。

　また意識の高い顧客が深い知識を求めウェブの中に入ってくればくるほど，そのウエブからの情報提供の効果は上がっていく。ビジネスウエブに載せる商品情報については，情報量に制約がない。非常に詳細で専門的な事項も載せることが可能である。

　反対にいえば情報を求めていない人に費用をかけ不要なものを送りつけるというようなことは起こりえないメディアなのである。ビジネスウェブにアクセスすれば，何時間も納得するだけの時間をかけ情報を取得することができる。さらにわからないことがあればE-mailで問い合わせることも可能である。企業ウェブに接近してくるユーザーは商品の購入に積極的な人だといえる。

② Closing Marketing

　クロージングとは営業活動の中で能動的に商談の締結を働きかけることである。つまり企業ウェブは，消費者が当該商品を購入しょうと意思決定する直前に有効なメディアなのである。Closingということからみれば，競合他社のウェブにアクセスして容易に比較・検討の情報や特別にくわしい商品情報も集めることができる。とくに車や家電製品などのような耐久消費財，価格が比較的高く，だからこそ購買までの比較検討期間が長い商品を取り扱っている企業にとっては，このポイントが重要であるといえる。つまりウェブは顧客に対して購入の最終決定を行わせるメディアといえるのである。

③ After Marketing

　商品を購入した後の顧客とのかかわり合いが，その顧客をリピータとしてその企業が再び迎えるための重要な場面である。個別的に対応することが重要な

254　第Ⅺ章　インターネット・マーケティング

```
   BEFORE          CLOSING          AFTER
 マーケティング    マーケティング    マーケティング
                      ↑
                     購入
        ←――――― 時間の流れ ―――――→
```

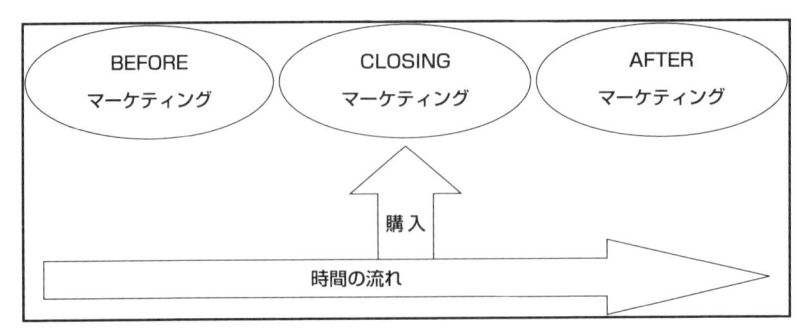

図Ⅺ-1　ウェブとマーケティング・スケジュール

One To One マーケティングには After Marketing が重要になる。これには購入商品の使い方についての質問と回答，商品のさらなる豊かな使用方法など販売の後の段階，アフターケアといわれる部分の主に情報サービスをその中核としている。

　この段階で顧客への満足を提供することができれば，また次の新製品の紹介もスムーズに提示することができる。顧客はまた Before マーケーティングの段階にリンクしていくことができるのである。このサイクルがウェブ・マーケティングの重要な点である。

④家電業界の事例分析

　主な家電業界の企業のウエブを分析すると次のようになった[20]。

1) Before Marketing（商品購入前）　　新製品の商品情報を新情報として伝え，3D方式などを使って360°商品回転させることができる。立体的なイメージで商品をとらえることのできるようなコンテンツが提供されており，商品の使い勝手の様子が想起できるようにしてある[21]。

2) Closing Marketing（商品購入直前）　　商品の細かなスペックや機能，またいままでに当該商品を購入した顧客の生の声などにより，実情がよくわかるようしてある。最終的にどこの商品を購入しようかと迷っている人にとって，購入者のコメントが聞くことができることは非常に Closing 効果が大であるといえる。

3) After Marketing（商品購入後）　　商品情報が豊かに示されているウエブはその企業のイメージアップにつながってくる。家電製品は多機能なものも

多く，電子レンジなども一般的な家庭では十分にその機能を使っているとはとてもいいがたい。それらがクリックすることによって示されることで，該当企業に対する信頼感も大いに生まれてくるといえよう。FAQ[22]により顧客が知りたいトラブル解消集や顧客自身でも修理ができるように情報が提供されている。

⑤自動車業界の事例分析

家電業界の分析に続き代表的な業界である自動車産業を概観してみた[23]。

1）Before Marketing（商品購入前）　商品の情報を知るために，ショウルームに行く以上の情報を得ることができる。例えば，ウェブ上で車体の色を瞬時に変えることができるので，どんなカラーのシミュレーションでも可能である。その他オプションの着脱も容易に試すことができる。またトヨタのサイトでは中古車として高く引き取ってくれる車をも示している。

2）Closing Marketing（商品購入直前）　家電業界と同じように商品を実際に購入した顧客からのコメントがそのまま載せてある。これなどはセールスマンから出てくる情報ではなく，ウェブでしか手に入れることができない情報である。ニッサンのサイトには他社比較があり，同じクラスの主要車について他メーカーの物と安全面，機能面などさまざまな観点からの比較がしてある。顧客が知りたい基礎的な情報はここで得られる。つまりセールスマンが有する以上の情報を得られる可能性もある。また見積もりやさまざまなクレジットによる支払いシュミュレーション等も簡単に可能である。

3）After Marketing（商品購入後）　車業界のアフターサービスといえば車検情報，無料点検，リコールなどであろう。これらはウェブからも情報提供される。その他FAQやカーライフサポートでアフターサービスを受けることができる。

（3）ビジネスウェブのマーケティングの展開

一度商品を購入した顧客に対して継続的に情報を提供しリピーター化を促す一連のマーケティングを実施して，その過程を連続化しビジネスウエブ上で統合化することがウェブマーケティングの目指すところである。ウェブサイトをどのように構成していくのか。ここでは，顧客からウェブサイトやメールを通

して入ってくる様々なレスポンスを企業のマーケティング組織でどう対処していくのかが重要になってくる。

　つまりウェブ上で展開されるマーケティングは今までのリアルマーケティングを大きく飛躍させるシステムとしてその豊かなる情報対応力において，一方で顧客管理（CRM）を展開しながら，一方で顧客の求めるその時々のタイムリーな情報を提供しながら新しい統合的なマーケティングを展開していくことになるのである。
（俵谷克美）

注
1) File Transfer Protocol（ファイル転送プロトコル）。
2) サーバーの遠隔操作。
3) 初期のインターネットは商業的，営利目的に利用することは認められていなかった。
4) WWW (World Wide Web) ハイパーテキスト形式の分散情報システム。
5) Local Area Network（企業内ネットワーク）。
6) インターネット標準プロトコル。
7) Business to Consumer 企業対一般消費者間の電子商取引。
8) ウェブ・ページに表示する看板型の広告。クリックすることによりその企業のホームページにリンクする。
9)『インターネットビジネス白書2000』，ソフトバンクパブリッシング，1999年，pp. 80～85。
10) イギリスの経済調査グループ www.fnsofres.com.
11) ネットオークションの出品者と落札者の間に業者が入り，現金と商品の取引を安全にとりもつサービス。
12) Secure Sockets Layer；WWW ブラウザ間でやりとりするデータのセキュリティを守るための暗号化，認証技術のこと。
13) Customer Relationship Management.
14) Electronic Commerce 電子商取引の中でもここでは B to C をあらわしている。
15) IT を基本として新しいシステムの構築コンセプトやビジネス・モデルを提供すること。
16) 沢登秀明「eCRM マーケティング」JMAM，2000年5月，pp. 119～142.
17) Cookies；WWW サーバーがユーザーを識別し，ユーザー別のページを提供できる，ユーザー管理システム。
18) 顧客，見込み客，取引先，投資家，従業員，マスコミ，応募者，マスコミなど。
19) 松下，三洋，シャープ，三菱，日立，東芝各社。
20) 同上のウェブサイト。
21) シャープのサイト；www.sharp.co.jp.
22) Frequently Asked Question；多くの人が同じような質問をすると予想されるとき，

そのような質問に対する答を用意しておくこと。
23）参照した自動車業

【参考文献】
マイケル・E・ポーター著，藤川佳則監訳「戦略の本質は変わらない」，『ハーバード・ビジネス・レビュー』，ダイヤモンド社，2001 年（Micheal. E. Porter, *Strategy and the Internet*, HBR, 2001)。
D. タップコート，D. ティコール，A. ローニー著，糸川 洋訳『b ウェブ革命』，インプレス社，2001 年 (D. Tapcort, D. Ticoll, & A. Lowny, *Digital Capital-Harnessing the power of business web*, 2001)。
片上洋編著『マーケティング戦略の新展開』，三学出版，2001 年。
原田保・三浦俊彦『e マーケティングの戦略原理』，有斐閣，2002 年。
林 志行『インターネット企業戦略』，東洋経済新報社，1997 年。
沢登秀明『eCRM マーケティング』，JMAM，2000 年。
俵谷克美「ビジネス Web のマーケティング展開」，『オフィス・オートメション学会第 44 回大会予稿集』，2002 年。
総務省編『平成 14 年情報通信白書』，ぎょうせい，2002 年。
インターネット・マーケティング研究会『インターネット広告 2000』，SOFTBANK，2000 年。
横河デジタルコンピュータ株式会社 SI 事業部『インターネット商用化に向けて……アメリカでは』，トッパン，1993 年。

あ と が き

　経済社会はいま，地球規模で大きく変化しており，グローバル化時代に対応した企業経営が求められている。すなわち，いわゆる国際化，情報化である。そのうえに地球環境保全への取り組みや企業倫理などのアカウンタビリティが，企業の社会的責任として強く求められている。

　このように，企業をとりまく環境は厳しいものがある。しかし企業は社会に対して持続的発展をしていかなければならない。そのために，消費者に受け入れられる商品やサービスを開発し提供しなければならない。

　本書はとくに，情報の視点からマーケティング論を構築するために，執筆者一同で数回の打ち合わせを行った。しかし，執筆者はそれぞれの考え方から論述しているので，完全には統一されていない部分があるかもしれない。

　情報の視点からマーケティングを研究するにいたったのは，愛知学院大学大学院教授・商学部客員教授の大脇錠一先生を中心にマーケティング研究会を企画したところから始まる。すなわち，数年前の日本広告学会全国大会が開催された際に，先生を囲んで河邊匡一郎教授や玉木徹志教授らとメディアや映像文化について論断風発の機会を持ったことがある。やがて，先生を囲んで自然な形で研究グループが形成されていった。そこで先生に薫陶を受けた者や趣旨に賛同した者たちによって，本書を上梓する運びとなったのである。

　本書では，環境マーケティング，サービスマーケティング，ワンツーワン・マーケティング，公共マーケティングなど触れたい項目は多々あったが，紙幅の関係で割愛せざるを得なかった。今後の課題としたい。

　最後に，大脇錠一先生を少しばかり紹介させていただくと，先生は現在74歳であるが頗るお元気である。名古屋大学の理学部数学科を卒業され，その研

究成果を（株）電通のマーケティング分野で遺憾なく発揮され，多くの取引先企業の新製品開発やマーケティング展開に大きな貢献をされた。その後先生はその人格と学識の深さから，愛知学院大学に招聘され，今日にいたっている。また，先生にはサボテン栽培のご趣味があるが，こちらの方も全国の愛好家の間ではその名前が知れ渡っている。

　先生には健康に一層留意されて，今後とも暖かくわれわれのご指導をお願いする次第である。

編著者
城 田 吉 孝

人名索引

あ
アーノフ, E. L.　10
アームストロング, G.　29, 34, 58, 105
アコフ, R. L.　10
朝野熙彦　31, 39
阿部周造　40, 41
石井淳蔵　125, 128
伊藤友章　67
ウイナー, N.　3
上田隆穂　78
ウェルズ, H. G.　29
占部都美　19
エバンス, J. R.　29, 30, 34, 61
大脇錠一　40, 50
岡 英樹　31

か
河邊匡一郎　154
キーニー, R. L.　11, 14, 18
桐田尚作　29, 30
コーリー, R. H.　16
後藤秀雄　95
コトラー, P.
　26, 29, 30, 34, 58, 59, 105, 107, 130, 131, 132, 219

さ
サトクリフ, K. M.　6
嶋口充輝　125, 128
シュルツ, D. E.　9, 146
スタッフォード, J. E.　25, 26

た
ダビットソン, W.　104
田村正紀　169
チャーチマン, C. W.　10
徳永 豊　63
トフラー, A.　172
ドラッカー, P. F.　12, 13, 15, 16, 17, 18

な
新 茂則　67
西沢 脩　19
西脇隆二　67
根木佐一　19, 21, 22
野中郁次郎　4, 5

は
バーマン, B.　29, 34, 61
ハモンド, J. S.　11, 14, 18
日野隆生　67
フェルプス, D. M.　29
藤田憲一　174
ブライン, R. H.　25, 26
ブラウン, L. O.　29, 35
ホール, M.　111

ま
松江 宏　111
マッカーシー, E. J.　123
松田武彦　5
三浦 一　61, 64
メロット, D. W.　31

や
矢作敏行　99

ら
ラートショー, S.　31
ライファー, H.　11, 14, 18
ラック, D. J.　29
レイザー, W.　4, 19, 20, 22, 23
レオンシオーニ, P.　18

わ
ワイク, K. E.　6

事項索引

あ

IMC（Integrated Marketing Communication） 9
アイデンティティ 153
アクイジションの1：5効率 173
EOS 117
Eコマース 193
イールド管理 90
威光価格法 84
一括販売（バンドリング） 91
一般（generic）製品 59
インターネット
　――介護システム 215
　――調査 44
　――調査の分類 45
　――ビジネス 238
インターラクティブ 245
VAN 117
ウェブ 240
ウェブ・マーケティング 252
上澄み吸収価格設定 85
上乗せ 209
SSL 244
SCM 73, 75
ADSL 167
NPO法人 199
FAQ 255
FMPG 132

か

介護用具・機器 211
開放的チャネル政策 103
買回品 60
価格 78
　――感応性測定法 94
拡大された（augmented）製品 59
拡張的製品 58, 65
過失責任の原則 180

カスタマー・コンピタンス 68
価値
　――形成活動 121
　――伝達 121
　――表示活動 122
関係性パラダイム 124
観察法 43
管理価格 79
聞き取り調査 44
企業コミュニケーション 8
期待された（expected）製品 59
客観的瑕疵 189
行政評価 222
競争価格 79
　――法 85
競争志向型価格設定 85
競争状況の分析 32
クリック＆モルタル経営 74
ケア・マネジャー 213
経営情報システム 19
経験価値 156
携帯電話 162
　――のインターネット機能 162
契約自由の原則 180, 189
欠陥 192
元気高齢者 215
健康，生きがい 215
交換パラダイム 123
公定価格 79
公的介護保険制度 199
高付加価値 156
神戸調査 167
顧客
　――管理システム 118
　――満足 206
個人化 153
コスト
　――志向型価格設定 83

事項索引　263

——プラス法　83
コミュニケーションミックス　175
コムスン　203
コンセプト　156
コンパクト・シティ　222

さ
最小総取引数の原理　111
在宅介護の社会化　199
差別化　153
差別価格法　84
参照価格　78
参与的観察法　43
CI 計画　221
CRM　173, 226, 245
CFB　134
JIT　70, 247
刺激反応パラダイム　123
自己責任の原則　180
自然言語解析　141
実際的製品　58, 59, 65
実勢価格
　——調査　94
　——法　85
質問法　40
私的自治の原則　180
C to C　242
シナジー効果　211
社会的製品　60
社会福祉法人　199
私有財産尊重の原則　180
集合調査法　42
「10 人 100 色」の時代　153, 171
主観的瑕疵　189
宿題調査法　42
需要
　——志向型価格設定　83
　——の価格弾力性　82
Shared Outcome　222
状況分析　35
消費者
　——教育　195
　——契約　183
　——契約法　182
　——行動分析　32

——の利益保護に関する大統領特別教書　176
——保護基本法　177
情報処理モデル　138
商品のサービス化　75
情報　3
商用利用　238
所有権不可侵の原則　180
新製品　66
身体介護　210
浸透価格設定　85
生活者　153
正式調査　35
製造物責任法　191
製品コンセプト　68
接続プロバイダー　238
セグメンテーション戦略　153
セールス・プロモーション　132
潜在的製品 (potential) 製品　59
選択的消費　171
選択的チャネル政策　104
専門品　60
損益分岐点　81
損益分岐分析　81

た
大量生産，大量消費　152
対話　147
託送調査法　41
DAGMAR　140
ダグマー理論　16
多品種少量生産　153
WWW　238
地域密着型ビジネス　204
知覚価値価格設定　83
知覚品質　168
中核的製品　58, 65
中心市街地活性化法　218, 224
DID (Downtown Improvement District)　226
デイ・サービス　211
TCM (Town Center Management)　227
TMO (Town Management Organization)　224
定義　14

低収益性ビジネス 204
デジタル・コンテンツ 62
デジタル・ディバイド 176
テナントミックス 229
デフレスパイラル 170
電子
　——契約法 185
　——承諾通知 186
　——商取引 168,241
　——消費者契約 186
電磁的方法 186
店舗実験 96
電話法 41
同一化 152
動機調査法 42
統制価格 79
ドキュメント分析法 44
特定継続的役務提供 187
特定商取引法 187
特別養護老人ホーム 200

な
2次データ 92
ニチイ学館 202
認知反応 139
ネット（オンライン）
　——オークション 88,166
　——コミュニティ 171
　——ショッピング 161,164,241
　——スーパー 193

は
バーチャル・モール（仮想商店街） 234
排他的チャネル政策 104
端数価格法 84
パソコン通信 239
バナー広告 163,240
パネル法 42
パラダイムシフト 153
パレートの法則 173
販売経路 99
販売分析 32
PIO-NET 182
BID (Business Improvement District) 226

非参与的観察法 43
ビジネスウェブ 255
ビジネスモデル 243
BTO 71,73
B to C 240
B to B 241
ビデオ・オン・デマンド 163
PPG (Planning Policy Guidance) 227
FAX法 41
フィードバック回路 17
4 P 121,205
福祉
　——革命 200
　——広告 208
　——ベンチャー企業 199
　——マーケティング 200
物流情報システム 118
不法行為責任 190,191
プライバシー
　——法 164
　——問題 162
フランチャイズ・チェーン 107
ブランド
　——イメージ 139,173
　——価値 136
　——経験 173
ブロードバンド 241
ヘルパー 207,213
訪問介護 210
ポジショニング 68,229
POS 70,75,118
ボーダーフル化 153
ボーダーレス化 153
ボランタリー・チェーン 107

ま
マークアップ法 83
マーケティング
　——インテリジェンス・システム 19
　——実験法 44
　——情報システム 19
　——ミックス 205
　——倫理 195
　——パーソナライズド—— 69
　——パーミッション—— 173

リレーションシップ―― 173, 236
　　ワン・トゥー・ワン―― 173, 236
　マーケティング・コミュニケーション　126
　　統合型―― 128
　マーケティング・システム
　　垂直的―― 106
　　水平的―― 109
　　マルチ・チャネル―― 109
　マーケティング・チャネル　99
　　間接（インダイレクト）―― 103
　　直接（ダイレクト）―― 103
　マーケティングリサーチ
　　――の意義　29
　　――の手順　34
　　――の方法　39
　　――の役割　30
　マス広告　152
　マス市場　152
　街づくり三法　224
　マルコフ過程　170
　マルコフ均衡利用率　169
　マルチ・メディア　233
　無作為抽出法　46
　メール
　　携帯―― 162
　　――広告　163
　　――マガジン　161
　　迷惑―― 161
　面接法　41
　物語型社会　156
　最寄品　60
　問題　10

や
　有意抽出法　46
　郵送法　41
　有料老人ホーム　211
　ユビキタス　175, 179
　横出しのサービス　209
　4つの権利　177
　予防福祉　215

ら
　ライフスタイル　153, 170
　ラチェット効果　171
　LAN　238
　リスキー・ビジネス　204
　リスクマネジメント　207
　リベート政策　86
　略式調査　35
　留置法　41
　流通
　　――機構　99
　　――系列化　109
　　――経路　99
　　――システム　99
　　――チャネル分析　32
　relevance　146
　receptivity　146
　レンタルサービス事業者　211
　労働力集約型ビジネス　203

わ
　割引政策　86

執筆者一覧（執筆順, ＊は編者）

＊**大脇錠一**（おおわき・ていいち）
元・愛知学院大学商学部教授
名古屋大学理学部卒
専攻＝広告論, マーケティングリサーチ
［主要著作］『現代マーケティング論』（共著, 創成社, 2001）
［本書執筆担当］　第Ⅰ章

＊**城田吉孝**（しろた・よしたか）
名古屋文理大学教授
愛知学院大学大学院商学研究科博士課程単位取得
専攻＝マーケティング情報論, フードマーケティング論, 食品流通論
［主要著作］『マーケティング産業別アプローチ』（共著, ナカニシヤ出版, 2000）
［本書執筆担当］　第Ⅱ章

日野隆生（ひの・たかお）
函館大学商学部助教授
日本大学大学院経済学研究科博士前期課程修了
専攻＝マーケティング論
［主要著作］『マーケティング・リテラシー』（共著, 税務経理協会, 2000）
［本書執筆担当］　第Ⅲ章

森千司穂（もり・ちしほ）
朝日大学経営学部非常勤講師, 中部学院大学短期大学部非常勤講師
立命館大学法学部卒
専攻＝マーケティング論, マーケティングリサーチ, 消費者行動論
［主要著作］『体系マーケティングリサーチ事典（新版）』（分担執筆, 同友館, 2000）
［本書執筆担当］　第Ⅳ章

岡本　純（おかもと・じゅん）
名古屋外国語大学現代国際学部教授
Lincoln University International Business 卒, Lincoln University Asian Marketing 修了
専攻＝マーケティング, 国際マーケティング
［主要著作］『環境経営論の構築』（共著, 成文堂, 2002）
［本書執筆担当］　第Ⅴ章

水野由多加（みずの・ゆたか）
関西大学社会学部教授
青山学院大学大学院経営学研究科博士後期課程満期退学
専攻＝広告研究，マーケティング・コミュニケーション，社会心理
［主要著作］『広告効果論』（共著，電通，2001）
［本書執筆担当］　第Ⅵ章

*河邊匡一郎（かわべ・きょういちろう）
淑徳大学国際コミュニケーション学部非常勤講師
早稲田大学第一文学部哲学科心理学専修
専攻＝マーケティング，広告
［主要著作］『広告概論』（共著，産能大学出版，1997）
［本書執筆担当］　第Ⅶ章

堀田友三郎（ほった・ともさぶろう）
愛知産業大学経営学部教授
名古屋大学法学部卒，米国クレイトン大学経営学博士 Ph.D.
専攻＝商業経営論，中小企業経営論，消費者教育
［主要著書］『企業人と起業家』（共編著，青山社，2002）
［本書執筆担当］　第Ⅷ章

江尻行男（えじり・ゆきお）
東北福祉大学総合福祉学部教授
駒澤大学大学院商学研究科博士課程満期退学
専攻＝市場論，福祉産業論
［主要著書］『現代商業の課題と展開』（分担執筆，ナカニシヤ出版，1999）
［本書執筆担当］　第Ⅸ章

*玉木徹志（たまき・てつし）
宮崎公立大学地域研究センター長
横浜市立大学文理学部社会心理学科卒
専攻＝マーケティング論，広告論
［主要著作］『観光万華鏡』（共著，宮崎公立大学公開講座，宮崎公立大学，2002）
［本書執筆担当］　第Ⅹ章

俵谷克美（たわらたに・かつみ）
広島工業大学情報学部助教授
大阪経済大学大学院経済学研究科修士課程修了
専攻＝マーケティング論，ウェブマーケティング，情報社会学
［主要著作］『マーケティング戦略の新展開』（共著，三学出版，2001）
［本書執筆担当］　第XI章

編者代表
大脇錠一（おおわき・ていいち）
昭和3年，愛知県生まれ。
昭和26年，名古屋大学理学部数学科（旧制）卒業。
昭和27年，株式会社電通入社。在社中に株式会社電通PRセンター・株式会社電通リサーチの各取締役就任。
昭和62年，愛知学院大学商学部助教授，教授を経て，平成17年退職。
日本広告学会副会長を経て，現在名誉会員。日本経済学会連合評議員などを歴任。
専攻＝広告論，マーケティングリサーチ。
［主要著書］『現代マーケティングと消費者行動』（共著，創成社，1989）
『現代マーケティング論』（共著，創成社，2001）

新マーケティング情報論

2003年4月25日　初版第1刷発行
2006年4月10日　初版第2刷発行

定価はカヴァーに表示してあります

編　者　大脇錠一
　　　　城田吉孝
　　　　河邊匡一郎
　　　　玉木徹志
発行者　中西健夫
発行所　株式会社ナカニシヤ出版
〒606-8161 京都市左京区一乗寺木ノ本町15番地
　　　　　　　Telephone 075-723-0111
　　　　　　　Facsimile 075-723-0095
　　　　　　　郵便振替 01030-0-13128
　　　　URL http://www.nakanishiya.co.jp/
　　　　E-mail iihon-ippai@nakanishiya.co.jp

装幀／白沢　正・印刷／創栄図書印刷・製本／吉田製本
Printed in Japan
Copyright © 2003 by J. Owaki, Y. Shirota, K. Kawabe & T. Tamaki
ISBN 4-88848-782-0　C3034